Value-at-Risk-Modelle für Aktienportfolios auf der Basis
der Varianz-Kovarianz-Methode

AF881975

Europäische Hochschulschriften

Publications Universitaires Européennes
European University Studies

Reihe V
Volks- und Betriebswirtschaft

Série V Series V
Sciences économiques, gestion d'entreprise
Economics and Management

Bd./Vol. 2867

PETER LANG
Frankfurt am Main · Berlin · Bern · Bruxelles · New York · Oxford · Wien

Arne Jockusch

Value-at-Risk-Modelle für Aktienportfolios auf der Basis der Varianz-Kovarianz-Methode

Ein Vergleich vereinfachender Verfahren und Konzepte zur Einbeziehung impliziter Volatilitäten

PETER LANG
Europäischer Verlag der Wissenschaften

Die Deutsche Bibliothek - CIP-Einheitsaufnahme

Jockusch, Arne :

Value-at-risk-Modelle für Aktienportfolios auf der Basis der Varianz-Kovarianz-Methode : ein Vergleich vereinfachender Verfahren und Konzepte zur Einbeziehung impliziter Volatilitäten / Arne Jockusch. - Frankfurt am Main ; Berlin ; Bern ; Bruxelles ; New York ; Oxford ; Wien : Lang, 2002
(Europäische Hochschulschriften : Reihe 5, Volks- und Betriebswirtschaft ; Bd. 2867)
Zugl.: Göttingen, Univ., Diss., 2001
ISBN 3-631-38975-2

D 7
ISSN 0531-7339
ISBN 3-631-38975-2

© Peter Lang GmbH
Europäischer Verlag der Wissenschaften
Frankfurt am Main 2002
Alle Rechte vorbehalten.

Das Werk einschließlich aller seiner Teile ist urheberrechtlich geschützt. Jede Verwertung außerhalb der engen Grenzen des Urheberrechtsgesetzes ist ohne Zustimmung des Verlages unzulässig und strafbar. Das gilt insbesondere für Vervielfältigungen, Übersetzungen, Mikroverfilmungen und die Einspeicherung und Verarbeitung in elektronischen Systemen.

www.peterlang.de

Für Kathrin

Vorwort

Die vorliegende Dissertation entstand während meiner Tätigkeit im Risiko-Controlling der Norddeutschen Landesbank und wurde von Prof. Dr. Wolfgang Benner am Institut für Betriebswirtschaftliche Geldwirtschaft (IfBG) an der Georg-August-Universität Göttingen betreut.

Allen, die zum Gelingen dieser Arbeit beigetragen haben, danke ich ganz herzlich. Besonders hervorheben möchte ich die gute Betreuung von Prof. Dr. Wolfgang Benner, der dem Projekt von Anfang an positiv gegenüberstand. Prof. Dr. Walter Zucchini danke ich für die Übernahme des Zweitgutachtens. Meinen Kollegen am IfBG Rainer Baule, Oliver Entrop, Dr. Jonny Holst, Dr. Hendrik Scholz, Dr. Jörg Völker und PD Dr. Marco Wilkens danke ich für viele intensive fachliche Diskussionen, die mich oft den entscheidenden Schritt weitergebracht haben. Dies gilt auch für Dr. Dirk Lehnick vom Institut für Statistik und Ökonometrie. Bei PD Dr. Marco Wilkens möchte ich mich für die intensive fachliche Betreuung besonders bedanken. Ute Schütt danke ich für viele kleine, aber wichtige Dinge.

Nicht weniger wichtig war die Möglichkeit, im Risiko-Controlling der NORD/LB im Rahmen einer halben Stelle praktische Erfahrungen zu sammeln und durch Gespräche mit meinen Kollegen neue Ideen zu entwickeln. Hier möchte ich mich besonders bei Eberhard Becker bedanken. Der NORD/LB danke ich außerdem für die Bereitstellung von Daten.

Ich danke Veith Tiemann für viele interessante Gespräche über statistische Fragestellungen und Ralph-Ingo Erdmann für seine Tätigkeit als Korrekturleser.

Besonders wichtig für meinen gesamten akademischen Werdegang waren meine Eltern, denen ich für ihre sehr große Unterstützung in jeder Hinsicht herzlich danke. Den größten Fremdanteil am Gelingen meiner Arbeit hatte meine Frau Kathrin. Sie gab nicht nur als mehrfache Korrekturleserin und ständige Beraterin zum Thema „Die Grammatik und Rechtschreibung der deutschen Sprache“ entscheidende Hinweise, sondern sorgte vor allem als unermüdliche psychologische Stütze für das nötige Durchhaltevermögen. Daher widme ich ihr diese Arbeit.

München, im November 2001 — Arne Jockusch

Inhaltsübersicht

Inhaltsverzeichnis

Abbildungsverzeichnis

Abkürzungsverzeichnis

ARCH	Autoregressive Conditional Heteroscedasticity
BAKred	Bundesaufsichtsamt für das Kreditwesen
BDS-Test	Brock-Dechert-Scheinkman-Test
BIZ	Bank für internationalen Zahlungsausgleich
CME	Chicago Mercantile Exchange
DAFOX	Deutscher Aktienforschungsindex
DAX	Deutscher Aktienindex
DAXIV SIM	Single-Index-Modell mit VDAX als DAX-Volatilitätsschätzer
DEaR	Daily Earnings at Risk
DTB	Deutsche Terminbörse
E	mit Regression ermittelter Schätzer, in den nur exponentiell ermittelter Schätzer eingeht
E + V	mit Regression ermittelter Schätzer, in den exponentiell ermittelter Schätzer und VDAX eingehen
EARCH	Exponential ARCH
EG	Europäische Gemeinschaft
EGARCH	Exponential GARCH
EONIA	Euro Overnight Index Average
EUREX	European Exchange
EURIBOR	Euro Interbank Offered Rate
EWMA	Exponential Weighted Moving Average
EWS	Europäisches Währungssystem
GARCH	Generalized ARCH
HV250	historische Gleichgewichtung auf der Basis der Renditen der letzten 250 Handelstage
IGARCH	Integrated GARCH
IID	Independent and Identically Distribution
KAR	Kapitaladäquanzrichtlinie
LIBOR	London Interbank Offered Rate
LIFFE	London International Financial Futures and Options Exchange

MAE	Mean Absolute Error
Mass.	Massachusetts
ME	Mean Error
MSE	Mean Squared Error
NJ	New Jersey
OTC	Over the Counter
PHLX	Philadelphia Stock Exchange
QPS	Quadratic Probability Score
REX	Deutscher Rentenindex
RMSE	Root Mean Squared Error
SIM	Single-Index-Modell
S&P 100	Standard & Poors 100-Index
TUFF-Test	Time Until First Failure-Test
*n*TV	*n*-Tages-Volatilität
V	mit Regression ermittelter Schätzer, in den nur der VDAX eingeht
VaR	Value at Risk
VDAX	DAX-Volatilitätsindex
VE	Volatilitätselastizität
VHM	Volles historisches Modell

Symbolverzeichnis

c	Wert eines europäischen Calls, normierter Callpreis
e	Eulersche Zahl (=2,71828...)
f	normierter Forwardpreis
$f_{mt}(x)$	mit Modell *m* für den Zeitpunkt *t* prognostizierte Dichtefunktion der Renditen des Portfolios
F_i	Forward bzw. Future mit der Laufzeit *i*
$F_{mt}(x)$	mit Modell *m* für den Zeitpunkt *t* prognostizierte Verteilungsfunktion der Renditen des Portfolios
$F(t)$	empirische Verteilungsfunktion der Quantilsränge
$\widetilde{F}_{kt}$	Faktor *k* zum Zeitpunkt *t*
HV	Index für Schätzer auf der Basis der historischen Zeitreihe
I	Anzahl der Aktien im Portfolio
I_t	Indikatorvariable
i, j	Laufvariable
IV	Index für Schätzer auf der Basis der impliziten Volatilität
K	Kuiper-Statistik
L	Lag in Tagen
L_A	Likelihood-Funktion der Alternativhypothese
L_0	Likelihood-Funktion der Nullhypothese
LR_{uc}	Likelihood Ratio Test of **u**nconditional **c**overage
LR_{ind}	Likelihood Ratio Test of **ind**ependence
LR_{cc}	Likelihood Ratio Test of **c**onditional **c**overage
$L_{t\|t+1}(p)$	Untergrenze des prognostizierten Intervalls
MW_P	Marktwert des Portfolios
N	Anzahl
$N(d_i)$	Flächeninhalt unter der Dichtefunktion der Standardnormalverteilung von $-\infty$ bis d_i

$n(t)$	Anzahl der Quantile, die kleiner oder gleich t sind $(0 \le t \le 1)$
$o(u,v)$	allgemeiner Optionspreis
$O(\sigma_i)$	theoretischer Optionswert auf der Basis von σ_i
O_M	Marktpreis einer Option
P	Wert eines europäischen Puts
p, P	Wahrscheinlichkeit
P_{mt}	Wahrscheinlichkeitsvorhersage des zu testenden Modells
$q_{mt}(\varepsilon_t)$	Quantilsrang, der sich im Zeitpunkt t mit der mit Modell m prognostizierten Verteilungsfunktion $F_{mt}(x)$ für den beobachteten Gewinn oder Verlust des Portfolios ergibt
Q	Wert der Kuiper-Statistik
Q_m	für Modell m ermittelter Q-Wert
Q_w	Wert der Kuiper-Statistik mit gewichteten Werten
QPS_m	Quadratic Probability Score von Modell m
r	Klassenanzahl, risikoloser Zinssatz
r_{it}	Rendite der Aktie i zum Zeitpunkt t
$\bar{r}_i$	durchschnittliche Rendite der Aktie i im Zeitraum T
$\tilde{r}_{Mt}$	Rendite des Marktindex zum Zeitpunkt t
R	Finanzierungskostenfaktor bei stetiger Verzinsung
R_{it}	Indikatorvariable: ist gleich eins, wenn das Ereignis zum Zeitpunkt t in Klasse i fällt und gleich null, wenn das Ereignis in t in eine andere Klasse fällt
S	Aktienkurs
S_{it}	Kurs des Finanztitels i zum Zeitpunkt t
t	betrachteter Zeitpunkt, zwischen null und eins gleichverteilter Wert
T	Anzahl der Tage des (historischen) Beobachtungszeitraums, Haltedauer des VaR, Restlaufzeit einer Option
T_{ij}	Zahl der beobachteten Ausprägungen j, nachdem in der Vorperiode Ausprägung i beobachtet wurde
u	logarithmierter normierter Forwardpreis

$U_{t\|t+1}(p)$	Obergrenze des prognostizierten Intervalls
v	normierte Volatilität
V_i	Subindex für die Laufzeit i
VaR	Value at Risk
VaR_{sy}	nur unter Berücksichtigung der Betas und der Varianz des Marktes berechneter VaR
VaR_{sy+un}	um einen Korrekturfaktor erhöhter VaR
VaR_T	VaR mit T Tagen Haltedauer
$VaR_{mt}(\alpha)$	mit Modell m für den Zeitpunkt t prognostizierter Value at Risk
VE	Volatilitätselastizität
w_i	Anteil der Aktie i am Portfolio (es gilt: $\sum_{i=1}^{I} w_i = 1$)
$W(t)$	Gewichtungsfaktor an der Stelle t
x	beobachtete Anzahl der Überschreitungen des VaR
X	Basispreis einer Option
y_t	Wert der beobachteten Variable zum Zeitpunkt t
Y	Prognosehorizont in Tagen
z_{1-p}	Quantil der Standardnormalverteilung, das durch das gewählte Konfidenzniveau bestimmt wird
α	Wahrscheinlichkeit, mit der der VaR überschritten werden soll
α^*	tatsächlich beobachteter Anteil an Überschreitungen $\left(=\frac{x}{T}\right)$
α_i	Regressionskoeffizient, „Grundverzinsung" der Aktie i
β_{ik}	Sensitivität der Aktie i gegenüber dem Faktor k
β_i	Sensitivität der Aktie i gegenüber dem Marktindex
$\tilde{\varepsilon}_{it}$	Residuum der Rendite der Aktie i zum Zeitpunkt t
ε	Toleranzwert
ε_t	in t aufgetretener Gewinn oder Verlust des Portfolios
ι	(Lagrangesches) Restglied einer Taylorerweiterung

λ	Exponentieller Gewichtungsfaktor
Λ	Options-Vega
π_{ij}	Wahrscheinlichkeit, im Zeitpunkt t Zustand j zu beobachten, wenn im Zeitpunkt $t-1$ Zustand i aufgetreten ist
Π_A	Übergangsmatrix der Alternativhypothese
Π_0	Übergangsmatrix der Nullhypothese
σ_{r_P}	Standardabweichung der Portfoliorenditen
$\sigma^2_{r_P}$	Varianz der Portfoliorenditen
$\sigma^2_{r_i}$	Varianz der Renditen der Aktie i
$\sigma^2_{r_M}$	Varianz der Renditen des Marktindex
$\sigma^2_{\varepsilon_i}$	Varianz der Residuen der Renditen der Aktie i
$\sigma_{r_i r_j}$	Kovarianz der Renditen der Aktien i und j
$\sigma_{r_M \varepsilon_i}$	Kovarianz der Renditen des Marktindex und der Residuen der Renditen der Aktie i
$\sigma_{\varepsilon_i \varepsilon_j}$	Kovarianz der Residuen der Renditen der Aktien i und j
$\overline{\sigma}^2_{r_i}$	durchschnittliche Varianz der Renditen der im Portfolio enthaltenen Aktien
$\overline{\sigma}_{r_i r_j}$	durchschnittliche Kovarianz der Renditen der im Portfolio enthaltenen Aktien
ω_L	Gewichtung der impliziten Volatilität von vor L Tagen
∂	partielle Ableitung
§	Paragraph
^	Symbol für Schätzer
~	Symbol für Zufallsvariable
*	Symbol für kritischen Wert

1 Einleitung

Mit zunehmender Bedeutung der Handelsbereiche der Banken in den neunziger Jahren sind auch die zugehörigen Verlustgefahren gestiegen. Aufgrund dieser Entwicklung haben die Institutionen der Bankenaufsicht neue Vorschriften für die Messung und Eigenkapitalunterlegung von Marktrisiken eingeführt.[1] Viele Banken haben unter anderem daraufhin neue Risikomanagementsysteme entwikkelt.[2] Dabei ist die Kennzahl „Value at Risk“ (VaR) zum Standard bei der Messung von Marktrisiken im Handelsbereich der Banken geworden.[3] In Deutschland können die Banken durch den neuen „Grundsatz I“ seit 1997 die Eigenkapitalunterlegung ihres Marktrisikos mit „internen Modellen“ berechnen, die auf dem VaR-Konzept beruhen.[4] Der VaR breitet sich auch zunehmend in andere Bereiche wie den des Kreditrisikomanagements[5] oder den der Messung von operationellen Risiken[6] aus.[7] Auch andere Branchen wie zum Beispiel Industrieunternehmen und Energieversorger bedienen sich zunehmend des VaR-Konzeptes.[8]

Es existieren bereits viele Veröffentlichungen, in denen die Verfahren zur Berechnung des VaR beschrieben werden. Dabei werden immer wieder Verbesserungen vorgeschlagen, um eine noch genauere Risikoprognose zu erreichen. In der Praxis ist jedoch schon die Umsetzung von einfachen Verfahren zur VaR-Berechnung häufig problematisch.

---

[1] Vgl. Jorion (2001), S. 51.

[2] Das bekannteste ist das „RiskMetrics“-System der Bank J. P. Morgan, das im Oktober 1994 vorgestellt wurde.

[3] Vgl. Smithson (1996), S. 25; Uhlir/Aussenegg (1996), S. 831.

[4] Zu den aufsichtsrechtlichen Bestimmungen zur Ermittlung des Marktrisikos in Banken vgl. Abschnitt 2.2.

[5] Zur Anwendung des VaR-Konzeptes im Rahmen des Kreditrisikomanagements vgl. z. B. Schwicht/Neske (1997), S. 473; J. P. Morgan (1997); Dowd (1998), S. 166-186; Entrop (2000), S. 261-267.

[6] Zur Messung von operationellen Risiken vgl. z. B. Dowd (1998), S. 191-199.

[7] Zur Abgrenzung und Definition der verschiedenen Bankrisiken vgl. Abschnitt 2.1.1. Die zukünftige aufsichtsrechtliche Regelung der Kreditrisiken und der operationellen Risiken wird zur Zeit im Rahmen der Konsultationspapiere zur Neuen Basler Eigenkapitalvereinbarung („Basel II“) diskutiert; vgl. dazu Wilkens/Entrop/Völker (2001); Wilkens/Baule/Entrop (2001).

[8] Vgl. z. B. Turner (1996); Shimko (1996); Priest (1996).

Dabei sind zunächst die zur Ermittlung des VaR notwendigen Daten zu erfassen. Aus den verschiedenen Handelssystemen einer Bank sind die jeweiligen Positionen zu extrahieren und in einem System zusammenzufassen. Häufig besteht die Gesamtposition aus einer Vielzahl von zum Teil sehr unterschiedlichen Finanztiteln. Zur Berechnung des VaR werden die Marktpreise dieser Finanztitel benötigt. Die Erhebung und Pflege entsprechender Zeitreihen ist allerdings sehr aufwendig. Die Ermittlung des Risikos aus den Bestands- und den Marktdaten ist oft mit einem erheblichen Programmieraufwand verbunden. Auch bei einfachen Verfahren ergeben sich bei einem großen Portfolio lange Rechenzeiten.

Aus diesen Gründen basiert zum Beispiel das RiskMetrics-System auf Vereinfachungen bei der „Varianz-Kovarianz-Methode" zur VaR-Ermittlung.[9] J. P. Morgan stellt über das Internet (www.riskmetrics.com) standardisierte Datensätze zur Verfügung, mit denen alle Finanztitel abgebildet werden können. Vor allem für Aktien ergibt sich dabei eine starke Vereinfachung. Pro Land steht nur ein Aktienindex zur Verfügung, mit dem alle Aktien aus diesem Land zu erfassen sind. Dadurch kann es zu großen Abweichungen von dem Risiko kommen, das bei der Berücksichtigung der Zeitreihen der einzelnen Aktien geschätzt wird.

Zur Ermittlung des VaR werden bei der Varianz-Kovarianz-Methode die Varianzen und Kovarianzen geschätzt, die für die Finanztitel im Prognosezeitraum gelten werden. Diese Schätzung basiert in der Regel auf historischen Zeitreihen der Renditen der Finanztitel. Eine Alternative ist die Ermittlung von impliziten Volatilitäten und Korrelationen aus Optionspreisen. Diese lassen sich als Prognosen der Marktteilnehmer an den Optionsmärkten interpretieren. Problematisch ist die Ermittlung der impliziten Prognosen, da ein bestimmtes Optionspreismodell auszuwählen ist. Jedes der möglichen Modelle basiert auf teilweise realitätsfernen Prämissen. Außerdem ist das Ergebnis von der Auswahl des Modells abhängig. Für jeden Finanztitel müssen genügend liquide gehandelte Optionen vorhanden sein. Dies ist häufig nicht gegeben. Dieses Problem kann bei der Varianz-Kovarianz-Methode durch den Einsatz vereinfachender Verfahren vermindert werden. Ein großer Vorteil der impliziten Schätzer ist, daß die Marktteilnehmer an den Optionsmärkten alle zum jeweiligen Zeitpunkt verfügbaren Informationen in ihren Prognosen berücksichtigen. Dadurch fließen in die impliziten Volatilitä-

---

9 Auf die Varianz-Kovarianz-Methode und RiskMetrics wird in Abschnitt 2.3 eingegangen.

ten und Korrelationen mehr und aktuellere Informationen ein als in die rein historisch basierten Schätzer.

Aufgrund der genannten Schwierigkeiten bei der Ermittlung impliziter Schätzer wurde deren Einbeziehung in die VaR-Berechnung und die mit Modellen dieser Art zu erreichende Prognosegüte bisher noch nicht untersucht.

In dieser Arbeit werden insbesondere zwei Fragestellungen behandelt:

1. Welche Vereinfachungen der Varianz-Kovarianz-Methode sind bei der Anwendung auf Aktienportfolios möglich? Wie stark können die damit ermittelten VaR-Werte von denen eines nicht vereinfachten Modells abweichen?

2. Ist mit impliziten Volatilitäten eine bessere VaR-Prognose als mit historisch basierten Schätzern zu erwarten? Wie können implizite Volatilitäten in die Ermittlung des VaR von Aktienportfolios mit der Varianz-Kovarianz-Methode einbezogen werden?

Bei der Untersuchung dieser Fragen wird folgendermaßen vorgegangen.

Kapitel 2 beinhaltet die Darstellung der Grundlagen, auf denen die VaR-Berechnung aufbaut. Die Marktrisiken, auf die sich der VaR hier ausschließlich bezieht, werden von den anderen Risikoarten einer Bank abgegrenzt. Außerdem wird die Kennzahl VaR definiert, und deren Vor- und Nachteile werden diskutiert. Es wird kurz auf die aufsichtsrechtlichen Grundlagen eingegangen, da diese entscheidend zur Einführung des VaR in vielen Banken beigetragen haben. Danach folgt die Erläuterung der Varianz-Kovarianz-Methode zur Ermittlung des VaR. Außerdem werden verschiedene „Backtesting"-Methoden beschrieben, mit denen die Prognosegüte von VaR-Verfahren überprüft werden kann. Es wird diskutiert, welche für eine Beurteilung der in Kapitel 4 vorgestellten VaR-Modelle geeignet sind.

Kapitel 3 geht auf die erste Frage ein. Aufbauend auf der Varianz-Kovarianz-Methode werden vereinfachende Verfahren zur VaR-Ermittlung dargestellt. Es folgt die Veranschaulichung der Auswirkungen durch die Vereinfachungen anhand eines Beispiels. In einer empirischen Untersuchung werden die möglichen Abweichungen der vereinfachenden Modelle von der nicht vereinfachten Varianz-Kovarianz-Methode („volles historisches Modell") simuliert. Um die Auswirkungen der Größe und der Zusammensetzung eines Portfolios auf die Höhe der Abweichungen zu zeigen, werden diese für drei verschiedene Zeitpunkte für viele verschiedene Portfolios ermittelt. Außerdem wird untersucht, wie sich die Abweichungen für zwei ausgewählte Portfolios über einen langen Zeitraum entwickeln.

Kapitel 4 hat die Untersuchung der zweiten Fragestellung zum Inhalt: die Verwendung impliziter Volatilitäten bei der VaR-Prognose. Zu Beginn werden die Vor- und Nachteile einer Einbeziehung impliziter Volatilitäten und Korrelationen in die VaR-Prognose diskutiert. Anschließend werden die Grundlagen von Optionen beschrieben. Die relevanten Begriffe werden eingeführt und die wichtigsten Optionspreismodelle kurz erläutert. Auf dieser Grundlage folgt die Darstellung iterativer Verfahren und Näherungslösungen zur Berechnung impliziter Volatilitäten aus Optionspreisen. Danach werden verschiedene Vorschläge aus der Literatur beschrieben und verglichen, wie aus dem „Volatility Surface“[10] ein Schätzer der impliziten Volatilität ermittelt werden kann. Im Anschluß daran wird auf die entscheidende Frage im Zusammenhang mit der Verwendung impliziter Volatilitäten bei der VaR-Ermittlung eingegangen: Es werden bisher veröffentlichte Ergebnisse zum Vergleich der Prognosegüte von impliziten mit historischen Volatilitäten beschrieben und diskutiert, um beurteilen zu können, ob die Einbeziehung impliziter Volatilitäten in die VaR-Ermittlung eine Verbesserung der Prognosen erwarten läßt. Es folgt die Ausarbeitung von Konzepten zur Einbeziehung der impliziten Volatilitätsprognose in die Varianz-Kovarianz-Methode, bei denen die eingeschränkte Verfügbarkeit und der Aufwand bei der Ermittlung berücksichtigt werden.

Im empirischen Teil dieses Kapitels werden zunächst implizite und historisch basierte Volatilitätsschätzer für den DAX und einzelne Aktien in einigen grafischen Darstellungen gegenübergestellt, um deren typische Unterschiede aufzuzeigen. Anschließend werden zwei VaR-Verfahren mit impliziten Volatilitäten anhand eines Aktienportfolios empirisch mit drei historisch basierten Verfahren verglichen. Die Ergebnisse werden grafisch und mit einigen der dargestellten Backtesting-Verfahren beurteilt. Um zu testen, welchen Einfluß Portfolioeffekte auf die Beurteilung der verschiedenen VaR-Modelle haben, werden die Berechnungen für die einzelnen Aktien des Portfolios wiederholt. Es schließt sich eine empirische Untersuchung der Frage an, ob sich durch die Kombination verschie-

---

[10] Zum Volatility Surface vgl. Abschnitt 4.3.2.

dener Volatilitätsschätzer die VaR-Prognose noch weiter verbessern läßt. Dazu werden VaR-Werte für den DAX mit Hilfe von Kombinationsverfahren aus einem impliziten und einem historischen Volatilitätsschätzer ermittelt. Anschließend wird die Prognosegüte dieser VaR-Werte mit der von VaR-Werten verglichen, die aus den beiden einzelnen Schätzern abgeleitet wurden.

Kapitel 5 schließt diese Arbeit mit einer Zusammenfassung der Ergebnisse und einem Ausblick auf weiterführende Fragestellungen ab.

2 Erfassung von Marktrisiken mit dem Value at Risk

2.1 Abgrenzung der Marktrisiken und Grundlagen des Value at Risk

2.1.1 Marktrisiken als Teilmenge der Bankrisiken

Die hier darzustellenden Verfahren zur Schätzung des VaR werden zur Messung der Marktrisiken im Handelsbereich der Banken verwendet. Diese sind von den anderen Risiken abzugrenzen, denen eine Bank ausgesetzt ist.

Abbildung 2.1 zeigt, wie Bankrisiken eingeteilt werden können.

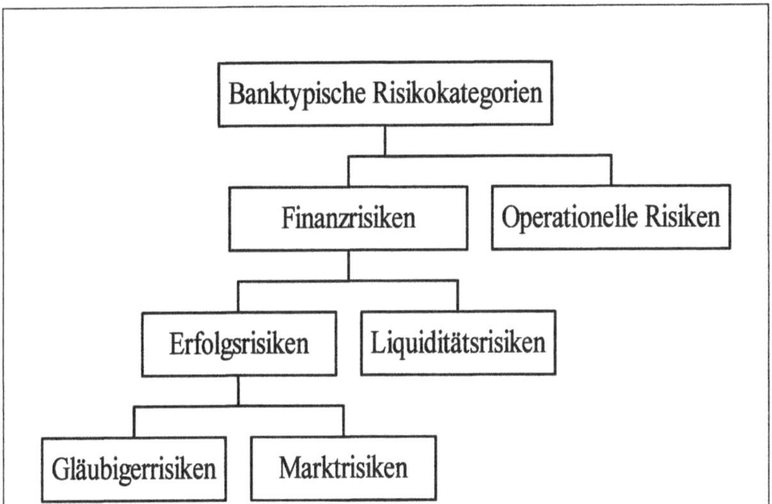

Abbildung 2.1: Abgrenzung der Bankrisikokategorien[11]

Die Risiken einer Bank lassen sich in Finanzrisiken und operationelle Risiken aufteilen. Die operationellen Risiken umfassen die Risiken des Betriebsbereichs einer Bank. Darunter fallen zum Beispiel Verlustgefahren, die sich aus Katastrophen oder durch Betrug eines Mitarbeiters ergeben. Die Finanzrisiken beziehen

[11] Entworfen nach Rudolph (1995), S. 26.

sich unmittelbar auf die Finanzströme einer Bank. Sie umfassen sämtliche Risiken des liquiditätsmäßig-finanziellen Bereichs[12]. Die Finanzrisiken werden in Erfolgsrisiken und Liquiditätsrisiken unterteilt.

Bei den Liquiditätsrisiken handelt es sich um Fristigkeitsrisiken. Diese enthalten zum Beispiel die Gefahr, daß zu einem bestimmten Zeitpunkt zu leistende Auszahlungen der Bank in ihrer Höhe nicht durch entsprechende Zahlungsmittel gedeckt sind. Die Erfolgsrisiken führen bei ihrem Eintreten unmittelbar zu einer Minderung des Eigenkapitals der Bank. Sie lassen sich in Gläubigerrisiken und Marktrisiken aufteilen. Die Gläubigerrisiken beinhalten unter anderem die Gefahr eines teilweise oder vollständigen Verlustes von Forderungen im Kreditgeschäft.[13] Die Marktrisiken beschreiben die Gefahr, durch die Veränderung von Marktpreisen eine Wertminderung der Positionen des Handelsbereichs zu erleiden. Bei den Marktrisiken wird zwischen Aktienkurs-, Zinsänderungs-, Währungs- und Rohstoffpreisrisiken unterschieden (vgl. Abbildung 2.2).

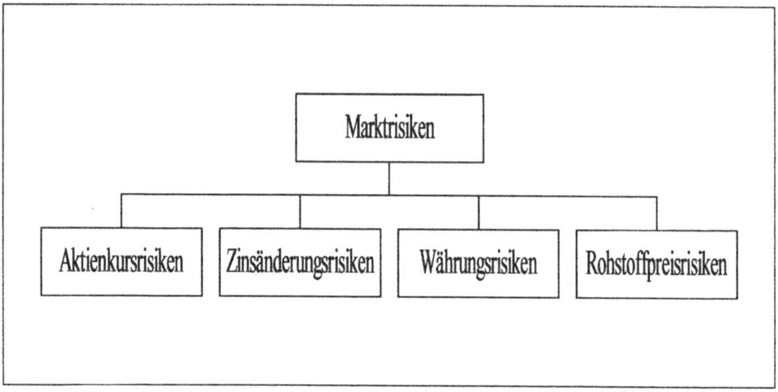

Abbildung 2.2: Abgrenzung der verschiedenen Marktrisiken[14]

Hier wird auf mögliche Anwendungen des VaR zur Messung von Aktienkursrisiken eingegangen.

---

[12] Zum liquiditätsmäßig-finanziellen Bereich vgl. Benner (1978).

[13] Vgl. Johanning (1998), S. 17.

[14] Entworfen nach Rudolph (1995), S. 27.

2.1.2 Grundlagen des Value at Risk

Der VaR wurde von einigen großen Banken erstmals Ende der achtziger Jahre als Risikomeßziffer zur Erfassung ihres Marktrisikos im Handelsbereich eingesetzt.[15] Im Oktober 1994 hat die amerikanische Bank J. P. Morgan mit der Veröffentlichung des von ihnen entwickelten RiskMetrics-Systems der Diskussion über neue Verfahren zur Risikomessung entscheidende Impulse gegeben. Durch RiskMetrics wurde ein Standard zur Berechnung des VaR gesetzt.[16] In den letzten Jahren hat die Kennzahl VaR entscheidende Bedeutung für das Risikomanagement erlangt.[17]

Der VaR eines Portfolios ist der Wertverlust, der nach einer bestimmten Haltedauer mit einer vorgegebenen Wahrscheinlichkeit p (Konfidenzniveau von $1 - p$) überschritten wird.[18] Allgemein wird der VaR definiert als[19]

- erwartete maximale negative Änderung in Geldeinheiten
- des Marktwertes einer Position oder eines Portfolios
- aufgrund der Schwankungen spezifischer Marktfaktoren
- innerhalb eines festgelegten Zeitraums
- berechnet auf der Basis eines statistischen Modells
- für ein spezifisches Konfidenzniveau.

Abbildung 2.3 zeigt, wie aus einer Prognose der Ergebnisverteilung des zu betrachtenden Portfolios der VaR mit einem einseitigen Konfidenzintervall[20] von 99 Prozent ermittelt wird.

---

15 Vgl. Linsmeier/Pearson (1996), S. 2.

16 Vgl. z. B. Bode/Mohr (1996), S. 470.

17 Vgl. z. B. Smithson (1996), S. 25.

18 Vgl. Johanning (1996), S. 291. J. P. Morgan gibt folgende Definition für den VaR: "*VaR answers the question: how much can I lose with x % probability over a given time horizon.*"; J. P. Morgan (1996a), S. 6.

19 Vgl. Wilkens/Völker (2000), S. 353.

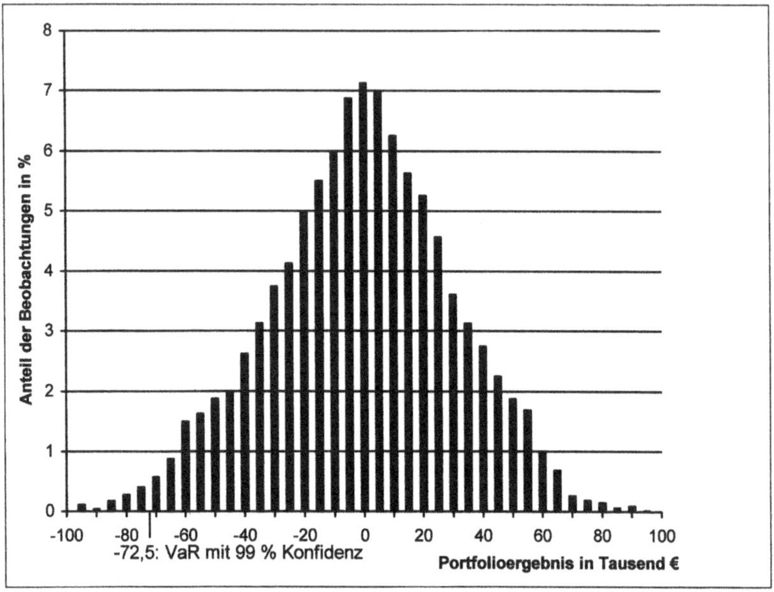

Abbildung 2.3: Ermittlung des VaR mit einem Konfidenzintervall von 99 % aus der Verteilung der Portfolioergebnisse[21]

Der VaR mit einem Konfidenzniveau von 99 Prozent entspricht dem Portfolioverlust, der von einem Prozent der möglichen Portfolioverluste überschritten wird.

Nach den gesetzlichen Vorgaben wird der VaR mit einer Haltedauer von zehn Tagen und einem Konfidenzniveau von 99 Prozent berechnet. Beträgt dieser zum Beispiel 100.000,- €, ist innerhalb der nächsten zehn Handelstage für das Portfolio mit einer Wahrscheinlichkeit von einem Prozent ein Verlust von mehr als 100.000,- € zu erwarten. Wird der VaR für eine Haltedauer von einem Tag berechnet, wird auch der Begriff „Daily Earnings at Risk“ (DEaR) verwendet.[22]

---

[20] Hier werden ausschließlich einseitige Konfidenzintervalle betrachtet. Daher wird die Bezeichnung „einseitig“ im folgenden weggelassen. Synonym wird der Begriff Konfidenzniveau verwendet.

[21] Das Ergebnis wird hier von der gewählten Klasseneinteilung beeinflußt.

[22] Vgl. z. B. Schröder/Schulte-Mattler (1997), S. 420.

Ein Vorteil der Kennziffer VaR ist, daß das Risiko eines jeden Finanztitels oder eines beliebig großen Portfolios in einer Zahl ausgedrückt wird. Somit sind auch VaR-Werte vergleichbar, die sich auf ganz verschiedene Portfolios beziehen, sofern die Berechnung mit identischen Vorgaben erfolgt ist. Dies ist ein wesentlicher Unterschied zu den anderen üblichen Risikomeßziffern wie zum Beispiel Duration, Basis Point Value oder Options-Delta, die sich nur auf bestimmte Finanztitel anwenden lassen und untereinander nicht vergleichbar sind.[23] Aufgrund seiner guten Vergleichbarkeit und hohen Aggregationskraft eignet sich der VaR für die Berichterstattung an den Vorstand einer Bank und die Aufsichtsbehörden.[24] Darüber hinaus wird der VaR zunehmend für die externe Rechnungslegung[25] und die interne Kapitalallokation[26] herangezogen.

Der VaR ermöglicht Wahrscheinlichkeitsaussagen über den Eintritt künftiger Verluste. Dagegen geben die anderen Risikomaße nur die Höhe des Verlustes an, der bei einer bestimmten Marktentwicklung eintreten wird. Die Eintrittswahrscheinlichkeit dieser Marktentwicklung kann durch sie nicht ermittelt werden.[27]

Bei der Zusammenfassung der Risiken verschiedener Positionen eines Portfolios ist es bei der VaR-Ermittlung möglich, die Korrelationen und damit auch die Diversifikationseffekte zwischen den einzelnen Finanztiteln zu berücksichtigen. Das Risiko eines Finanztitels kann nur im Zusammenhang mit den anderen Positionen eines Portfolios korrekt beurteilt werden. So ist zum Beispiel der Verkauf eines DAX-Futures für sich genommen sehr risikoreich. Befinden sich aber vor dieser Transaktion DAX-Aktien im Portfolio des Verkäufers, so reduziert der Verkauf des Futures das Risiko des Portfolios. Dieser Effekt wird bei der Berechnung des VaR berücksichtigt, was bei den bisherigen Risikomaßen nicht oder nur sehr ungenau möglich ist.[28]

Die genannten Eigenschaften des VaR haben zu seiner weiten Verbreitung bei der Messung und dem Management von Marktrisiken geführt. Allerdings sind

---

23 Vgl. Smithson (1996), S. 25. Einen Überblick über verschiedene Risikokennzahlen gibt Biermann (1998), S. 9-21.

24 Vgl. Smithson (1996), S. 25; Linsmeier/Pearson (1996), S. 1; Leong (1996), S. 9.

25 Vgl. Benner/Zemke (1998), S. 820 f.

26 Vgl. z. B. Völker (2000); Völker (2001).

27 Vgl. Leong (1996), S. 9 f.

28 Vgl. Leong (1996), S. 10.

auch bei der Anwendung des VaR einige Einschränkungen zu beachten. Auch ein korrekt arbeitendes VaR-System kann keine sicheren Vorhersagen bezüglich der künftigen Entwicklung der Preise an den Finanzmärkten treffen. Verluste, die ein Portfolio infolge von außergewöhnlichen Marktbewegungen wie zum Beispiel einem Crash erleidet, können nur mit Hilfe von simulierten Krisenszenarien („Stresstesting") ausreichend abgeschätzt werden. Jedes VaR-Modell ist außerdem mit einer Reihe von Prämissen verbunden, die in der Realität nicht unbedingt zutreffen.[29]

Da es eine theoretisch unendlich große Zahl von verschiedenen Finanztiteln gibt, deren Renditezeitreihen nicht alle direkt beobachtbar sind, sind Risikofaktoren zu bestimmen, mit deren Hilfe alle zu betrachtenden Finanztitel abgebildet werden können.[30] Jeder Finanztitel läßt sich auf bestimmte Risikofaktoren zurückführen. So kann zum Beispiel eine Position in einer Kuponanleihe in Positionen in Zerobonds mit standardisierten Restlaufzeiten zerlegt werden.[31] Bestände in einzelnen Aktien werden in der Regel mit Hilfe von Aktienindizes erfaßt.[32] Die Abbildung von Finanztiteln durch Risikofaktoren wird als „Mapping" bezeichnet.[33]

Das Mapping von Finanztiteln ermöglicht es, alle in einem Portfolio enthaltenen Finanztitel mit Hilfe relativ weniger Risikofaktoren zu erfassen und somit den VaR mit angemessenem Aufwand und ohne Datenbeschaffungsprobleme zu berechnen.[34]

2.2 Aufsichtsrechtliche Bestimmungen

Die Notwendigkeit der Messung und entsprechenden Eigenkapitalunterlegung der Marktrisiken in Banken hat in den neunziger Jahren zu neuen aufsichtsrechtlichen Vorschriften geführt. Dabei wurde die nationale Gesetzgebung maßgeblich von zuvor getroffenen internationalen Vereinbarungen beeinflußt. Dieser Abschnitt gibt einen kurzen Überblick über die internationalen Vorgaben und die

---

[29] Vgl. Dowd (1998), S. 22.

[30] Vgl. Linsmeier/Pearson (1996), S. 5.

[31] Vgl. zu diesem Verfahren z. B. Wilkens/Völker (2001), S. 428-431.

[32] Die Darstellung verschiedener Möglichkeiten bei dieser Erfassung ist Gegenstand von Kapitel 3.

[33] Vgl. J. P. Morgan (1996a), S. 107.

[34] Vgl. Johanning (1996), S. 292.

in Deutschland eingeführten Regelungen. Die bei der Messung der Marktrisiken eingesetzten Modelle sind regelmäßig auf ihre Fähigkeit zu überprüfen, das Risiko korrekt abzubilden (Backtesting). Die aufsichtsrechtlichen Grundlagen für diese Überprüfung und die vom Ergebnis abgeleiteten Auswirkungen auf die Höhe des zu unterlegenden Eigenkapitals werden hier ebenfalls dargestellt.

2.2.1 Messung und Eigenkapitalunterlegung von Marktrisiken

Die „Eigenkapitalübereinkunft" des Basler Ausschusses für Bankenaufsicht[35] von 1988 bildet den Ausgangspunkt für die internationale Vereinheitlichung aufsichtsrechtlicher Normen.[36] Durch die Erweiterung in 1996 wurden auch die Marktrisiken einbezogen.[37] Die Höhe des Eigenkapitals, das zur Unterlegung der im Handelsbereich der Banken entstehenden Marktrisiken benötigt wird, wird zum einen aus einem Standardverfahren hergeleitet. Zum anderen wird bei Einhaltung einer Reihe von Bedingungen auch die Anwendung interner Modelle zur Risikomessung und zur Ermittlung der Höhe der Eigenkapitalunterlegung gestattet.[38]

Beim Standardverfahren wird die Risikounterlegung mit Hilfe von tabellierten Risikosätzen für die einzelnen Anlageformen ermittelt. Dabei wird häufig nur ein pauschaler Prozentsatz des Marktwertes eines Finanztitels angesetzt. Außerdem werden keine Korrelationen zwischen den verschiedenen Positionen einer Bank berücksichtigt. Diese Nachteile haben dazu geführt, den Banken den Einsatz von internen Modellen zur Risikomessung zu erlauben. Dies wird an eine Reihe von Voraussetzungen geknüpft, die eine ordnungsgemäße Risikoermittlung durch die Banken gewährleisten sollen.

---

35 Der Basler Ausschuß für Bankenaufsicht wurde im Jahr 1974 gegründet und setzt sich aus Vertretern der Aufsichtsbehörden und Zentralbanken der Zehnergruppe (Belgien, Bundesrepublik Deutschland, Frankreich, Großbritannien, Italien, Japan, Kanada, Niederlande, Schweden und Vereinigte Staaten von Amerika) und Luxemburg zusammen. Seine Empfehlungen haben nicht unmittelbar Gesetzeskraft, geben aber wichtige Anstöße für die nationalen Gesetzgeber. Außerdem verpflichten sich einzelne Kreditinstitute aus Standing-Gründen zur Einhaltung der Empfehlungen; vgl. Flesch (1996), S. 14 f.

36 Vgl. Flesch (1996), S. 15.

37 Vgl. Basler Ausschuß (1996a).

38 Vgl. Basler Ausschuß (1996a), S. 38-49.

Eine EG-weit gültige Regelung wurde durch die „Kapitaladäquanzrichtlinie" (KAR) vom März 1993 geschaffen, die inhaltlich weitgehend mit den beschriebenen Beschlüssen des Basler Ausschusses für Bankenaufsicht übereinstimmt. Durch die Umsetzung in nationale Gesetze sollte in den Mitgliedsstaaten eine einheitliche Behandlung der Eigenkapitalbemessung zur Unterlegung der Handelsrisiken erreicht werden.

Ein entscheidender Unterschied zwischen den Basler Beschlüssen und der KAR besteht darin, daß in der KAR die Zulassung interner Risikomodelle durch die Banken nicht vorgesehen war, da auch der Basler Bankenausschuß dies 1993 noch nicht vorsah.[39] Dies hat zu langwierigen Diskussionen in den einzelnen Mitgliedsländern bei der Umsetzung in nationales Recht geführt, da die Kreditinstitute nicht auf diese Möglichkeit verzichten wollten.[40]

In Deutschland wurde mit der „Bekanntmachung über die Änderung der Grundsätze über das Eigenkapital und die Liquidität der Kreditinstitute"[41] vom 29. Oktober 1997 die KAR in nationales Recht umgesetzt. Die bankeigenen Risikomodelle sind in den §§ 32 bis 37 des neuen Grundsatzes I geregelt.

In den §§ 34 bis 36 wird den Banken für die Anwendung interner Modelle ein Rahmen von Voraussetzungen vorgegeben.

§ 34 bestimmt die quantitativen Vorgaben, die folgendes vorschreiben.

1. Bei der Berechnung des Risikos ist von einer Haltedauer von zehn Arbeitstagen auszugehen.

2. Es ist ein einseitiges Prognoseintervall mit einem Wahrscheinlichkeitsniveau von 99 Prozent zugrunde zu legen.

3. Es ist ein effektiver historischer Beobachtungszeitraum von mindestens einem Jahr einzubeziehen.

§ 35 regelt, welche Risikofaktoren zu berücksichtigen sind. Allgemein ist festgelegt, daß alle „nicht unerheblichen" Marktrisikofaktoren einzubeziehen sind.

---

39 Vgl. Flesch (1996), S. 14.

40 Vgl. Trouet (1996), S. 305.

41 Vgl. BAKred (1997).

Ausdrücklich genannt werden nichtlineare Risiken (bei Optionen relevant), Zinsstrukturrisiken und Spread-Risiken.

§ 36 zählt die qualitativen Anforderungen auf, die für die Anwendung interner Modelle zur Risikomessung erfüllt sein müssen.

1. Die Arbeits- und Ablauforganisation des Kreditinstitutes muß die zeitnahe und vollständige Erfassung des Marktrisikos gewährleisten und ist ausführlich zu dokumentieren.

2. Die Entwicklung des Risikomeßmodells, die tägliche Risikoberechnung, die Dokumentation und das Back- und das Stresstesting sind von einer organisatorisch vom Handelsbereich unabhängigen Stelle innerhalb des Kreditinstitutes durchzuführen.

3. Die Verfahren zur Risikoermittlung sind ausführlich zu dokumentieren und müssen mit den für die aktuelle Risikosteuerung (also für interne Zwecke des Controlling) angewandten Verfahren übereinstimmen.

4. Die Güte des Risikomeßmodells ist in regelmäßigen Abständen zu überprüfen (Backtesting), und das Modell ist gegebenenfalls anzupassen.

5. In regelmäßigen Abständen sind Krisenszenarien zu simulieren (Stresstesting).

6. Die vom Kreditinstitut vorgegebenen Limite für die einzelnen Handelsbereiche müssen nachweisbar von den durch das Modell ermittelten Risiken abhängig gemacht werden.

7. Die für das Modell verwendeten historischen Daten sind regelmäßig, mindestens aber alle drei Monate und bei Bedarf sofort, zu aktualisieren.

8. Die Einhaltung der Anforderungen 1. bis 7. und die ordnungsgemäße Durchführung des Backtesting gemäß § 37 Abs. 1 ist regelmäßig, mindestens vierteljährlich, durch die Innenrevision zu überprüfen.

9. Die Geschäftsleitung ist in aussagekräftiger Form über die Ergebnisse des Back- und Stresstesting und der Prüfungen durch die Innenrevision zu informieren.

Eine aus Sicht der Kreditinstitute entscheidende Frage ist, in welcher Höhe die Bank in Abhängigkeit von dem durch ihr Modell ermittelten Risikobetrag Eigenkapital zur Unterlegung der Marktrisiken vorhalten muß. Diese Frage regelt § 33 dahingehend, daß der größere der folgenden beiden Werte anzusetzen ist:

1. der aktuell vom Modell ermittelte Risikowert,

2. der Durchschnitt der vom Modell ermittelten Risikowerte der letzten 60 Arbeitstage multipliziert mit einem vom Bundesaufsichtsamt für das Kreditwesen festzulegenden Multiplikator.

Zur Verdeutlichung dient ein Beispiel. Mit dem bankinternen Risikomodell seien folgende Risikobeträge ermittelt worden: Ein aktueller Risikobetrag von 25,87 Mio. € und ein durchschnittlicher Risikobetrag der letzten 60 Tage von 13,75 Mio. €. Bei einem vom Bundesaufsichtsamt für das Kreditwesen beispielsweise auf 3,4 festgelegten Multiplikator ergibt sich nach 1. ein Wert von 25,87 Mio. €. Nach 2. beträgt der Wert 3,4 mal 13,75 Mio. €. In diesem Fall hat das Kreditinstitut sein Risiko im Handelsbereich mit Eigenkapital in Höhe von 46,75 Mio. € zu unterlegen.

Der Multiplikator bei Nr. 2 beträgt im Regelfall drei. Er kann aber vom Bundesaufsichtsamt in Abhängigkeit von der Einhaltung der qualitativen Anforderungen des § 36 und in Abhängigkeit von der Prognosegüte, wie in § 37 geregelt[42], erhöht werden. Die Höhe des Multiplikators von mindestens drei ist umstritten. Viele internationale Geschäftsbanken sind der Meinung, daß dieser Faktor zu hoch ist, wenn sie mit einem guten eigenen System arbeiten.[43] Die Auswertung einiger Modellrechnungen durch die Bank für internationalen Zahlungsausgleich (BIZ) ergab jedoch, daß die mit den internen Modellen errechneten Kapitalbeträge trotz des Multiplikators von drei in der Regel unter dem Betrag nach dem Standardverfahren liegen.[44]

---

[42] Vgl. Abschnitt 2.2.2.

[43] Vgl. o. V. (1996b).

[44] Vgl. o. V. (1996a).

2.2.2 Bestimmungen zum Backtesting

Der Basler Ausschuß für Bankenaufsicht hat gleichzeitig mit der Änderung der Eigenkapitalvereinbarung zur Einbeziehung von Marktrisiken im Januar 1996 ein aufsichtsrechtliches Rahmenkonzept zum Backtesting verabschiedet. Hierin wird festgelegt, daß die VaR-Werte, die mit bankinternen Modellen berechnet werden, auf ihre Güte überprüft werden müssen, indem sie mit den tatsächlichen Handelsergebnissen verglichen werden.[45]

Bei Unterstellung einer langen Haltedauer können die eintretenden Gewinne und Verluste stark durch zwischenzeitliche Portfolioumschichtungen beeinflußt werden. Dadurch sind sie häufig nicht mehr für einen Vergleich mit den VaR-Werten geeignet. Daher ist abweichend von der sonst vorgeschriebenen Haltedauer von zehn Tagen im Zusammenhang mit dem Backtesting eine Haltedauer von einem Tag bei der VaR-Berechnung zugrunde zu legen.[46] Das Backtesting ist vierteljährlich durchzuführen, wobei jeweils die letzten 250 Handelstage, also etwa der Zeitraum eines Jahres, einzubeziehen sind.[47] Für diesen Zeitraum sind die täglichen VaR-Werte mit den tatsächlichen Handelsergebnissen zu vergleichen. Die Anzahl der Tage, an denen der eingetretene Verlust den VaR übersteigt, entscheidet über die Beurteilung der verwendeten Methode. Da es keinen statistisch trennscharfen Grenzwert für diese Anzahl gibt, legt der Basler Ausschuß für Bankenaufsicht drei Zonen fest, in die das zu testende Modell fallen kann.[48]

Bei einem Konfidenzniveau von 99 Prozent und einem Beobachtungszeitraum von 250 Tagen sind im Durchschnitt 2,5 Überschreitungen zu erwarten. Ist der tatsächliche Verlust an vier oder weniger Tagen größer als der VaR, wird davon ausgegangen, daß das Modell das Risiko des Portfolios korrekt abbildet, und es kommt in die „grüne Zone".[49] Treten zwischen fünf und neun Überschreitungen auf, kommt das Modell in die „gelbe Zone". In diesem Fall kann nicht mit hinreichender Sicherheit entschieden werden, ob das Modell korrekt ist oder nicht. In Abhängigkeit von der genauen Zahl der Überschreitungen wird in der gelben

---

45 Vgl. Basler Ausschuß (1996b), S. 2.

46 Vgl. Basler Ausschuß (1996b), S. 3.

47 Vgl. Basler Ausschuß (1996b), S. 4.

48 Vgl. Basler Ausschuß (1996b), S. 6. Auf die statistischen Grundlagen dieser Methode wird in Abschnitt 2.4.1 eingegangen.

49 Vgl. Basler Ausschuß (1996b), S. 7 f.

Zone der Multiplikator von drei um 0,4 bis 0,85 erhöht. Die betreffende Bank kann dies durch den Nachweis verhindern, daß die erhöhte Zahl an Überschreitungen nicht an einem fehlerhaften Modell liegt.[50] Treten zehn oder mehr Überschreitungen auf, kommt das Modell in die „rote Zone". Das Modell arbeitet bei einer so hohen Anzahl an Überschreitungen mit großer Sicherheit nicht korrekt. Der Multiplikator wird in diesem Fall von drei auf vier erhöht, und die Bank hat ihr Modell zu überarbeiten, wenn sie es weiterhin verwenden möchte.[51] Andernfalls darf sie nur noch das Standardverfahren anwenden.

In Tabelle 2.1 sind die drei Zonen mit den entsprechenden Erhöhungsbeträgen des Multiplikators dargestellt.

Zone	Anzahl der Überschreitungen	Erhöhungsbetrag des Multiplikators
Grüne Zone	0	0,00
	1	0,00
	2	0,00
	3	0,00
	4	0,00
Gelbe Zone	5	0,40
	6	0,50
	7	0,65
	8	0,75
	9	0,85
Rote Zone	10 und mehr	1,00

Tabelle 2.1: Zoneneinteilung beim Backtesting des Basler Ausschusses[52]

Dieser Backtesting-Ansatz des Basler Ausschusses für Bankenaufsicht wurde vom deutschen Gesetzgeber in die Neufassung des Grundsatzes I übernommen. Dort ist das Backtesting in § 37 geregelt.

2.3 Berechnung des Value at Risk

Zur Berechnung des VaR existieren drei verschiedene Verfahren, die Varianz-Kovarianz-Methode, die historische Simulation und die Monte-Carlo-

[50] Vgl. Basler Ausschuß (1996b), S. 8-11.

[51] Vgl. Basler Ausschuß (1996b), S. 11 f.

[52] Basler Ausschuß (1996b), Table 2.

Simulation.[53] Da im folgenden nur die Varianz-Kovarianz-Methode angewandt wird, wird auf die Darstellung der beiden anderen Verfahren verzichtet.

2.3.1 Die Varianz-Kovarianz-Methode

Die Varianz-Kovarianz-Methode beruht auf der Annahme, daß die künftigen Renditen[54] der zugrunde liegenden Risikofaktoren multivariat normalverteilt sind.[55] Daher ist die Schätzung der Kovarianzmatrix der Renditen der Risikofaktoren eine zentrale Grundlage der Varianz-Kovarianz-Methode. Aufgrund der unterstellten multivariaten Normalverteilung der Renditen der Risikofaktoren sind auch die Portfoliorenditen normalverteilt.[56] So kann aus der Standardabweichung der Portfoliorenditen, die sich aus den Anteilen der einzelnen Wertpapiere am Portfolio und der Kovarianzmatrix ergibt, der VaR für jedes gewünschte Konfidenzniveau abgeleitet werden. Der VaR für ein Konfidenzniveau von $1-p$ Prozent berechnet sich wie folgt:[57]

$$VaR = -z_{1-p}\, \sigma_{r_P}\, MW_P \tag{2-1}$$

z_{1-p}: Quantil der Standardnormalverteilung, das durch das gewählte Konfidenzniveau bestimmt wird

σ_{r_P}: Standardabweichung der Portfoliorenditen

MW_P: Marktwert des Portfolios

---

[53] Zu ausführlichen Darstellungen dieser Verfahren vgl. Linsmeier/Pearson (1996), S. 7-16; Dowd (1998), S. 63-120; Meyer (1999), S. 125-221.

[54] Hier werden grundsätzlich diskrete Renditen betrachtet, die sich wie folgt ergeben:

$$r_{it} = \frac{S_{it} - S_{it-1}}{S_{it-1}} \qquad r_{it}\text{: Rendite des Finanztitels } i \text{ im Zeitraum } [t-1;t]$$

S_{it}: Kurs des Finanztitels i zum Zeitpunkt t

[55] Vgl. Linsmeier/Pearson (1996), S. 10. Zu Ansätzen, die die Normalverteilungsannahme bei der Varianz-Kovarianz-Methode aufheben, vgl. Dowd (1998), S. 74-76.

[56] Vgl. Linsmeier/Pearson (1996), S. 10; Leong (1996), S. 11.

[57] Uhlir/Aussenegg (1996), S. 832; Smithson (1996), S. 27; Linsmeier/Pearson (1996), S. 14.

Für ein Konfidenzniveau von 99 Prozent beträgt z_{1-p} ca. –2,33, für ein Konfidenzniveau von 95 Prozent[58] ca. –1,64.[59]

Ein wichtiger Schritt zur Ermittlung des VaR nach der Varianz-Kovarianz-Methode ist die Ermittlung der Varianz der Renditen des Portfolios.

Mit Hilfe der folgenden Formel wird aus den Anteilen der einzelnen Positionen am Portfolio und der Kovarianzmatrix die Varianz der Portfoliorendite ermittelt.[60]

$$\sigma_{r_P}^2 = \sum_{i=1}^{I} w_i^2 \sigma_{r_i}^2 + 2\sum_{i=1}^{I-1} \sum_{j=i+1}^{I} w_i w_j \sigma_{r_i r_j} \qquad (2\text{-}2)$$

$\sigma_{r_P}^2$: Varianz der Portfoliorendite

w_i : Anteil des Wertpapiers i am Portfolio (es gilt: $\sum_{i=1}^{I} w_i = 1$)

$\sigma_{r_i}^2$: Varianz der Rendite des Wertpapiers i

$\sigma_{r_i r_j}$:Kovarianz der Renditen der Wertpapiere i und j

Aus den Gleichungen (2-1) und (2-2) läßt sich für den VaR nach der Varianz-Kovarianz-Methode die folgende allgemeine Bestimmungsgleichung in Matrixschreibweise ableiten.

$$VaR = -z_{1-p} \sqrt{\begin{pmatrix} w_1 \\ \ldots \\ \ldots \\ \ldots \\ w_I \end{pmatrix}^T \begin{pmatrix} \sigma_{r_1}^2 & \ldots & \ldots & \ldots & \sigma_{r_1 r_I} \\ \ldots & \ldots & \ldots & \ldots & \ldots \\ \ldots & \ldots & \ldots & \ldots & \ldots \\ \ldots & \ldots & \ldots & \ldots & \ldots \\ \sigma_{r_I r_1} & \ldots & \ldots & \ldots & \sigma_{r_I}^2 \end{pmatrix} \begin{pmatrix} w_1 \\ \ldots \\ \ldots \\ \ldots \\ w_I \end{pmatrix}} MW_P \qquad (2\text{-}3)$$

---

[58] Ein Konfidenzniveau von 95 % wird z. B. bei RiskMetrics verwendet. Vgl. J. P. Morgan (1996a), S. 71.

[59] Eine tabellierte Standardnormalverteilung enthält z. B. Freedman et al. (1991), S. A-86.

[60] Vgl. Perridon/Steiner (1999), S. 254; Steiner/Uhlir (2001), S. 138.

$$\begin{pmatrix} w_1 \\ \dots \\ \dots \\ \dots \\ w_I \end{pmatrix}$$: Vektor der Anteile der Wertpapiere am Portfolio

$$\begin{pmatrix} \sigma_{r_1}^2 & \dots & \dots & \dots & \sigma_{r_1 r_I} \\ \dots & \dots & \dots & \dots & \dots \\ \dots & \dots & \dots & \dots & \dots \\ \dots & \dots & \dots & \dots & \dots \\ \sigma_{r_I r_1} & \dots & \dots & \dots & \sigma_{r_I}^2 \end{pmatrix}$$: Kovarianzmatrix der Renditen der Wertpapiere im Portfolio

Damit immer ein VaR berechnet werden kann, muß die Multiplikation mit der Kovarianzmatrix unabhängig von der Gewichtung der einzelnen Finanztitel im Portfolio zu einem nichtnegativen Ergebnis führen. Dies ist gewährleistet, wenn die Kovarianzmatrix positiv-semidefinit ist.

Eine Matrix **A** ist dann positiv-semidefinit, wenn gilt:[61]

$$\mathbf{x}'\mathbf{A}\mathbf{x} \geq 0 \quad \forall\, \mathbf{x} \neq 0$$

Gleichung (2-3) kann umgeformt werden zu:[62]

[61] Vgl. Green (1990), S. 40.

[62] Die zweite Darstellung wird z. B. bei RiskMetrics gewählt; vgl. J. P. Morgan (1996a), S. 126.

$$VaR = -z_{1-p}\sqrt{\begin{pmatrix} w_1 \\ \dots \\ \dots \\ \dots \\ w_I \end{pmatrix}^T \left[\begin{pmatrix} \sigma_{r_1} \\ \dots \\ \dots \\ \dots \\ \sigma_{r_I} \end{pmatrix}\begin{pmatrix} 1 & \dots & \dots & \dots & \rho_{r_1 r_I} \\ \dots & \dots & \dots & \dots & \dots \\ \dots & \dots & \dots & \dots & \dots \\ \dots & \dots & \dots & \dots & \dots \\ \rho_{r_I r_1} & \dots & \dots & \dots & 1 \end{pmatrix}\begin{pmatrix} \sigma_{r_1} \\ \dots \\ \dots \\ \dots \\ \sigma_{r_I} \end{pmatrix}^T\right]\begin{pmatrix} w_1 \\ \dots \\ \dots \\ \dots \\ w_I \end{pmatrix}} MW_P$$

$$= \sqrt{\begin{pmatrix} VaR_1 \\ \dots \\ \dots \\ \dots \\ VaR_I \end{pmatrix}^T \begin{pmatrix} 1 & \dots & \dots & \dots & \rho_{r_1 r_I} \\ \dots & \dots & \dots & \dots & \dots \\ \dots & \dots & \dots & \dots & \dots \\ \dots & \dots & \dots & \dots & \dots \\ \rho_{r_I r_1} & \dots & \dots & \dots & 1 \end{pmatrix}\begin{pmatrix} VaR_1 \\ \dots \\ \dots \\ \dots \\ VaR_I \end{pmatrix}} \qquad (2\text{-}4)$$

mit $VaR_i = -z_{1-p}\, \sigma_{r_i}\, w_i\, MW_P$

VaR_i: VaR des Finanztitels i (bei Short-Positionen negatives Vorzeichen)

$\begin{pmatrix} 1 & \dots & \dots & \dots & \rho_{r_1 r_I} \\ \dots & \dots & \dots & \dots & \dots \\ \dots & \dots & \dots & \dots & \dots \\ \dots & \dots & \dots & \dots & \dots \\ \rho_{r_I r_1} & \dots & \dots & \dots & 1 \end{pmatrix}$: Korrelationsmatrix der Wertpapierrenditen

An dieser Darstellung wird deutlich, daß eine positiv-semidefinite Korrelationsmatrix die Positiv-Semidefinitheit der entsprechenden Kovarianzmatrix garantiert.

In der Praxis kann es vorkommen, daß die geschätzte Korrelationsmatrix nicht positiv-semidefinit ist.[63] In diesem Fall ist die Matrix mit einem bestimmten Verfahren zu bereinigen.[64]

---

63 Regeln, die einzuhalten sind, um eine positiv-semidefinite Korrelationsmatrix zu garantieren, finden sich z. B. in Best (1998), S. 55.

Die Vorteile der Varianz-Kovarianz-Methode liegen vor allem in der einfachen Implementierung[65] und den im Verhältnis zu den anderen Verfahren sehr kurzen Rechenzeiten.[66] Ein Nachteil ist die Unterstellung der multivariaten Normalverteilung der Renditen, da diese bei einigen Risikofaktoren keine gute Näherung an die tatsächlichen Renditeverteilungen sind.[67] Außerdem können nichtlineare Risiken, also insbesondere Optionsrisiken, nur approximativ abgebildet werden.[68] Aufgrund der genannten Vorteile und da das RiskMetrics-System von J. P. Morgan auf der Varianz-Kovarianz-Methode beruht, ist diese die in der Praxis am weitesten verbreitete Methode zur VaR-Ermittlung.[69]

Um die Varianz der Portfoliorenditen zu berechnen, sind die Varianzen und Kovarianzen der Renditen der einzelnen Aktien für die betrachtete Haltedauer zu ermitteln. Da es sich dabei um zukünftige Werte handelt, sind sie zu schätzen.

2.3.2 Schätzung der Varianzen und Kovarianzen

Um Schätzer der zukünftigen Varianzen und Kovarianzen zu erhalten, gibt es zwei Möglichkeiten. Zum einen können diese aus historischen Renditezeitreihen der Risikofaktoren ermittelt werden. Die zweite Möglichkeit besteht darin, sie mit Hilfe eines Optionspreismodells aus am Markt beobachteten Optionspreisen zu extrahieren. Durch die Berechnung dieser impliziten Varianzen und Kovarianzen können die von den am Optionsmarkt tätigen Marktteilnehmern getroffenen Einschätzungen genutzt werden.

Laut J. P. Morgan weist die zweite Methode einige entscheidende Nachteile auf. Zum einen hängt die Höhe der impliziten Werte stark von der Auswahl und Spezifikation des verwendeten Bewertungsmodells ab. Zum anderen ist der Zeitraum, für den die impliziten Werte gelten, durch die Laufzeit der herangezogenen

---

64 Zur Bereinigung von Korrelationsmatrizen, die nicht positiv-semidefinit sind, vgl. Best (1998), S. 55 f.

65 Vgl. Smithson (1996), S. 27.

66 Vgl. Leong (1996), S. 11.

67 Vgl. Wilkens/Völker (2000), S. 356.

68 Vgl. Linsmeier/Pearson (1996), S. 17. Zur Vorgehensweise bei der approximativen Erfassung von Optionsrisiken bei der Varianz-Kovarianz-Methode vgl. Linsmeier/Pearson (1996), S. 25-27; J. P. Morgan (1996a), S. 129-133; Robinson (1996), S. 120.

69 Vgl. Johanning (1998), S. 37-39.

Optionen vorgegeben.[70] Nach J. P. Morgan ist es außerdem zweifelhaft, ob die impliziten Werte eine bessere Prognosefähigkeit als die historisch ermittelten besitzen. Der entscheidende Nachteil dieser Methode liegt darin, daß nicht für alle zu betrachtenden Risikofaktoren Optionen gehandelt werden.[71]

In den bisherigen Veröffentlichungen zum VaR wird auf die Verwendung impliziter Varianzen und Kovarianzen verzichtet. Zur Begründung werden die bei J. P. Morgan genannten Argumente angeführt.[72] Auf Möglichkeiten zur Einbeziehung von impliziten Werten in die VaR-Schätzung wird in Kapitel 4 ausführlich eingegangen.

Für die Berechnung der Schätzwerte aus historischen Renditezeitreihen werden hauptsächlich die Verfahren der gleichgewichteten Berechnung des gleitenden Durchschnitts und der exponentiellen Gewichtung verwendet.

Die gleichgewichtete Berechnung hat folgende Form.

Für die Varianzen gilt:[73]

$$\hat{\sigma}_{r_i}^2 = \frac{1}{T}\sum_{t=1}^{T}\left(r_{it} - \bar{r}_i\right)^2 \qquad \text{(2-5)}$$

$\hat{\sigma}_{r_i}^2$: Schätzer der Varianz der Renditen der Aktie i

T : Anzahl der Tage des historischen Beobachtungszeitraums

$\bar{r}_i$: durchschnittliche Rendite der Aktie i im Zeitraum T

Häufig wird für $\bar{r}_i$ ein Wert von null angenommen, was bei der Betrachtung täglicher Renditen nur sehr geringe Auswirkungen auf das Ergebnis hat.[74] Ohne diese Annahme müßte statt T im Nenner T–1 stehen, um einen erwartungstreuen

---

[70] Vgl. J. P. Morgan (1996a), S. 77.

[71] Vgl. J. P. Morgan (1996a), S. 77.

[72] Vgl. z. B. Read (1998), S. 149 f.; Johanning (1998), S. 28; Meyer (1999), S. 106.

[73] Vgl. Alexander/Francis (1986), S. 73; J. P. Morgan (1996a), S. 78.

[74] Vgl. Read (1998), S. 46 f.; Hull (2000), S. 369.

Schätzer zu erhalten.[75] Wird $\bar{r}_i$ nicht geschätzt, sondern ein fester Wert vorgegeben (hier null), muß für einen erwartungstreuen Schätzer im Nenner T stehen.[76] Auch wenn $\bar{r}_i$ geschätzt wird, kann durch T im Nenner ein effizienterer Schätzer erreicht werden, der dann allerdings nicht erwartungstreu ist.[77]

Für die Kovarianzen gilt:[78]

$$\hat{\sigma}_{r_i r_j} = \frac{1}{T} \sum_{t=1}^{T} \left(r_{it} - \bar{r}_i\right)\left(r_{jt} - \bar{r}_j\right) \qquad (2\text{-}6)$$

$\hat{\sigma}_{r_i r_j}$: Schätzer der Kovarianz der Renditen der Aktien i und j

Werden die Varianzen und Kovarianzen auf diese Weise geschätzt, wird unterstellt, daß die Verteilung der Portfoliorenditen des Prognosezeitraums mit der Verteilung der Portfoliorenditen im historischen Betrachtungszeitraum identisch ist. Zusätzlich wird vorausgesetzt, daß die am nächsten Tag auftretende Rendite von den unmittelbar vorangegangenen Renditen unabhängig ist.

In zahlreichen empirischen Untersuchungen wurde gezeigt, daß Renditezeitreihen von Finanztiteln Abhängigkeiten aufweisen.[79] Die dabei oft festgestellte Häufung besonders großer absoluter Renditen[80] („Volatility Clustering") deutet auf eine sich über die Zeit ändernde bedingte Varianz der Renditeverteilungen hin. Diese Eigenschaft finanzwirtschaftlicher Zeitreihen wird als „Heteroskedastizität" bezeichnet.[81] Um diese zu erfassen, wurden verschiedene Methoden entwickelt. Mit „ARCH"-[82] und „GARCH"-[83]Modellen, die eine große Verbrei-

---

[75] Vgl. Linhart/Zucchini (1991), S. 74 f.

[76] Vgl. Press et al. (1992), S. 611.

[77] Vgl. Linhart/Zucchini (1991), S. 75; Hull (2000), S. 369.

[78] Vgl. Alexander/Francis (1986), S. 73.

[79] Vgl. Geyer (1992), S. 14-16.

[80] Vgl. z. B. Geyer (1992), S. 12.

[81] Vgl. Geyer (1992), S. 16.

[82] ARCH steht für Autoregressive Conditional Heteroscedasticity. Dieses Verfahren wurde erstmals von Engle vorgestellt; vgl. Engle (1982).

[83] GARCH steht für Generalized ARCH und wurde von Bollerslev als Verallgemeinerung von ARCH entwickelt; vgl. Bollerslev (1986).

tung bei der Modellierung von Finanzmarktzeitreihen haben,[84] können diese Phänomene gut abgebildet werden.[85]

Um die Abhängigkeiten und das Volatility Clustering bei der Schätzung der künftigen Varianzen und Kovarianzen zu berücksichtigen, werden bei RiskMetrics exponentiell gewichtete Werte verwendet. Die exponentielle Gewichtung entspricht dem „IGARCH"-Modell[86], einer besonderen Form des GARCH-Modells.[87] Die exponentiell gewichteten Werte haben gegenüber den gleichgewichtet ermittelten den Vorteil, daß sie sich in der Regel schneller an Veränderungen des Marktumfelds anpassen. Die exponentiell gewichteten Werte reagieren schneller auf Schocks, und die Auswirkung der Schocks auf die Varianzen und Kovarianzen läßt schneller nach.[88] Das Verhalten der so geschätzten Werte bildet die tatsächlichen Marktbewegungen besser ab und sollte zu einer genaueren Prognose der Varianzen und Kovarianzen führen.[89]

Die exponentiell gewichteten Werte haben folgende Form.

Für die Varianzen gilt:[90]

$$\hat{\sigma}_{r_i}^2 = (1-\lambda)\sum_{t=1}^{T} \lambda^{t-1} \left(r_{it} - \bar{r}_i\right)^2 \qquad 0 < \lambda < 1 \qquad (2\text{-}7)$$

Für die Kovarianzen gilt:[91]

$$\hat{\sigma}_{r_i r_j} = (1-\lambda)\sum_{t=1}^{T} \lambda^{t-1} \left(r_{it} - \bar{r}_i\right)\left(r_{jt} - \bar{r}_j\right) \qquad 0 < \lambda < 1 \qquad (2\text{-}8)$$

λ ist der exponentielle Gewichtungsfaktor („Decay-Faktor"), der bestimmt, wie stark die neueren Renditeausprägungen gegenüber den älteren gewichtet wer-

---

[84] Vgl. J. P. Morgan (1996a), S. 88.

[85] Für eine ausführliche Darstellung dieser Modelle vgl. Geyer (1992) und Schwaiger (1994).

[86] IGARCH steht für Integrated GARCH.

[87] Vgl. J. P. Morgan (1996a), S. 90.

[88] Vgl. J. P. Morgan (1996a), S. 78.

[89] Vgl. J. P. Morgan (1996a), S. 80.

[90] Vgl. J. P. Morgan (1996a), S. 78.

[91] Vgl. J. P. Morgan (1996a), S. 83.

den.[92] J. P. Morgan hat den Decay-Faktor ermittelt, der für die Varianz- und Kovarianzschätzer im Durchschnitt die genauesten Ergebnisse liefert. Der optimale Decay-Faktor für eine Halteperiode von einem Tag beträgt demnach 0,94.[93]

Die Gleichungen (2-7) und (2-8) lassen sich in eine rekursive Form überführen, mit der zur Berechnung der Varianz- oder Kovarianzprognose für die nächste Periode nur noch deren Wert der Vorperiode und die aktuelle Rendite des Risikofaktors benötigt werden.

Mit der Annahme $\bar{r}_i = 0$ ergibt sich für die Varianzen:[94]

$$\hat{\sigma}^2_{r_i,t+1|t} = \lambda \hat{\sigma}^2_{r_i,t|t-1} + (1-\lambda) r_{it}^2 \tag{2-9}$$

$\hat{\sigma}^2_{r_i,t+1|t}$: für Periode t+1 in Periode t prognostizierte Varianz der Renditen der Aktie i

Für die Kovarianzen ergibt sich entsprechend:[95]

$$\sigma_{r_i r_j,t+1|t} = \lambda \sigma_{r_i r_j,t|t-1} + (1-\lambda) r_{it} r_{jt} \tag{2-10}$$

$\sigma_{r_i r_j,t+1|t}$: für Periode t+1 in t prognostizierte Kovarianz der Renditen der Aktien i und j

Wird der VaR für eine Haltedauer von mehr als einem Tag benötigt, gibt es zwei Möglichkeiten. Eine besteht darin, die Varianzen und Kovarianzen aus den Renditen der Risikofaktoren über den gewünschten Zeitraum zu schätzen, also zum Beispiel aus 10-Tages-Renditen. Nachteil dieser Methode ist, daß ein langer historischer Beobachtungszeitraum zur Verfügung stehen muß, um eine genügend große Anzahl überschneidungsfreier 10-Tages-Zeiträume zu erhalten.[96] Da in den Handelsabteilungen der Banken meistens eine Haltedauer von einem Tag unterstellt wird, werden VaR-Werte für andere Haltedauern üblicherweise mit der

---

92 Vgl. J. P. Morgan (1996a), S. 78.

93 Vgl. J. P. Morgan (1996a), S. 97-100.

94 Vgl. J. P. Morgan (1996a), S. 81.

95 Vgl. J. P. Morgan (1996a), S. 83.

96 Vgl. Best (1998), S. 65.

„Square-Root-of-Time-Regel“ aus den „Ein-Tages-VaRs“ ermittelt.[97] Dabei wird der Ein-Tages-VaR mit der Wurzel der Tage der gewünschten (längeren) Haltedauer multipliziert. Für einen VaR mit einer Haltedauer von zehn Tagen gilt also:

$$VaR_{10} \approx \sqrt{10}\, VaR_1$$

VaR_T : VaR mit T Tagen Haltedauer

Die Square-Root-of-Time-Regel setzt unabhängig identisch normalverteilte Renditen voraus. Im Bereich kurzfristiger Renditen ist dies bei den meisten Finanztiteln näherungsweise gegeben, und die Anwendung der Square-Root-of-Time-Regel führt nur zu kleinen Fehlern.[98]

2.4 Methoden des Backtesting

Die von den Banken zur Risikomessung verwendeten internen Modelle sind auf ihre Fähigkeit zu überprüfen, das Risiko korrekt abzubilden. Diese Überprüfung sollte nicht nur von den Aufsichtsbehörden, sondern vor allem auch von den Kreditinstituten selbst durchgeführt werden. Denn die Banken setzen die internen Modelle zur Marktrisikomessung nicht nur ein, um den Vorschriften der Bankenaufsicht gerecht zu werden, sondern auch, weil sie einen großen Nutzen für das interne Risikocontrolling erwarten.[99] Neben der Darstellung der statistischen Grundlagen des Backtesting-Verfahrens des Basler Ausschusses für Bankenaufsicht werden in diesem Abschnitt noch drei weitere Backtesting-Verfahren dargestellt und verglichen.[100]

2.4.1 Basler Verfahren

Beim Backtesting-Verfahren, das im beschriebenen Rahmenkonzept des Basler Ausschusses für Bankenaufsicht festgelegt ist, wird täglich überprüft, ob ein auf-

---

[97] Vgl. Johanning (1998), S. 31.

[98] Vgl. Best (1998), S. 65; Johanning (1998), S. 31 f.

[99] Vgl. Schröder/Schulter-Matter (1997), S. 420.

[100] In Kapitel 4 werden die dort vorgestellten VaR-Modelle hinsichtlich ihrer Prognosegüte mit anderen Modellen verglichen. Die verschiedenen Backtesting-Verfahren werden hier ausführlich beschrieben, um auf dieser Grundlage zu entscheiden, welche für diesen Vergleich geeignet sind.

tretender Portfolioverlust größer als der für diesen Tag prognostizierte VaR ausfällt. Jeden Tag wird so ein „Erfolgswert“ von null (VaR nicht überschritten) oder eins (VaR überschritten) ermittelt. Werden diese Erfolgswerte über die letzten 250 Handelstage addiert, ergibt sich die Anzahl der Überschreitungen. Da die zugrunde liegende Variable nur die Werte null und eins annehmen kann, sind die möglichen Summen der Erfolgswerte binomialverteilt.[101]

Unter der Voraussetzung, daß die Ausprägungen des Erfolgswertes (null oder eins) über die Zeit unabhängig voneinander sind, läßt sich die Wahrscheinlichkeit, in T Zeitpunkten x Überschreitungen zu beobachten, mit der Dichtefunktion einer Binomialverteilung bestimmen.[102] Diese hat folgende Form:[103]

$$f(x) = \binom{T}{x} \alpha^x (1-\alpha)^{T-x} \qquad (2\text{-}11)$$

α gibt die Wahrscheinlichkeit an, mit der bei einem korrekten Modell der VaR überschritten wird. Wird der VaR nach den gesetzlichen Vorgaben berechnet, beträgt α ein Prozent.

Mit Hilfe der Dichtefunktion der Binomialverteilung wird die Güte eines VaR-Modells beurteilt, indem die Wahrscheinlichkeit für das Auftreten einer bestimmten Anzahl an Überschreitungen berechnet wird. Hat die beobachtete Anzahl an Überschreitungen nach der Dichtefunktion der Binomialverteilung nur eine sehr geringe Eintrittswahrscheinlichkeit, wird die Nullhypothese abgelehnt, daß das zugrunde liegende Modell das Risiko korrekt und mit einem Konfidenzniveau von 99 Prozent abbildet. Kann die Nullhypothese nach diesem Kriterium nicht abgelehnt werden, wird das zu prüfende Modell als korrekt eingestuft.

Dabei sind zwei Arten von Fehlern möglich. Der „Fehler 1. Art“ tritt auf, wenn ein Modell, das das Risiko korrekt abbildet, fälschlicherweise als inkorrekt eingestuft wird. Der „Fehler 2. Art“ tritt auf, wenn ein inkorrektes Modell fälschlicherweise als korrekt eingestuft wird.

---

101 Vgl. Basler Ausschuß (1996b), S. 6.

102 Vgl. Basler Ausschuß (1996b), S. 5; Lopez (1997), S. 8.

103 Vgl. Büning/Trenkler (1994), S. 22.

Für einen Testzeitraum von 250 Tagen und ein Konfidenzniveau von 99 Prozent (also α = 1 %) sind in der Tabelle 2.2 die Wahrscheinlichkeiten für den Fehler 1. Art in Abhängigkeit von der Anzahl der Überschreitungen aufgeführt, ab der das Modell abgelehnt wird.

Anzahl der Überschreitungen innerhalb von 250 Handelstagen	Wahrscheinlichkeit, so viele Überschreitungen bei einem korrekten Modell mit 99 % Konfidenzniveau zu beobachten	Wahrscheinlichkeit des Fehlers 1. Art, wenn ab dieser Anzahl von Überschreitungen das Modell abgelehnt wird
0	8,1 %	100,0 %
1	20,5 %	91,9 %
2	25,7 %	71,4 %
3	21,5 %	45,7 %
4	13,4 %	24,2 %
5	6,7 %	10,8 %
6	2,7 %	4,1 %
7	1,0 %	1,4 %
8	0,3 %	0,4 %
9	0,1 %	0,1 %
10	0,0 %	0,0 %
11	0,0 %	0,0 %
12	0,0 %	0,0 %
13	0,0 %	0,0 %
14	0,0 %	0,0 %
15	0,0 %	0,0 %

Tabelle 2.2: Wahrscheinlichkeit für den Fehler 1. Art in Abhängigkeit von der Anzahl der Überschreitungen, ab der das Modell als inkorrekt eingestuft wird[104]

In Tabelle 2.3 sind die Wahrscheinlichkeiten für den Fehler 2. Art in Abhängigkeit von der Anzahl der Überschreitungen, ab der das Modell abgelehnt wird, und dem tatsächlich dem Modell zugrunde liegenden Konfidenzintervall aufgeführt.

---

[104] Basler Ausschuß (1996b), Table 1.

Anzahl an Überschr.	Tatsächliches Konfidenzniveau des VaR-Modells							
	98 %		97 %		96 %		95 %	
	P(Anz.) in %	P(F2) in %	P(Anz.) in %	P(F2) in %	P(Anz.) in %	P(F2) in %	P(Anz.) in %	P(F2) in %
0	0,6	0,0	0,0	0,0	0,0	0,0	0,0	0,0
1	3,3	0,6	0,4	0,0	0,0	0,0	0,0	0,0
2	8,3	3,9	1,5	0,4	0,2	0,0	0,0	0,0
3	14,0	12,2	3,8	1,9	0,7	0,2	0,1	0,0
4	17,7	26,2	7,2	5,7	1,8	0,9	0,3	0,1
5	17,7	43,9	10,9	12,8	3,6	2,7	0,9	0,5
6	14,8	61,6	13,8	23,7	6,2	6,3	1,8	1,3
7	10,5	76,4	14,9	37,5	9,0	12,5	3,4	3,1
8	6,5	86,9	14,0	52,4	11,3	21,5	5,4	6,5
9	3,6	93,4	11,6	66,3	12,7	32,8	7,6	11,9
10	1,8	97,0	8,6	77,9	12,8	45,5	9,6	19,5
11	0,8	98,7	5,8	86,6	11,6	58,3	11,1	29,1
12	0,3	99,5	3,6	92,4	9,6	69,9	11,6	40,2
13	0,1	99,8	2,0	96,0	7,3	79,5	11,2	51,8
14	0,0	99,9	1,1	98,0	5,2	86,9	10,0	62,9
15	0,0	100,0	0,5	99,1	3,4	92,1	8,2	72,9
P(Anz.):	Wahrscheinlichkeit, mit dem jeweiligen Modell diese Anzahl an Überschreitungen zu beobachten							
P(F2):	Wahrscheinlichkeit für den Fehler 2. Art, wenn ab dieser Anzahl an Überschreitungen das Modell abgelehnt wird							

Tabelle 2.3: Wahrscheinlichkeit für den Fehler 2. Art in Abhängigkeit vom Konfidenzniveau des zu testenden Modells und der Anzahl der Überschreitungen, ab der das Modell als inkorrekt eingestuft wird[105]

Diese beiden Tabellen machen das Problem bei der Auswahl des Grenzwertes für die Ablehnung oder Annahme eines Modells deutlich. Je höher der Grenzwert ist, desto geringer ist die Wahrscheinlichkeit für den Fehler 1. Art. Je höher der Grenzwert ist, um so größer ist allerdings die Wahrscheinlichkeit für den Fehler 2. Art.

Da es keinen Grenzwert gibt, bei dem die Wahrscheinlichkeiten für den Fehler 1. und 2. Art klein sind, kann dieser Test bei einem Testzeitraum von 250 Tagen nicht trennscharf zwischen korrekten und inkorrekten Modellen unterscheiden.

---

[105] Basler Ausschuß (1996b), Table 1.

Aus diesem Grund hat der Basler Ausschuß für Bankenaufsicht die drei Zonen festgelegt, in die die getesteten Modelle in Abhängigkeit von der Anzahl der Überschreitungen fallen können (siehe Tabelle 2.1). Die mittlere (gelbe) Zone ist der Unsicherheitsbereich, in dem nicht mit hinreichender Sicherheit entschieden werden kann, ob das getestete Modell korrekt ist.[106]

Auf das Problem der geringen Trennschärfe dieses Tests weist auch Kupiec hin, der feststellt, daß ein Testzeitraum von 250 Tagen viel zu kurz ist, um über die Güte eines Modells zur Risikomessung angemessen sicher urteilen zu können.[107] Diese Aussage trifft Kupiec, obwohl er die Grenzwerte für die Ablehnung oder Annahme eines Modells nicht direkt aus der oben verwendeten Binomialverteilung ermittelt, sondern aus einem daraus abgeleiteten trennschärferen „Likelihood-Quotiententest"[108].[109] Der Likelihood-Quotiententest wird auch von Johanning als Alternative empfohlen, da er „gleichmäßig bester Test" ist.[110] Er wird in Abschnitt 2.4.2 näher beschrieben.

Neben dem Test auf der Basis der Anzahl der Überschreitungen innerhalb einer bestimmten Periode schlägt Kupiec den „TUFF-Test" (Time-Until-First-Failure-Test) vor, also das Abzählen der Tage, bis der VaR zum ersten Mal überschritten wird.[111] Dieser Test hat allerdings eine noch geringere Trennschärfe, da jeweils nur die Anzahl der Tage bis zur ersten Überschreitung berücksichtigt wird und somit in der Regel noch weniger Information eingeht als beim Test des Basler Ausschusses.[112]

---

[106] Vgl. Basler Ausschuß (1996b), S. 7.

[107] Vgl. Kupiec (1995), S. 80.

[108] Zu einer allgemeinen Darstellung des Likelihood-Quotiententests vgl. Büning/Trenkler (1994), S. 35-37.

[109] Vgl. Kupiec (1995), S. 79. Die Probleme bei der Unterscheidung zwischen korrekten und inkorrekten Modellen haben unter anderem zum Vorschlag des „Pre-Commitment-Ansatzes" und der damit verbundenen Diskussion geführt; vgl. Kupiec/O'Brien (1995a); Kupiec/O'Brien (1995b); Gumerlock (1996); Kupiec/O'Brien (1996).

[110] Vgl. Johanning (1996), S. 298.

[111] Vgl. Kupiec (1995), S. 76-79.

[112] Vgl. Kupiec (1995), S. 79.

2.4.2 Bewertung der Intervallvorhersage (nach Christoffersen)

Bei dem Backtesting-Verfahren nach Christoffersen werden die VaR-Werte als Vorhersagen eines Intervalls am linken Rand der Renditeverteilung aufgefaßt.[113] Daher läßt sich die für die Bewertung von Intervallvorhersagen von Christoffersen vorgeschlagene Methode hier anwenden.

Um Intervallvorhersagen zu testen, führt Christoffersen eine Indikatorvariable ein, die den Wert eins annimmt, wenn die zu beobachtende Variable in das prognostizierte Intervall fällt, und den Wert null, wenn das nicht der Fall ist. Dies läßt sich folgendermaßen darstellen:[114]

$$I_t = \begin{cases} 1, \text{wenn } y_t \in \left[L_{t|t-1}(p), U_{t|t-1}(p)\right] \\ 0, \text{wenn } y_t \notin \left[L_{t|t-1}(p), U_{t|t-1}(p)\right] \end{cases} \qquad (2\text{-}12)$$

I_t: Wert der Indikatorvariable zum Zeitpunkt t

y_t: Wert der beobachteten Variable zum Zeitpunkt t

$L_{t|t-1}(p)$: Untergrenze des prognostizierten Intervalls

$U_{t|t-1}(p)$: Obergrenze des prognostizierten Intervalls

p: Wahrscheinlichkeit, mit der y_t in das prognostizierte Intervall fallen soll

Bei der Anwendung auf Modelle zur VaR-Berechnung ergibt sich die folgende Darstellung:[115]

$$I_{mt} = \begin{cases} 1, \text{wenn } \varepsilon_t \in \left]-\infty, VaR_{mt}(\alpha)\right[\\ 0, \text{wenn } \varepsilon_t \notin \left]-\infty, VaR_{mt}(\alpha)\right[\end{cases} \qquad (2\text{-}13)$$

113 Vgl. Christoffersen (1997), S. 3; Lopez (1997), S. 9.

114 Vgl. Christoffersen (1997), S. 4.

115 Vgl. Lopez (1997), S. 10.

ε_t: tatsächlich aufgetretener Gewinn oder Verlust des Portfolios

$VaR_{mt}(\alpha)$: von Modell m für den Zeitpunkt t prognostizierter VaR (hier mit negativem Vorzeichen)

α: Wahrscheinlichkeit, mit der der VaR überschritten werden soll

Hier wird die offene Intervallobergrenze von dem durch das Modell m erzeugten VaR-Wert gebildet. Nach unten ist das Intervall offen.

In dieser Form erzeugt die Indikatorvariable I_{mt} eine Folge von Werten (jeweils null oder eins), die genau der beim Backtesting des Basler Ausschusses verwendeten Folge entspricht. Um zu überprüfen, ob der Anteil der zu beobachtenden Überschreitungen des VaR nahe genug am vorgegebenen α liegt, um das Modell in dieser Hinsicht als korrekt einzustufen, schlägt Christoffersen einen Likelihood-Quotiententest vor. Dabei werden aus der oben beschriebenen Dichtefunktion einer Binomialverteilung zwei Likelihood-Funktionen abgeleitet: die Likelihood-Funktion der Nullhypothese L_0 und die Likelihood-Funktion der Alternativhypothese L_A.

Der Likelihood-Quotiententest hat dann folgende Form:[116]

$$LR_{uc} = 2\log\left[\frac{L_A}{L_0}\right] \tag{2-14}$$

Mit $L_0 = (1-\alpha)^{T-x}\alpha^x$ und $L_A = (1-\alpha^*)^{T-x}\alpha^{*x}$ ergibt sich daraus:[117]

$$LR_{uc} = 2\log\left[\frac{(1-\alpha^*)^{T-x}\alpha^{*x}}{(1-\alpha)^{T-x}\alpha^x}\right] \tag{2-15}$$

α^*: tatsächlich beobachteter Anteil an Überschreitungen $\left(\alpha^* = \frac{x}{T}\right)$

x: Anzahl der beobachteten Überschreitungen

---

[116] Vgl. Christoffersen (1997), S. 6.

[117] Vgl. Lopez (1997), S. 9.

T : Anzahl der Tage des Beobachtungszeitraums

Dabei steht *LR* für „likelihood ratio" und *uc* für „unconditional coverage". Dieser Likelihood-Quotiententest ist approximativ chiquadratverteilt mit einem Freiheitsgrad.[118]

Die Bezeichnung unconditional coverage weist darauf hin, daß bei diesem Test lediglich die unbedingten Intervallvorhersagen bewertet werden. Die Güte des Vorhersagemodells wird über die gesamte Testperiode ohne Bezug auf zum jeweiligen Zeitpunkt vorhandene Informationen gemessen. Dies steht im Gegensatz zur Überprüfung der bedingten Vorhersagen, bei der mit Berücksichtigung der zum jeweiligen Zeitpunkt vorhandenen Informationen getestet wird.

Um die bedingten Vorhersagen zu testen, wird von Christoffersen ein zweiter Test vorgeschlagen. Dieser überprüft die beim Test auf unbedingte Korrektheit als gegeben angenommene Unabhängigkeit der Ausprägungen der Indikatorvariable über die Zeit.[119]

Bei Zeitreihen von Finanztiteln sind die den auftretenden Renditen zugrunde liegenden Verteilungen in der Regel nicht konstant über die Zeit. Bei VaR-Verfahren, die sich nicht oder nur unzureichend an sich ändernde Volatilitäten anpassen, ist daher eine Häufung von Überschreitungen des VaR in Phasen hoher Marktschwankungen zu erwarten. Im Extremfall könnte bei einem Verfahren, das über den Zeitraum von einem Jahr immer den gleichen VaR-Wert vorhersagt, die Anzahl der Überschreitungen genau dem gewünschten Niveau entsprechen. Die Überschreitungen könnten aber alle während einer kurzen Phase hoher Volatilität, also zum Beispiel innerhalb einer einzigen Woche auftreten. In dieser Teilperiode würde dieses Modell das bestehende Risiko stark unterschätzen, während es das Risiko in einer ruhigeren Teilperiode des Jahres überschätzen würde. Um dieses offensichtlich nicht korrekt arbeitende VaR-Modell als solches erkennen zu können, bedarf es eines zweiten Testverfahrens, das die Folge der Werte der Indikatorvariable auf ihre Unabhängigkeit testet.

---

118 Vgl. Christoffersen (1997), S. 6.

119 Vgl. Christoffersen (1997), S. 7 f.

Das zweite Testverfahren beruht ebenfalls auf einem Likelihood-Quotiententest. Hierbei wird die Nullhypothese der seriellen Unabhängigkeit gegen die Alternativhypothese einer „Markov-Abhängigkeit" 1. Ordnung getestet.

Ausgangspunkt ist eine binäre Markov-Kette[120] 1. Ordnung $\{I_{mt}\}$mit folgender Übergangsmatrix:

$$\Pi_A = \begin{bmatrix} 1-\pi_{01} & \pi_{01} \\ 1-\pi_{11} & \pi_{11} \end{bmatrix} \tag{2-16}$$

Π_A: Übergangsmatrix der Alternativhypothese

π_{ij}: Wahrscheinlichkeit, im Zeitpunkt t Zustand j zu beobachten, wenn im Zeitpunkt t-1 Zustand i aufgetreten ist ($\pi_{ij} = P(I_{mt} = j | I_{mt-1} = i)$)

Daraus läßt sich näherungsweise die folgende Likelihood-Funktion der Alternativhypothese ableiten:[121]

$$L_A = (1-\pi_{01})^{T_{00}} \pi_{01}{}^{T_{01}} (1-\pi_{11})^{T_{10}} \pi_{11}{}^{T_{11}}$$

T_{ij}: Zahl der beobachteten Ausprägungen j, nachdem in der Vorperiode Ausprägung i beobachtet wurde

Als Maximum-Likelihood-Schätzer für (2-16) ergibt sich:[122]

$$\hat{\Pi}_A = \begin{bmatrix} \frac{T_{00}}{T_{00}+T_{01}} & \frac{T_{01}}{T_{00}+T_{01}} \\ \\ \frac{T_{10}}{T_{10}+T_{11}} & \frac{T_{11}}{T_{10}+T_{11}} \end{bmatrix} \tag{2-17}$$

---

[120] Zu Begriff und Eigenschaften einer Markov-Kette vgl. Hillier/Liebermann (1988), S. 478-498.

[121] Vgl. Christoffersen (1997), S. 7; Lopez (1997), S. 10.

[122] Vgl. Christoffersen (1997), S. 8.

Die Wahrscheinlichkeiten des Übergangs von einem Wert auf den anderen werden durch die in der betrachteten Periode zu beobachtenden Anteile von Übergängen der jeweiligen Art geschätzt. Die Wahrscheinlichkeit, daß auf eine eins wieder eine eins folgt, wird hier zum Beispiel mit der Zahl der Tage, an denen auf eine eins wieder eine eins folgte ($=T_{11}$), geteilt durch die Gesamtzahl der Tage, bei denen am Vortag eine eins zu beobachten war ($=T_{10}+T_{11}$), geschätzt. Dies läßt sich in Matrix (2-17) unten rechts ablesen.

Damit ergibt sich für die Elemente von Matrix (2-16):[123]

$$\hat{\pi}_{01} = \frac{T_{01}}{T_{00}+T_{01}} \text{ und } \hat{\pi}_{11} = \frac{T_{11}}{T_{10}+T_{11}}$$

Nach der Alternativhypothese ist die Likelihood-Funktion für die Nullhypothese L_0 herzuleiten. Die Nullhypothese besagt, daß die Ausprägungen $\{I_{mt}\}$, die auf den Vorhersagen des betrachteten VaR-Modells beruhen, seriell unabhängig sind. Dies läßt sich in folgender Übergangsmatrix ausdrücken:[124]

$$\Pi_0 = \begin{bmatrix} 1-\pi & \pi \\ 1-\pi & \pi \end{bmatrix} \qquad (2\text{-}18)$$

Π_0: Übergangsmatrix der Nullhypothese

Bei dieser Übergangsmatrix für das Eintreten eines bestimmten Zustandes in einer Periode kommt es nicht auf den Zustand der Vorperiode an. Die Wahrscheinlichkeit für das Eintreten eines bestimmten Zustandes (hier null oder eins) ist in jedem Fall $1-\pi$ bzw. π.

Die entsprechende Likelihood-Funktion lautet:[125]

$$L_0 = (1-\pi)^{(T_{00}+T_{10})}\pi^{(T_{01}+T_{11})}$$

Für π ergibt sich als Maximum-Likelihood-Schätzer:[126]

---

[123] Vgl. Christoffersen (1997), S. 8; Lopez (1997), S. 10.

[124] Vgl. Christoffersen (1997), S. 8.

[125] Vgl. Christoffersen (1997), S. 8; Lopez (1997), S. 11.

$$\hat{\pi} = \frac{T_{01} + T_{11}}{T}$$

Aus den beiden Likelihood-Funktionen läßt sich analog zum ersten Likelihood-Quotiententest ein zweiter ableiten, der auch asymptotisch chiquadratverteilt mit einem Freiheitsgrad ist. Es ergibt sich:[127]

$$LR_{ind} = 2\log\left[\frac{L_A}{L_0}\right] = 2\log\left[\frac{(1-\pi_{01})^{T_{00}}\pi_{01}{}^{T_{01}}(1-\pi_{11})^{T_{10}}\pi_{11}{}^{T_{11}}}{(1-\pi)^{(T_{00}+T_{10})}\pi^{(T_{01}+T_{11})}}\right] \tag{2-19}$$

Hierbei steht *ind* für „independence".

Christoffersen merkt an, daß die Fähigkeit dieses Tests, Abhängigkeiten zu erkennen, bei sehr kleinen α etwas nachläßt. In diesem Fall tritt nur selten ein Wert von eins auf, und daher ist der Anteil der Übergänge von null auf eins gering.[128] Bei der Anwendung auf VaR-Werte mit einem Konfidenzniveau von 99 Prozent ist daher ein langer Beobachtungszeitraum notwendig, um diesen Test sinnvoll anwenden zu können.

Um ein VaR-Verfahren auf die Korrektheit seiner bedingten Intervallvorhersagen zu testen, ist sowohl der Test auf die Korrektheit der unbedingten Vorhersagen LR_{uc}, als auch der Test auf die Unabhängigkeit der Ausprägungen der Indikatorvariable über die Zeit LR_{ind} durchzuführen. Um beide Eigenschaften in einem Test überprüfen zu können, werden die Tests LR_{uc} und LR_{ind} zu einem verknüpft.

Der Test LR_{cc} auf bedingte Korrektheit der Vorhersagen hat folgende Form:

$$LR_{cc} = LR_{uc} + LR_{ind} \tag{2-20}$$

---

[126] Vgl. Christoffersen (1997), S. 8.

[127] Vgl. Christoffersen (1997), S. 8; Lopez (1997), S. 11.

[128] Vgl. Christoffersen (1997), S. 14.

Dieser Test ergibt sich als Summe des Tests auf unbedingte Korrektheit und des Tests auf die Unabhängigkeit der Überschreitungen. LR_{cc} ist annähernd chiquadratverteilt mit zwei Freiheitsgraden.[129] *cc* steht für „conditional coverage".

2.4.3 Bewertung der Verteilungshypothese (nach Crnkovic/Drachman)

Crnkovic/Drachman stellen fest, daß die Vorhersage eines VaR-Wertes zumindest implizit mit der Vorhersage der Verteilung der Portfoliorenditen verbunden ist.[130] Aus der prognostizierten Verteilung wird der VaR entsprechend dem gewünschten Konfidenzniveau abgeleitet. Der VaR mit einem Konfidenzniveau von 99 Prozent ergibt sich zum Beispiel als Ein-Prozent-Quantil der prognostizierten Verteilung der Portfoliorenditen.

Im Gegensatz zu den anderen Testverfahren wird die Güte des Vorhersagemodells nach dem Testverfahren von Crnkovic/Drachman nicht nur aufgrund des Vergleichs der VaR-Werte mit den eingetretenen Portfolioergebnissen bewertet, sondern durch den Vergleich der prognostizierten Verteilungen der Portfoliorenditen mit den tatsächlichen Verteilungen.

Um einen hohen Grad an Allgemeingültigkeit zu erreichen, werden möglichst wenig Annahmen bezüglich der zu prognostizierenden Verteilung der Portfoliorenditen getroffen. Es wird weder von einer bestimmten parametrischen Form der Verteilung ausgegangen, noch deren Stationarität unterstellt.[131] Jede eintretende Portfoliorendite stammt in der Realität aus einer sich ständig ändernden Verteilung. Von diesen Verteilungen wird jeweils nur die Portfoliorendite beobachtet, die am Tag der Gültigkeit dieser Verteilung auftritt. Jede beobachtete Portfoliorendite wird hier als „Quantilsrang"[132] bezogen auf die für den jeweiligen Zeitpunkt prognostizierte Verteilungsfunktion ausgedrückt.[133]

---

[129] Vgl. Christoffersen (1997), S. 8 f.; Lopez (1997), S. 10.

[130] Vgl. Crnkovic/Drachman (1996), S. 138; Lopez (1997), S. 11.

[131] Vgl. Crnkovic/Drachman (1996), S. 138.

[132] In der Literatur findet sich auch der Begriff „Percentilrang"; vgl. Schröder/Schulte-Mattler (1997), S. 422.

[133] Der Quantilsrang ist der Ordinatenwert, der sich ergibt, wenn die Portfoliorendite in die prognostizierte Verteilungsfunktion eingesetzt wird; vgl. Schröder/Schulte-Mattler (1997), S. 421.

Der Quantilsrang einer Rendite wird folgendermaßen ermittelt:[134]

$$q_{mt}(\varepsilon_t) = F_{mt}(\varepsilon_t) = \int_{-\infty}^{\varepsilon_t} f_{mt}(x)dx \qquad 0 \leq q_{mt}(\varepsilon_t) \leq 1 \qquad (2\text{-}21)$$

Der Quantilsrang $q_{mt}(\varepsilon_t)$ ist der Wert, der sich im Zeitpunkt t für die Portfoliorendite ε_t mit der mit Modell m prognostizierten Verteilungsfunktion $F_{mt}(x)$ ergibt. Er kann Werte zwischen null und eins annehmen. Für einen Portfolioverlust, der genau dem VaR mit einem Konfidenzniveau von 99 Prozent entspricht, beträgt der Quantilsrang zum Beispiel 0,01.

Bei der Varianz-Kovarianz-Methode ergibt sich der Quantilsrang einer Portfoliorendite, indem sie zunächst durch die für die betreffende Periode prognostizierte Standardabweichung geteilt wird. Um den Quantilsrang zu erhalten, wird diese standardisierte Rendite in die Verteilungsfunktion der Standardnormalverteilung eingesetzt.

Da die Quantilsränge jeder Verteilungsfunktion gleichverteilt sind, können die aus den sich über die Zeit ändernden Verteilungsfunktionen abgeleiteten Quantilsränge gemeinsam betrachten werden. Sie müssen bei einer korrekten Prognose der Verteilungen insgesamt auch gleichverteilt sein.[135]

Hier wird der grundlegende Unterschied zu den bisher dargestellten Backtesting-Verfahren deutlich. Beim Backtesting des Basler Ausschusses oder nach Christoffersen wird nur geprüft, ob der Anteil der Überschreitungen mit dem gewünschten Niveau übereinstimmt. Es wird also nur das Ein- oder das Fünf-Prozent-Quantil der prognostizierten Verteilungen der Portfoliorenditen betrachtet. In das Backtesting-Verfahren nach Crnkovic/Drachman gehen dagegen alle Quantile ein.[136]

Um zu überprüfen, ob ein VaR-Verfahren die jeweiligen Verteilungen der Portfoliorenditen richtig vorhersagt, wird getestet, wie gut die Verteilung der Quantilsränge der zu beobachtenden Gewinne und Verluste mit einer Gleichverteilung

---

[134] Vgl. Lopez (1997), S. 11; Schröder/Schulte-Mattler (1997), S. 421.

[135] Vgl. Crnkovic/Drachman (1996), S. 138; Lopez (1997), S. 11; Schröder/Schulte-Mattler (1997), S. 421 f.

[136] Vgl. Crnkovic/Drachman (1996), S. 138; Schröder/Schulte-Mattler (1997), S. 422.

übereinstimmt.[137] Zu diesem Zweck wird die „Kuiper-Statistik“[138] verwendet, die den Grad der Übereinstimmung zwischen der tatsächlichen Verteilung der Quantilsränge und einer Gleichverteilung mißt.

Zunächst wird die Verteilungsfunktion der Quantilsränge berechnet.[139]

Sei $n(t)$ die Anzahl der Quantilsränge, die kleiner oder gleich t ($0 \leq t \leq 1$) sind.

Dann gilt: $F(t) = \frac{n(t)}{T}$

$F(t)$: empirische Verteilungsfunktion der Quantilsränge

T : Gesamtzahl der Beobachtungen

Die Kuiper-Statistik ergibt sich als Summe der Beträge der jeweils größten Abweichungen der Verteilungsfunktion der Quantilsränge der Portfoliorenditen von der Gleichverteilung nach oben und nach unten. Sie hat folgende Form:[140]

$$Q = K(F(t), t) = \underset{0 \leq t \leq 1}{Max} \{F(t) - t\} + \underset{0 \leq t \leq 1}{Max} \{t - F(t)\} \qquad (2\text{-}22)$$

Q : Wert der Kuiper-Statistik

Je genauer die empirische Verteilungsfunktion der in Quantilsränge umgewandelten Portfoliorenditen mit einer Gleichverteilung übereinstimmt, desto kleiner ist der Q-Wert der Kuiper-Statistik.[141]

Die Kuiper-Statistik ist eine Variante des bekannteren „Kolmogorov-Smirnov-Tests“.[142] Der Kolmogorov-Smirnov-Test beruht auf der maximalen Abweichung zweier Verteilungsfunktionen voneinander.[143] Er hat in der Mitte der zu verglei-

137 Vgl. Crnkovic/Drachman (1996), S. 138; Schröder/Schulte-Mattler (1997), S. 422.

138 Vgl. Kuiper (1960).

139 Vgl. Crnkovic/Drachman (1996), S. 138; Schröder/Schulte-Mattler (1997), S. 423.

140 Vgl. Press et al. (1992), S. 627; Crnkovic/Drachman (1996), S. 138; Schröder/Schulte-Mattler (1997), S. 423; Lopez (1997), S. 12.

141 Vgl. Crnkovic/Drachman (1996), S. 139; Schröder/Schulte-Mattler (1997), S. 22.

142 Vgl. Press et al. (1992), S. 623-628.

143 Dies läßt sich darstellen als $D = \underset{-\infty < x < \infty}{Max} |S_N(x) - P(x)|$; vgl. Press et al. (1992), S. 623.

chenden Verteilungen eine besonders hohe Sensitivität. Die Kuiper-Statistik besitzt hingegen eine gleichmäßige Sensitivität über alle Quantile der zu vergleichenden Verteilungsfunktionen.[144] Daher ist sie für die Beurteilung von VaR-Modellen besser geeignet.

Die Verteilung von Q hat folgende Form:[145]

$$P(Q > Q_m) = 2\sum_{j=1}^{\infty}\left(4j^2\lambda^2 - 1\right)e^{-2j^2\lambda^2} \quad \text{mit } \lambda = \left(\sqrt{T} + 0{,}155 + \frac{0{,}24}{\sqrt{T}}\right)Q_m \qquad (2\text{-}23)$$

Q_m: für Modell m ermittelter Q-Wert

$P(Q > Q_m)$: Wahrscheinlichkeit, mit der Q unter der Nullhypothese, daß die prognostizierten Verteilungen der Portfoliorenditen den tatsächlichen entsprechen, einen Wert von Q_m oder größer annehmen kann

Um über die Ablehnung der Nullhypothese zu entscheiden, ist der P-Wert mit dem gewählten Signifikanzniveau für den Hypothesentest zu vergleichen.[146] Wird ein Signifikanzniveau von fünf Prozent gewählt, so wird ein VaR-Modell als inkorrekt eingestuft, wenn sein P-Wert unter fünf Prozent liegt, und als korrekt, wenn sein P-Wert darüber liegt. Das Signifikanzniveau gibt gleichzeitig die Wahrscheinlichkeit für den Fehler 1. Art an.[147]

Statt die VaR-Prognosen für ein ganzes Portfolio zu überprüfen, läßt sich dieses Verfahren auch auf VaR-Vorhersagen bezüglich einzelner Risikofaktoren anwenden.[148] Dabei ist die gleichmäßige Sensitivität gegenüber Abweichungen der empirischen Verteilung der Quantilsränge der Risikofaktorrenditen von der Gleichverteilung in vielen Fällen positiv, da häufig nichtlineare Finanzinstrumente (zum Beispiel Optionen) einen großen Einfluß auf die Portfoliorendite haben. Bei diesen kann es gerade durch eine Kombination sich gegenseitig verstärken-

---

[144] Vgl. Press et al. (1992), S. 626 f.; Crnkovic/Drachman (1996), S. 139; Schröder/Schulte-Mattler (1997), S. 423.

[145] Vgl. Press et al. (1992), S. 627; Schröder/Schulte-Mattler (1997), S. 423.

[146] Vgl. Schröder/Schulte-Mattler (1997), S. 423.

[147] Vgl. Schröder/Schulte-Mattler (1997), S. 423.

[148] Crnkovic/Drachman wenden ihr Verfahren z. B. auf verschiedene Aktienindizes an; vgl. Crnkovic/ Drachman (1996), S. 141.

der mittlerer Renditen der Risikofaktoren zu besonders großen Portfolioverlusten kommen.[149]

Crnkovic/Drachman argumentieren allerdings, daß die Mehrheit aller Portfolios zum größten Teil aus linearen Positionen besteht und daher große absolute Wertänderungen der betrachteten Risikofaktoren besonders zu beachten sind.[150] Schröder/Schulte-Mattler sind der gleichen Auffassung. Sie begründen dies bezogen auf die Varianz-Kovarianz-Methode damit, daß bei dieser Methode die Wertänderung der nichtlinearen Positionen nur angenähert abgebildet werden kann und die Normalverteilung der Renditen der Risikofaktoren unterstellt wird. Da in der Realität häufig eine hohe Leptokurtosis dieser Renditen nachgewiesen wurde („fat tails“), ist hier die Übereinstimmung an den Enden der Verteilung besonders kritisch zu prüfen.[151]

Aufgrund dieser Argumente wird vorgeschlagen, die Werte der Gleichverteilung und die Werte der Verteilungsfunktion der Quantilsränge an jedem Punkt zwischen null und eins zu gewichten, wobei die Enden der Verteilungen eine besonders starke Gewichtung erfahren sollen. Dies geschieht mit einer „worry function“, die U-förmig ist und die folgende Form hat:[152]

$$W(t) = -0{,}5 LN(t(1-t)) \qquad (2\text{-}24)$$

$W(t)$: Gewichtungsfaktor an der Stelle t

Das gewichtete Q berechnet sich nach folgender Formel:[153]

$$Q_W = K(F(t)W(t), tW(t)) \qquad (2\text{-}25)$$

Q_W : Wert der Kuiper-Statistik mit Gewichtung

Die Verteilung von Q_W entspricht nicht der oben angegebenen Verteilung von Q. Die Verteilung von Q_W ist nicht bekannt und hat eine von der Anzahl der Tage

[149] Vgl. Crnkovic/Drachman (1996), S. 139; Schröder/Schulte-Mattler (1997), S. 424.

[150] Vgl. Crnkovic/Drachman (1996), S. 139.

[151] Vgl. Schröder/Schulte-Mattler (1997), S. 424.

[152] Vgl. Crnkovic/Drachman (1996), S. 139; Schröder/Schulte-Mattler (1997), S. 424.

[153] Vgl. Crnkovic/Drachman (1996), S. 139; Schröder/Schulte-Mattler (1997), S. 424.

des Beobachtungszeitraums abhängige Form. Sie kann durch eine Monte-Carlo-Simulation ermittelt werden. Aus einer simulierten Q_W-Verteilung wird der kritische Q_W-Wert ermittelt, der nicht überschritten werden darf, damit das geprüfte Modell nach dem gewählten Sicherheitsniveau als korrekt eingestuft wird.[154] Auch ohne Kenntnis der Verteilung von Q_W kann die Qualität von verschiedenen VaR-Modellen verglichen werden. Je kleiner der Q_W-Wert eines Modells, desto besser wird es bewertet.[155]

Werden mit diesem Verfahren die Prognosen der Verteilungen von Portfoliorenditen überprüft, ist die Anwendung einer symmetrischen Gewichtungsfunktion nicht so einleuchtend wie bei Renditen einzelner Risikofaktoren. Bei der Betrachtung einzelner Risikofaktorrenditen können auch große positive Renditen des Risikofaktors zu einem hohen Portfolioverlust führen, da ein von diesem Risikofaktor abhängiges Portfolio Short-Positionen enthalten kann. Bei der direkten Betrachtung der Portfoliorenditen ist dagegen für den VaR nur der linke Rand ihrer Verteilung von Interesse. Für diesen Fall wäre eine asymmetrische Gewichtungsfunktion sinnvoller, die das linke Ende der Verteilungen besonders stark gewichtet. Hier wird auf die Konstruktion einer solchen Gewichtungsfunktion verzichtet.

Bei einem korrekten VaR-Modell hat nicht nur die Verteilung der Quantilsränge der Portfoliorenditen annähernd einer Gleichverteilung zu entsprechen. Darüber hinaus dürfen die Quantilsränge über die Zeit keine Abhängigkeiten aufweisen. Um diese Eigenschaft zu testen, wird von Crnkovic/Drachman der „Brock-Dechert-Scheinkman-Test" (BDS-Test) vorgeschlagen.[156] Dieser Test basiert auf Erkenntnissen der Chaos-Theorie und überprüft eine Zeitreihe auf unabhängige und identische Verteilung („independent and identically distribution" (IID)). Da der BDS-Test sehr komplex ist, wird er hier nicht näher erläutert.[157]

---

[154] Vgl. Schröder/Schulte-Mattler (1997), S. 424.

[155] Vgl. Crnkovic/Drachman (1996), S. 139.

[156] Vgl. Crnkovic/Drachman (1996), S. 139.

[157] Für eine Beschreibung des BDS-Tests vgl. Brock et al. (1991a); Brock et al. (1991b), S. 41-81.

2.4.4 Bewertung von Wahrscheinlichkeitsvorhersagen (nach Lopez)

Im Gegensatz zu den dargestellten Hypothesentests beruht die von Lopez vorgeschlagene Backtesting-Methode auf Standardverfahren zur Vorhersagebewertung. Die Güte von VaR-Modellen wird danach beurteilt, wie genau die von ihnen geschätzten Wahrscheinlichkeiten für das Eintreten von vorgegebenen Ereignissen mit den tatsächlichen Wahrscheinlichkeiten übereinstimmen. Je besser diese Übereinstimmung ist, desto eher wird die „loss function" der Testanwender minimiert.[158]

Zuerst ist das Ereignis festzulegen, das für den Anwender des Verfahrens von Interesse ist. Dabei gibt es eine größere Flexibilität als bei den anderen dargestellten Backtesting-Verfahren.[159] Zur Überprüfung von VaR-Modellen bietet sich die Bewertung einer Wahrscheinlichkeitsvorhersage an, die für eine vorgegebene Wahrscheinlichkeit den entsprechenden Portfolioverlust prognostiziert. Dieser Verlust entspricht dem VaR für das der vorgegebenen Wahrscheinlichkeit entsprechende Konfidenzniveau. Dies läßt sich folgendermaßen ausdrücken:[160]

$$P_{mt} = \Pr\left(\varepsilon_t < VaR_{mt}\right) = \int_{-\infty}^{VaR_{mt}} f_{mt}(x)dx \qquad (2\text{-}26)$$

P_{mt}: Wahrscheinlichkeitsvorhersage des zu testenden Modells: Wahrscheinlichkeit, daß der Portfolioverlust im Zeitpunkt t den mit dem Modell m berechneten VaR überschreitet[161]

---

[158] Vgl. Lopez (1997), S. 12.

[159] Vgl. Lopez (1997), S. 13.

[160] Vgl. Lopez (1995), S. 9; Lopez (1997), S. 13.

[161] Es ist zu beachten, daß P_{mt} hierbei stets konstant bleibt, während VaR_{mt} variiert. Dies ist eine andere Interpretation als in Lopez (1997), wo von einem immer gleichen „Critical Value" (CV) ausgegangen wird, für den für jeden Zeitpunkt andere Wahrscheinlichkeiten vorhergesagt werden. In Lopez (1997) wird der CV aus den der Testperiode vorhergehenden 2.500 Renditeausprägungen gemäß dem gewünschtem Quantil berechnet; vgl. Lopez (1997), S. 18 f. Dies bietet sich hier nicht an, da im Gegensatz zum Anwendungsbeispiel bei Lopez (1997) der den Renditen unterliegende Renditegenerierungsprozeß nicht bekannt ist. Prinzipiell gibt es zwischen diesen beiden Vorgehensweisen keinen Unterschied bei der unten erläuterten Bewertung mit dem QPS. Es wird nur an unterschiedlichen Stellen der vorhergesagten Verteilung getestet. Von Dowd (1998), S. 58, und Neumann (2000), S. 67, wird das Verfahren auch in dieser Weise interpretiert.

ε_t: Gewinn oder Verlust des Portfolios im Zeitpunkt t

$f_{mt}(x)$: vom zu testenden Modell m prognostizierte Verteilung der Portfoliorenditen im Zeitpunkt t

Es könnten auch andere Bereiche der Verteilungsvorhersage in Wahrscheinlichkeitsvorhersagen überführt werden.[162] Das betrachtete Intervall könnte nach unten begrenzt oder es könnten mehrere Intervalle definiert werden, für die für jeden Zeitpunkt mehrere Wahrscheinlichkeitsvorhersagen zu bestimmen sind. Auch andere Wahrscheinlichkeitsvorhersagen, wie zum Beispiel für das Eintreten eines bestimmten prozentualen Portfolioverlustes sind möglich.[163]

Zur Bewertung der Wahrscheinlichkeitsvorhersagen schlägt Lopez den „Quadratic Probability Score" (QPS) von Brier[164] vor.[165] Damit wird aus den prognostizierten Wahrscheinlichkeiten und den tatsächlich eingetretenen Ereignissen ein Testwert berechnet. Mit dem QPS lassen sich Wahrscheinlichkeitsvorhersagen für beliebig viele Ereignisklassen bewerten. Werden mit Hilfe eines Vorhersagemodells für das Eintreten eines Ereignisses die Wahrscheinlichkeiten in T Zeitpunkten vorausgesagt, daß es in eine von r Klassen fällt, läßt sich die Güte dieser Vorhersagen mit folgender QPS-Formel bewerten:[166]

$$QPS_m = \frac{1}{T}\sum_{i=1}^{r}\sum_{t=1}^{T}(P_{mit} - R_{it})^2 \qquad (2\text{-}27)$$

P_{mit}: mit Modell m für Zeitpunkt t prognostizierte Wahrscheinlichkeit, daß das Ereignis in Klasse i fällt

R_{it}: Indikatorvariable: ist gleich eins, wenn das Ereignis im Zeitpunkt t in Klasse i fällt und gleich null, wenn das Ereignis in t in eine andere Klasse fällt

---

162 Vgl. Lopez (1995), S. 9.

163 Vgl. Lopez (1997), S. 13 f.

164 Vgl. Brier (1950).

165 Vgl. Diebold/Lopez (1995), S. 28-31; Lopez (1995), S. 9-12; Lopez (1997), S. 14-16.

166 Vgl. Brier (1950), S. 1.

Es läßt sich zeigen, daß der QPS um so kleiner ist, je besser die prognostizierten Wahrscheinlichkeiten mit den tatsächlichen übereinstimmen.[167]

Für die oben definierte Wahrscheinlichkeitsvorhersage gibt es nur zwei Klassen, in die das zu beobachtende Ereignis (hier die Ausprägung der Rendite des Portfolios) fallen kann. Entweder wird der VaR überschritten oder nicht.

Für zwei Klassen vereinfacht sich (2-27) zu:[168]

$$QPS_m = \frac{1}{T}\sum_{t=1}^{T} 2\left(P_{mt} - R_t\right)^2 \qquad 0 \leq QPS_m \leq 2 \qquad (2\text{-}28)$$

Wie im allgemeinen Fall gilt, daß der QPS um so kleiner ist, je genauer die Wahrscheinlichkeitsvorhersagen sind.[169]

Gehen in diese Bewertungsgleichung konstante Eintrittswahrscheinlichkeiten ein, ist eine Beurteilung von VaR-Modellen damit nicht in allen Fällen sinnvoll. Dieser Test ist geeignet, um ein Kreditinstitut zur Angabe des tatsächlich bei der VaR-Ermittlung unterstellten Konfidenzniveaus zu bewegen. Der Test ist nicht geeignet, um verschiedene VaR-Verfahren hinsichtlich ihrer Prognosegüte zu vergleichen, wenn die tatsächlichen Renditeverteilungen unbekannt sind. Die Problematik wird an zwei Beispielen verdeutlicht.

Im ersten Fall[170] berechnet ein Kreditinstitut den VaR mit einem perfekten Modell mit einem Konfidenzniveau von 98 Prozent, obwohl gesetzlich ein Konfidenzniveau von 99 Prozent vorgeschrieben ist, um weniger Eigenkapital vorhalten zu müssen. Innerhalb einer Betrachtungsperiode von 100 Tagen sind zwei Überschreitungen des VaR zu erwarten. Der zugehörige QPS berechnet sich wie folgt:

$$QPS_m = \frac{2}{100}\left(98\,(0{,}01-0)^2 + 2\,(0{,}01-1)^2\right) = 0{,}0394$$

[167] Vgl. Brier (1950), S. 2.

[168] Vgl. Diebold/Lopez (1995), S. 28; Lopez (1995), S. 10; Lopez (1997), S. 14.

[169] Vgl. Lopez (1997), S. 14.

[170] Analoge Beispielrechnungen finden sich in Brier (1950), S. 2, und Neumann (2000), S. 68.

Hätte das Kreditinstitut das tatsächlich verwendete Konfidenzniveau von 98 Prozent gegenüber den Aufsichtsbehörden angegeben, hätte es folgenden QPS erreicht:

$$QPS_m = \frac{2}{100}\left(98\,(0{,}02-0)^2 + 2\,(0{,}02-1)^2\right) = 0{,}0392$$

Der zu erwartende QPS ist für ein perfektes Modell immer dann am geringsten, wenn die damit tatsächlich prognostizierte Wahrscheinlichkeit angegeben wird. Wenn der QPS dazu verwendet würde, über die Erhöhung des Multiplikators zu entscheiden, hätten die Banken auf Dauer kein Interesse daran, tatsächlich ein geringeres Konfidenzniveau zu verwenden, als sie gegenüber den Aufsichtsbehörden angeben.[171]

Im zweiten Fall seien drei VaR-Modelle auf ihre Güte zu überprüfen, VaR-Werte mit 95 Prozent Konfidenz vorherzusagen. Innerhalb von 100 Tagen weist Modell A zehn, Modell B fünf und Modell C zwei Überschreitungen auf. Es ergeben sich die folgenden QPS-Werte:

$$QPS_A = \frac{2}{100}\left(90\,(0{,}05-0)^2 + 10\,(0{,}05-1)^2\right) = 0{,}185$$

$$QPS_B = \frac{2}{100}\left(95\,(0{,}05-0)^2 + 5\,(0{,}05-1)^2\right) = 0{,}095$$

$$QPS_C = \frac{2}{100}\left(98\,(0{,}05-0)^2 + 2\,(0{,}05-1)^2\right) = 0{,}041$$

Obwohl Modell B genau die gewünschte Zahl an Überschreitungen aufweist, wird Modell C als das bessere eingestuft. Ein zu prüfendes Modell wird um so besser bewertet, je weniger Überschreitungen es aufweist. Für diese Art der Überprüfung von VaR-Modellen ist das Verfahren von Lopez, so wie es hier interpretiert wird, folglich nicht geeignet.

Die Bewertung eines VaR-Modells geschieht immer anhand einer begrenzten historischen Zeitreihe. Daher kann es vorkommen, daß ein Modell, das ungenau-

---

[171] Aufgrund dieser Eigenschaft ist der QPS eine „strictly proper scoring rule"; Lopez (1997), S. 14 f.

er als ein anderes ist, aufgrund von Zufallseinflüssen einen niedrigeren QPS erzielt. Lopez schlägt drei Tests vor, um zu überprüfen, ob der Unterschied im QPS zweier VaR-Modelle signifikant ist und ausgeschlossen werden kann, daß der Unterschied zufällig eingetreten ist.[172] Auf diese Tests wird hier nicht weiter eingegangen.

2.4.5 Zusammenfassende Beurteilung der verschiedenen Backtesting-Verfahren

Die dargestellten Backtesting-Methoden unterscheiden sich darin, welche Eigenschaften eines VaR-Modells überprüft werden. In die Verfahren des Basler Ausschusses und nach Christoffersen geht ein, ob die innerhalb der Testperiode zu beobachtenden Portfolioverluste einen bestimmten Wert überschreiten oder nicht. Beim Verfahren des Basler Ausschusses ist dies der VaR mit einem Konfidenzniveau von 99 Prozent, wobei sich auch für andere Werte die entsprechenden Grenzen der drei Zonen errechnen ließen. Beim Verfahren nach Christoffersen ist je nach Definition der Indikatorvariable I_{mt} ein beliebiges Intervall der prognostizierten Verteilung auf Übereinstimmung mit der tatsächlichen überprüfbar. Beim Verfahren nach Crnkovic/Drachman wird die gesamte Verteilung getestet. Um sich auf bestimmte Bereiche der Verteilung zu konzentrieren, was bei der Überprüfung von VaR-Modellen in der Regel gewünscht ist, wird eine Gewichtungsfunktion verwendet. Das Verfahren von Lopez ist in dieser Hinsicht am flexibelsten, da sich die Qualität der Wahrscheinlichkeitsvorhersage bezüglich beliebiger Ereignisse überprüfen läßt.

Nicht nur die Aufsichtsbehörden, sondern auch die Banken konzentrieren sich bisher hauptsächlich auf die Überprüfung des Quantils der Verteilung, das den VaR ausmacht. Die Prognose der anderen Quantile oder der ganzen Verteilung ist bisher noch von untergeordnetem Interesse. Dies wird sich im Zuge des weiteren Ausbaus der Risikomeßsysteme und dem damit einhergehenden immer breiteren Einsatz voraussichtlich ändern. Daher werden Backtesting-Verfahren, die in dieser Hinsicht eine große Flexibilität aufweisen, in Zukunft vorzuziehen sein.

Bei der Beurteilung eines Backtesting-Verfahrens ist darüber hinaus zu beachten, ob die bedingten oder unbedingten Vorhersagen der VaR-Modelle überprüft

---

172 Vgl. Lopez (1995), S. 12 f.

werden. Beim Verfahren des Basler Ausschusses wird nur der Anteil der Überschreitungen innerhalb des Beobachtungszeitraums mit dem unterstellten Konfidenzniveau verglichen. Es werden also nur die unbedingten Vorhersagen getestet. Beim Verfahren nach Christoffersen können mit einem zusätzlichen Test die bedingten Vorhersagen überprüft werden. Auch beim Verfahren von Crnkovic/Drachman ist dies durch die Verwendung der BDS-Statistik möglich. Beim Verfahren nach Lopez können je nach Ausgestaltung sowohl die bedingten als auch die unbedingten Vorhersagen überprüft werden. Aufgrund der Heteroskedastizität von Finanzmarktzeitreihen sollte bei VaR-Modellen getestet werden, ob sie diese ausreichend erfassen. Daher sind möglichst die bedingten Vorhersagen der VaR-Modelle zu überprüfen.

Für die praktische Anwendbarkeit ist entscheidend, wieviel Information über die Vorhersagen eines VaR-Modells zur Anwendung der verschiedenen Verfahren notwendig ist. Bei den Verfahren des Basler Ausschusses und nach Christoffersen gehen nur die VaR-Werte[173] und die tatsächlichen Portfolioergebnisse in den Test ein.[174] Beim Verfahren nach Lopez hängt es davon ab, für welche Art von Ereignis Wahrscheinlichkeitsaussagen überprüft werden. Beim Verfahren nach Crnkovic/Drachman werden für jeden Zeitpunkt innerhalb des Beobachtungszeitraums die prognostizierte Verteilung der Portfoliorenditen und die eingetretenen Portfoliorenditen benötigt, um deren Quantilsränge ermitteln zu können.

Die Frage nach der notwendigen Information ist entscheidend, da für Außenstehende, also insbesondere für die Aufsichtsbehörden, nur die Informationen verwendet werden können, die ihnen von den Kreditinstituten zur Verfügung gestellt werden. Insofern könnten sich unterschiedliche Testverfahren in Abhängigkeit davon etablieren, ob der Testanwender dem betreffenden Unternehmen angehört oder nicht.[175]

---

[173] Bezüglich des VaR muß bekannt sein, nach welchen quantitativen Vorgaben er berechnet wurde.

[174] Beim Verfahren von Christoffersen gilt dies, wenn ein nach unten offenes Intervall mit dem VaR als Obergrenze getestet wird.

[175] Kupiec bezweifelt, daß die einem internen Testanwender zusätzlich zur Verfügung stehenden Informationen beim Test des linken Randes der Verteilung der Portfoliorenditen von großem Nutzen sind; vgl. Kupiec (1995), S. 76. Schröder/Schulte-Mattler sind der Auffassung, daß das Verfahren von Crnkovic/Drachman dazu geeignet ist, bei einem schlechten Ergebnis mit dem Backtesting-Verfahren des Basler Ausschusses die Aufsichtsbehörden von

Ein weiteres Kriterium zur Beurteilung der verschiedenen Backtesting-Verfahren ist deren Datenintensität. Die Frage ist, wie viele Tage der Beobachtungszeitraum mindestens umfassen muß, damit die Testverfahren zuverlässige Ergebnisse liefern. Beim Verfahren des Basler Ausschusses ist der Testzeitraum auf 250 Handelstage festgelegt. Dieser Zeitraum ist bei der Überprüfung der Vorhersagen des linken Randes der Verteilung viel zu kurz, um verläßliche Aussagen bezüglich der Güte der untersuchten Modelle ableiten zu können. Christoffersen weist für den von ihm vorgeschlagenen Test auf die Unabhängigkeit der Überschreitungen darauf hin, daß in einen Test von Vorhersagen bezüglich des Randes der Verteilung relativ viele Zeitpunkte eingehen müssen, um aussagekräftige Ergebnisse zu erhalten.[176] Mit Hilfe einer Monte-Carlo-Simulation zeigt er, daß bei einem Test der Vorhersagen des Fünf-Prozent-Quantils die Ergebnisse erst ab einem Umfang von etwa 1.000 Zeitpunkten verläßlich werden.[177] Crnkovic/Drachman geben bezüglich der von ihnen vorgeschlagenen Kuiper-Statistik an, daß die Verläßlichkeit der Testergebnisse bei einer Beobachtungsperiode von unter 1.000 Zeitpunkten abnimmt und die Ergebnisse bei unter 500 Zeitpunkten kaum noch Aussagekraft besitzen.[178] Lopez verwendet bei der von ihm durchgeführten Monte-Carlo-Simulation 500 Zeitpunkte, um die verschiedenen Backtesting-Methoden auf ihre Fähigkeit zu überprüfen, inkorrekte VaR-Modelle als solche zu erkennen. Er merkt an, daß das Verfahren nach Crnkovic/Drachman und die von ihm vorgeschlagene Bewertung der Wahrscheinlichkeitsvorhersagen sehr datenintensiv sind.[179] Die hohe Datenintensität ist bei allen dargestellten Backtesting-Verfahren problematisch.

Die wichtigste Anforderung an ein Backtesting-Verfahren ist seine Entscheidungsgenauigkeit darüber, ob ein VaR-Modell korrekt ist oder nicht. Es gibt zwei Möglichkeiten, um Anhaltspunkte für die Zuverlässigkeit eines Backtesting-Verfahrens zu erhalten.

---

der Güte des VaR-Modells zu überzeugen und eine Erhöhung des Multiplikators zu verhindern; Schröder/Schulte-Mattler (1997), S. 421.

[176] Vgl. Christoffersen (1997), S. 14.

[177] Vgl. Christoffersen (1997), S. 21.

[178] Vgl. Crnkovic/Drachman (1996), S. 139.

[179] Vgl. Lopez (1997), S. 18.

Die erste Möglichkeit besteht in der Berechnung der Wahrscheinlichkeiten für die Fehler 1. und 2. Art. Sie geben theoretisch an, in wieviel Prozent der Fälle ein korrektes Modell als inkorrekt eingestuft wird und umgekehrt. Diese Berechnung ist allerdings nicht bei allen Backtesting-Verfahren möglich.

Die zweite Möglichkeit ist auf alle denkbaren Backtesting-Verfahren anwendbar. Es ist die Durchführung einer Monte-Carlo-Simulation. Dabei werden hypothetische Portfoliogewinne und -verluste mit einer vorgegebenen Verteilung künstlich erzeugt. Mit verschiedenen VaR-Modellen, von denen a priori bekannt ist, ob sie die simulierte Verteilung richtig vorhersagen oder nicht, werden VaR-Werte prognostiziert. Mit diesen Ergebnissen lassen sich verschiedene Backtesting-Verfahren auf ihre Fähigkeit überprüfen, ob sie die VaR-Modelle richtig beurteilen.

Diese Vorgehensweise liegt der von Lopez durchgeführten Überprüfung der dargestellten Backtesting-Verfahren zugrunde.[180] Lopez kommt bei dieser Überprüfung zu dem Ergebnis, daß der von ihm vorgeschlagene Test der Wahrscheinlichkeitsvorhersagen einen hohen Anteil an richtigerweise als inkorrekt erkannten VaR-Modellen aufweist. Dagegen haben die drei anderen Backtesting-Verfahren nicht immer eine gute „Erkennungsrate".[181] Lopez stellt außerdem fest, daß alle Backtesting-Verfahren eine Abweichung der Form der beim VaR-Modell unterstellten Verteilung von der tatsächlichen Verteilung besser erkennen als Abweichungen der Varianzen der Verteilungen.[182]

Das Backtesting-Verfahren des Basler Ausschusses ergibt keine zuverlässigen Aussagen über die Güte eines VaR-Modells. Die Durchführung dieses Tests ist aber interessant, um zu überprüfen, wie ein Modell aus Sicht der Aufsichtsbehörden beurteilt wird. Die Backtesting-Verfahren nach Christoffersen und nach Crnkovic/Drachman lassen bei ausreichend langen Zeitreihen aussagekräftige Ergebnisse über die Prognosefähigkeit von VaR-Modellen erwarten. Wird das Backtesting-Verfahren nach Lopez wie in Abschnitt 2.4.4 interpretiert, ist es bei unbekannten tatsächlichen Renditeverteilungen nicht geeignet, um Prognosen verschiedener VaR-Modelle zu vergleichen.

---

[180] Vgl. Lopez (1997), S. 16-26.

[181] Vgl. Lopez (1997), S. 19 f.

[182] Vgl. Lopez (1997), S. 20.

3 Vereinfachende Verfahren der Varianz-Kovarianz-Methode

3.1 Einführung

Durch J. P. Morgan wurde mit RiskMetrics ein Standard zur Ermittlung des VaR geschaffen. Mit Datensätzen, die von J. P. Morgan über das Internet zur Verfügung gestellt werden, kann für fast jedes Wertpapierportfolio der VaR nach RiskMetrics ermittelt werden, ohne weitere empirische Daten zu erheben. Das wird durch eine starke Standardisierung der Instrumente möglich, die in den Datensätzen enthalten sind.

Um das Risiko eines bestimmten Portfolios zu berechnen, werden die enthaltenen Wertpapiere mit Hilfe dieser Instrumente abgebildet (Mapping). Bei vielen Finanztiteln geschieht dies durch Zerlegung in die zugrunde liegenden Cash Flows. Diese werden dann über einen bestimmten Algorithmus den standardisierten Cash Flows des Datensatzes, den „Vertices"[183], zugeordnet.[184] Auf diese Weise ist trotz der begrenzten Zahl an Vertices die Abbildung des Risikos relativ differenziert und genau möglich. Bei Aktien hingegen sieht der J. P. Morgan-Datensatz pro Land nur einen Aktienindex als Risikofaktor vor.[185] Jede Aktie im Portfolio, die aus einem bestimmten Land stammt, muß mit Hilfe des jeweiligen Index abgebildet werden, also zum Beispiel alle deutschen Aktien durch den DAX. Je nach Zusammensetzung des betrachteten Portfolios kann das auf diese Weise geschätzte Risiko deutlich von dem Wert abweichen, der sich bei Berücksichtigung der Varianzen und Kovarianzen der einzelnen Titel ergibt.[186]

In diesem Kapitel wird untersucht, welche Abweichungen gegenüber einer exakten Ermittlung bei dem von J. P. Morgan verwendeten Verfahren und anderen vereinfachenden Methoden zur Ermittlung des Risikos eines Aktienportfolios mit der Varianz-Kovarianz-Methode auftreten können. Als Ausgangspunkt dient eine Kovarianzmatrix, die aus den Zeitreihen aller im Portfolio enthaltenen Titel geschätzt wird („volles historisches Modell"). Die damit berechneten Ergebnisse werden mit denen der vereinfachenden Verfahren verglichen. Die Höhe der dabei

[183] Vgl. J. P. Morgan (1996a), S. 117.

[184] Vgl. Bode/Mohr (1996), S. 471.

[185] Vgl. J. P. Morgan (1996a), S. 204.

[186] Vgl. Garman/Aragonés/Blanco (1999), S. 37.

zu beobachtenden Abweichungen gibt Aufschluß über das Fehlerpotential, das durch die Vereinfachung entsteht. Das volle historische Modell dient zwar als Vergleichsmaßstab, es ist allerdings zu beachten, daß es sich dabei auch um eine Schätzung der zukünftigen Varianzen und Kovarianzen handelt. In diesem Kapitel wird nicht untersucht, welches Modell die besten Prognosefähigkeiten besitzt, sondern lediglich aufgezeigt, wie groß die Abweichungen der verschiedenen vereinfachenden Methoden vom vollen historischen Modell sind.[187]

In Abschnitt 3.2 werden die theoretischen Grundlagen vereinfachender Varianten der Varianz-Kovarianz-Methode dargestellt. Ein Beispiel veranschaulicht die Verfahren. In Abschnitt 3.3 wird untersucht, wie groß die Abweichungen der vereinfachenden Modelle vom vollen historischen Modell in Abhängigkeit von der Zusammensetzung des Portfolios und dem betrachteten Zeitraum sein können. Zunächst wird die Herkunft und Behandlung der empirischen Daten angegeben und die Vorgehensweise bei der Untersuchung beschrieben. Die Ergebnisse werden grafisch dargestellt und verglichen.[188]

3.2 Beispielhafte Darstellung der vereinfachenden Verfahren

Die Kovarianzmatrix direkt aus den historischen Renditezeitreihen zu schätzen (volles historisches Modell), kann mit einem hohen Datenaufwand verbunden sein. Um diesen zu reduzieren, wird das „Single-Index-Modell" angewandt. Ist das betreffende Portfolio gut diversifiziert, bietet sich ein rein Beta-basiertes Modell (im folgenden „Beta-Modell") an, welches auch bei RiskMetrics verwendet wird. Außerdem wird ein Korrekturverfahren dargestellt, das bei einem nicht gut diversifizierten Portfolio die Abweichung des Beta-Modells von exakteren Modellen verringern soll. Als zweiter Vergleichsmaßstab dient das Durchschnittsmodell, das in einigen Untersuchungen hinsichtlich der Prognosegüte sehr gut bewertet wird.[189]

Für das Beispiel werden tägliche Kurse für den DAX und für zehn DAX-Aktien aus dem Zeitraum 27.06.1997 bis 30.06.1998 (251 Handelstage) herangezo-

---

[187] In Abschnitt 4.5 werden einige VaR-Verfahren auf ihre Prognosefähigkeit überprüft.

[188] Teile der weiteren Vorgehensweise sind an das Vorgehen bei Jorion (2001), S. 167-177 und S. 287-289 angelehnt.

[189] Vgl. z. B. Elton/Gruber/Urich (1978), S. 1377.

gen.[190] Das Beispielportfolio enthält je 10.000,- DM[191] in Aktien der Bayerischen Hypotheken- und Wechselbank (BHW), der Bayerischen Vereinsbank (BVM), der Commerzbank (CBK), der Deutschen Bank (DBK), der Dresdner Bank (DRS), von Karstadt (KAR), der Metro (MEO), der RWE (RWE), der Viag (VIA) und der Veba (VEB). Durch die Beschränkung auf wenige Branchen, die alle einen niedrigen Exportanteil aufweisen, ist zu erwarten, daß die Korrelationen durch das Single-Index-Modell im Vergleich zum vollen Modell zum Teil unterschätzt werden. Beim Beta-Modell ist mit einer zusätzlichen Unterschätzung des Risikos zu rechnen, da die Anzahl von zehn Aktien im Portfolio nicht ausreicht, um das unsystematische Risiko vollständig zu eliminieren.[192]

3.2.1 Volles historisches Modell

Beim vollen historischen Modell werden die auf der Grundlage historischer Renditen gleichgewichtet ermittelten Varianzen und Kovarianzen als Schätzer für deren zukünftige Ausprägungen herangezogen.

Für die Varianzen gilt:

$$\hat{\sigma}_{r_i}^2 = \frac{1}{T}\sum_{t=1}^{T}\left(r_{it} - \bar{r}_i\right)^2 \qquad \text{(vgl. 2-5)}$$

Für die Kovarianzen gilt:

$$\hat{\sigma}_{r_i r_j} = \frac{1}{T}\sum_{t=1}^{T}\left(r_{it} - \bar{r}_i\right)\left(r_{jt} - \bar{r}_j\right) \qquad \text{(vgl. 2-6)}$$

Die Varianz der Renditen eines Aktienportfolios wird wie folgt ermittelt:

$$\sigma_{r_P}^2 = \sum_{i=1}^{I} w_i^2\,\sigma_{r_i}^2 + 2\sum_{i=1}^{I-1}\sum_{j=i+1}^{I} w_i\,w_j\,\sigma_{r_i r_j} \qquad \text{(vgl. 2-2)}$$

I: Anzahl der Aktien im Portfolio

---

[190] Auf die Herkunft und die Bereinigung der Zeitreihen wird in Abschnitt 3.3.1 eingegangen.

[191] Die Untersuchungen in diesem Kapitel beziehen sich ausschließlich auf Zeiträume vor der Einführung des Euro.

[192] Vgl. z. B. Elton/Gruber (1995), S. 61-63.

Bei einem Portfolio, das viele verschiedene Finanztitel enthält, wird die Zahl der zu ermittelnden Varianzen und Kovarianzen sehr groß. Die Anzahl der zu schätzenden Kovarianzen beträgt in Abhängigkeit von I:[193]

$$\frac{I(I-1)}{2} \qquad (3\text{-}1)$$

Hinzu kommen I Varianzen. Für ein Portfolio mit 100 verschiedenen Finanztiteln sind 4950 Kovarianzen und 100 Varianzen, insgesamt also 5050 Input-Werte zu schätzen.

Bei Anwendung des vollen historischen Modells ergibt sich für das Beispielportfolio folgende Kovarianzmatrix.

	BHW	**BVM**	**CBK**	**DBK**	**DRS**	**KAR**	**MEO**	**RWE**	**VEB**	**VIA**
BHW	**5,8166**	5,0298	3,0938	2,7224	2,9706	1,8490	1,5224	2,2358	1,6140	1,7994
BVM	5,0298	**6,9210**	3,1722	2,9740	3,0473	2,0567	1,4208	2,2315	1,6654	1,6892
CBK	3,0938	3,1722	**5,4165**	3,2983	3,9519	1,8648	2,1915	1,8590	1,9758	1,7196
DBK	2,7224	2,9740	3,2983	**4,7679**	3,3143	1,7804	2,4589	2,0512	2,0827	1,5103
DRS	2,9706	3,0473	3,9519	3,3143	**5,8978**	2,0509	3,0661	2,2123	2,1087	1,7590
KAR	1,8490	2,0567	1,8648	1,7804	2,0509	**4,7693**	2,1384	1,8352	1,8285	1,6845
MEO	1,5224	1,4208	2,1915	2,4589	3,0661	2,1384	**6,9501**	1,9501	2,0727	1,6834
RWE	2,2358	2,2315	1,8590	2,0512	2,2123	1,8352	1,9501	**4,5120**	2,3014	1,9967
VEB	1,6140	1,6654	1,9758	2,0827	2,1087	1,8285	2,0727	2,3014	**3,5474**	1,7822
VIA	1,7994	1,6892	1,7196	1,5103	1,7590	1,6845	1,6834	1,9967	1,7822	**3,6406**

Tabelle 3.1: Kovarianzmatrix mit dem vollen historischen Modell (in 1/10.000)

Auf der Basis dieser Kovarianzmatrix beträgt der VaR für ein Konfidenzniveau von 99 Prozent und eine Haltedauer von zehn Tagen 11.758,62 DM.

3.2.2 Single-Index-Modell

Um den Datenaufwand zu reduzieren, werden häufig Faktormodelle eingesetzt. Dabei wird versucht, die Renditen aller Finanztitel in eine finanztitelspezifische und eine faktorspezifische Komponente aufzuspalten. Die faktorspezifische Komponente enthält den Anteil der Renditen, der sich in Abhängigkeit der erklärenden Faktoren ergibt. Die finanztitelspezifische Komponente enthält den restli-

[193] Vgl. Elton/Gruber (1995), S. 130.

chen Teil der Renditen, der unabhängig von den Ausprägungen der Faktoren eintritt. Für ein K-Faktorenmodell gilt:[194]

$$\tilde{r}_{it} = \alpha_i + \sum_{k=1}^{K} \beta_{ik} \tilde{F}_{kt} + \tilde{\varepsilon}_{it} \qquad (3\text{-}2)$$

$\tilde{r}_{it}$: Rendite der Aktie *i* in Periode *t*

α_i: „Grundverzinsung" der Aktie *i* (Erwartungswert des Renditebestandteils der Aktie *i*, der sich unabhängig von den Faktorausprägungen ergibt)

β_{ik}: Sensitivität der Aktie *i* gegenüber dem Faktor *k*

$\tilde{F}_{kt}$: Ausprägung von Faktor *k* zum Zeitpunkt *t*

$\tilde{\varepsilon}_{it}$: Residuum der Rendite der Aktie *i* zum Zeitpunkt *t* („Fehlerterm" der Rendite der Aktie *i*. Von den Faktorausprägungen unabhängiger Renditebestandteil mit einem Erwartungswert von null.)

Sharpe (1963) hat ein einfaches Faktormodell vorgeschlagen, bei dem als einziger erklärender Faktor die Rendite eines Marktindex verwendet wird (Single-Index-Modell).[195] Für die Rendite einer Aktie ergibt sich:[196]

---

[194] Vgl. Wilkens (2000), S. 263.

[195] Werden die Renditen von Aktien mit Hilfe von Mehrfaktorenmodellen erklärt, lassen sich zum Teil bessere Ergebnisse als mit dem Single-Index-Modell erzielen, und der Datenaufwand liegt immer noch weit unter dem des vollen historischen Modells; vgl. Garman/Aragonés/Blanco (1999), S. 36 f.; Jorion (2001), S. 171. Zur allgemeinen Konstruktion von Mehrfaktorenmodellen vgl. z. B. Alexander/Francis (1986), S. 83-92; Kritzman (1993); Elton/Gruber (1995), S. 160-168; Farrell (1997), S. 100-109; Steiner/Nowak (1995); Wilkens (2000), S. 263-304. Anwendungen und Untersuchungen von Mehrfaktorenmodellen finden sich z. B. in Chen/Roll/Ross (1986); Beenstock/Chan (1988); Asprem (1989); Beckers/Cummins/Woods (1993); Chen/Jordan (1993); Fama/French (1993); Ferson/ Harvey (1994); Apergis (1998); Neuhaus (1969); Frantzmann (1990); Hörnstein (1990); Drummen (1992); Verleger (1993); Nowak (1994); Ulschmid (1994); Albrecht/Maurer/Mayser (1996); Wallmeier (1997); Paulus (1997); Hamerle/Rösch (1998); Ripper/Kempf (1998). Anwendungen von statistischen Mehrfaktorenmodellen bei der VaR-Ermittlung für festverzinsliche Wertpapiere finden sich in Wilson (1994); Singh (1997); Frye (1998) und Tobler/Walder (1998).

[196] Vgl. Elton/Gruber (1995), S. 131.

$$\tilde{r}_{it} = \alpha_i + \beta_i \, \tilde{r}_{Mt} + \tilde{\varepsilon}_{it} \tag{3-3}$$

$\tilde{r}_{Mt}$: Rendite des Marktindex in Periode *t*

β_i : Sensitivität der Aktie *i* gegenüber dem Marktindex[197]

Daraus ergibt sich für die Varianz der Aktienrenditen:[198]

$$\sigma^2_{r_i} = \beta_i^2 \sigma^2_{r_M} + \sigma^2_{\varepsilon_i} + 2\beta_i \sigma_{r_M \varepsilon_i} \tag{3-5}$$

$\sigma^2_{r_i}$: Varianz der Renditen der Aktie *i*

$\sigma^2_{r_M}$: Varianz der Renditen des Marktindex

$\sigma^2_{\varepsilon_i}$: Varianz der Residuen der Renditen der Aktie *i*

$\sigma_{r_M \varepsilon_i}$: Kovarianz der Renditen des Marktindex und der Residuen der Renditen der Aktie *i*

Für die Kovarianzen gilt:[199]

$$\sigma_{r_i r_j} = \beta_i \beta_j \sigma^2_{r_M} + \sigma_{\varepsilon_i \varepsilon_j} + \beta_i \sigma_{r_M \varepsilon_j} + \beta_j \sigma_{r_M \varepsilon_i} \tag{3-6}$$

$\sigma_{r_i r_j}$: Kovarianz der Renditen der Aktien *i* und *j*

$\sigma_{\varepsilon_i \varepsilon_j}$: Kovarianz der Residuen der Renditen der Aktien *i* und *j*

---

197 Um das zukünftige Beta zu schätzen, werden verschiedene Verfahren vorgeschlagen; vgl. z. B. Elton/Gruber (1995), S. 137-152. Hier werden die Betas auf der Grundlage einer linearen Regression der historischen Renditen der einzelnen Finanztitel auf die historischen Renditen des Marktindex ermittelt. In diesem Fall gilt:

$$\beta_i = \frac{\sigma_{r_i r_M}}{\sigma^2_{r_M}} \tag{3-4}$$

Die Betas lassen sich also aus den Kovarianzen der einzelnen Finanztitel zum Marktindex und der Varianz der Renditen des Marktindex berechnen. Zur Herleitung dieses Zusammenhangs aus der linearen Regression vgl. Steiner/Uhlir (2001), S. 173 f.

198 Vgl. Elton/Gruber (1995), S. 133.

199 Vgl. Elton/Gruber (1995), S. 133.

Durch folgende Prämissen lassen sich diese beiden Gleichungen vereinfachen:

1. Die Residuen der Renditen der einzelnen Finanztitel sind mit den Renditen des Marktindex unkorreliert:[200] $\sigma_{r_M \varepsilon_i} = 0$

2. Die Residuen der Renditen der einzelnen Finanztitel sind unkorreliert:[201] $\sigma_{\varepsilon_i \varepsilon_j} = 0$

Damit ergibt sich für die Varianzen der einzelnen Aktien:

$$\sigma_{r_i}^2 = \beta_i^2 \sigma_{r_M}^2 + \sigma_{\varepsilon_i}^2 \tag{3-7}$$

Für die Kovarianzen zwischen den Aktienrenditen gilt:

$$\sigma_{r_i r_j} = \beta_i \beta_j \sigma_{r_M}^2 \;\; \forall \; i \neq j \tag{3-8}$$

Die Kovarianz hängt von der Varianz des Marktindex und den Betas der betrachteten Finanztitel ab. Dabei wird unterstellt, daß sich die einzelnen Finanztitel nur aufgrund der Marktentwicklung gleichförmig bewegen. Es werden keine anderen Gründe für eine gemeinsame Bewegung zweier Aktien, beispielsweise die Zugehörigkeit zu einer bestimmten Branche, berücksichtigt.[202]

Die Varianz der Portfoliorenditen ergibt sich für Ein-Faktormodelle wie folgt:[203]

$$\sigma_{r_P}^2 = \sigma_{r_M}^2 \sum_{i=1}^{I} \sum_{j=1}^{I} w_i w_j \beta_i \beta_j + \sum_{i=1}^{I} w_i^2 \sigma_{\varepsilon_i}^2 + 2 \sum_{i=1}^{I} \sum_{j=i+1}^{I} w_i w_j \sigma_{\varepsilon_i \varepsilon_j} + 2 \sum_{i=1}^{I} \sum_{j=1}^{I} w_i w_j \beta_i \sigma_{r_M \varepsilon_j} \tag{3-9}$$

Dies vereinfacht sich mit den aufgeführten Prämissen zu:

---

[200] Bei Anwendung einer linearen Regression wird diese Prämisse methodenbedingt eingehalten; vgl. Wilkens (2000), S. 272.

[201] Ist diese Prämisse erfüllt, dann ist die Kovarianzmatrix der Residuen eine Diagonalmatrix. Aus dieser Eigenschaft ist der Name „Diagonalmodell" abgeleitet, der auch für das Single-Index-Modell verwendet wird. Im folgenden werden beide Bezeichnungen synonym verwendet.

[202] Vgl. Elton/Gruber (1995), S. 131 f.

[203] Vgl. Wilkens (2000), S. 271.

$$\sigma_{r_P}^2 = \sigma_{r_M}^2 \sum_{i=1}^{I}\sum_{j=1}^{I} w_i w_j \beta_i \beta_j + \sum_{i=1}^{I} w_i^2 \sigma_{\varepsilon_i}^2 \tag{3-10}$$

Damit sind noch folgende Input-Daten zu schätzen:[204]

- *I* Sensitivitäten gegenüber dem Marktindex,

- *I* Varianzen der Residuen der Finanztitel,

- die Varianz des Marktindex.

Die Zahl der zu schätzenden Parameter beträgt $2I+1$, für ein Portfolio mit 100 Aktien also 201.

Bei Anwendung des Single-Index-Modells ergibt sich für das Beispiel folgende Kovarianzmatrix.

	BHW	BVM	CBK	DBK	DRS	KAR	MEO	RWE	VEB	VIA
BHW	**5,8166**	2,1886	2,1975	2,3263	2,4744	1,7347	2,2363	1,9635	1,9143	1,5808
BVM	2,1886	**6,9210**	2,4235	2,5655	2,7289	1,9132	2,4663	2,1655	2,1111	1,7433
CBK	2,1975	2,4235	**5,4165**	2,5760	2,7400	1,9210	2,4764	2,1743	2,1197	1,7505
DBK	2,3263	2,5655	2,5760	**4,7679**	2,9006	2,0335	2,6215	2,3017	2,2440	1,8530
DRS	2,4744	2,7289	2,7400	2,9006	**5,8978**	2,1630	2,7884	2,4483	2,3868	1,9710
KAR	1,7347	1,9132	1,9210	2,0335	2,1630	**4,7693**	1,9549	1,7165	1,6734	1,3818
MEO	2,2363	2,4663	2,4764	2,6215	2,7884	1,9549	**6,9501**	2,2127	2,1572	1,7814
RWE	1,9635	2,1655	2,1743	2,3017	2,4483	1,7165	2,2127	**4,5120**	1,8941	1,5641
VEB	1,9143	2,1111	2,1197	2,2440	2,3868	1,6734	2,1572	1,8941	**3,5474**	1,5248
VIA	1,5808	1,7433	1,7505	1,8530	1,9710	1,3818	1,7814	1,5641	1,5248	**3,6406**

Tabelle 3.2: Kovarianzmatrix mit dem Single-Index-Modell (in 1/10.000)

Die Varianzen haben die gleichen Werte wie die des vollen Modells, während die Kovarianzen voneinander abweichen. Sie sind beim Single-Index-Modell zwischen Aktien der gleichen Branche niedriger als beim vollen Modell. Die Kovarianz zwischen den Renditen der Aktien der Deutschen Bank (DBK) und der Commerzbank (CBK) beträgt zum Beispiel beim vollen Modell 3,2983[205], beim Single-Index-Modell 2,5760. Es gibt folglich Brancheneffekte, die zu höheren

[204] Vgl. Elton/Gruber (1995), S. 135.

[205] Jeweils in 1/10.000.

Korrelationen zwischen Aktien einer Branche führen, als sie sich aus der gemeinsamen Abhängigkeit von der Entwicklung des Marktindex ergeben. Bei Aktien verschiedener Branchen tritt zum Teil der umgekehrte Fall auf. Die geschätzte Kovarianz zwischen der Commerzbank (CBK) und Metro (MEO) beträgt zum Beispiel mit dem vollen Modell 2,1315, mit dem Single-Index-Modell 2,4764.

Bei Verwendung dieser Kovarianzmatrix ergibt sich ein VaR in Höhe von 11.499,93 DM. Durch die meist geringeren Kovarianzen ist der Diversifikationseffekt hier größer als mit dem vollen historischen Modell.

3.2.3 Beta-Modell

Der Datenaufwand wird durch das Beta-Modell weiter verringert. Ausgangspunkt ist die Formel zur Berechnung der Portfoliovarianz bei Anwendung des Single-Index-Modells:

$$\sigma_{r_P}^2 = \sigma_{r_M}^2 \sum_{i=1}^{I} \sum_{j=1}^{I} w_i w_j \beta_i \beta_j + \sum_{i=1}^{I} w_i^2 \sigma_{\varepsilon_i}^2 . \qquad \text{(vgl. 3-10)}$$

Je besser das Portfolio diversifiziert ist, um so kleiner wird der zweite Term. Für ein gut diversifiziertes Portfolio gilt näherungsweise:[206]

$$\sigma_{r_P}^2 = \sigma_{r_M}^2 \sum_{i=1}^{I} \sum_{j=1}^{I} w_i w_j \beta_i \beta_j \qquad \text{(3-11)}$$

Es sind nur noch die systematischen Risikobestandteile relevant, die annahmegemäß über die Betas in Verbindung mit der Varianz des Marktindex vollständig erfaßt werden. In die Berechnung der Kovarianzmatrix gehen nur noch das jeweilige Beta und die Varianz des Marktindex ein. Für die Varianz eines Finanztitels ergibt sich:

$$\sigma_{r_i}^2 = \beta_i^2 \sigma_{r_M}^2 \qquad \text{(3-12)}$$

Allgemeiner läßt sich für Varianzen und Kovarianzen schreiben:

---

[206] Vgl. Elton/Gruber (1995), S. 137. Für eine Herleitung vgl. Alexander/Francis (1986), S. 82 f.

$$\sigma_{r_i r_j} = \beta_i \beta_j \sigma^2_{r_M} \ \forall\ i,j \qquad (3\text{-}13)$$

Die Berechnung der Kovarianzmatrix vereinfacht sich gegenüber dem Single-Index-Modell. Folgende Parameter sind zu schätzen:

- I Sensitivitäten der Finanztitel gegenüber dem Marktindex,
- die Varianz des Marktindex.

Bei 100 Aktien sind 101 Werte zu ermitteln.

Das Beta-Modell entspricht im Prinzip dem Verfahren bei RiskMetrics. Dort werden die Aktienpositionen pro Land mit ihrem auf den jeweiligen Marktindex bezogenen Beta[207] multipliziert und addiert. Die VaR-Ermittlung erfolgt durch Multiplikation dieser Summen mit der Volatilität des jeweiligen Index unter Berücksichtigung des Konfidenzniveaus und der Haltedauer.[208]

Da Portfolios häufig nicht gut diversifiziert sind,[209] können bei der Anwendung des Beta-Modells größere Fehler auftreten. In der Regel wird dabei das Risiko eines Portfolios unterschätzt, da die unsystematischen Risikokomponenten nicht berücksichtigt werden, obwohl sie nicht vollständig eliminiert sind. J. P. Morgan schlägt ein Korrekturverfahren vor, durch das ein mit diesem Verfahren berechneter VaR in Abhängigkeit vom Diversifikationsgrad des Portfolios erhöht wird, um den Fehler auszugleichen.[210]

Ausgangspunkt ist die Varianz eines Portfolios nach dem vollen historischen Modell:

---

[207] Im RiskMetrics-Datensatz sind keine Betas enthalten. Diese müssen vom Anwender selbst geschätzt oder von einem anderen Anbieter wie z. B. BLOOMBERG oder REUTERS bezogen werden.

[208] Vgl. J. P. Morgan (1996b), S. 35.

[209] Vgl. Gaumert (1997), S. 17. Es gibt viele Untersuchungen darüber, wie viele Aktien benötigt werden, um ein gut diversifiziertes Portfolio zu erhalten. Vgl. z. B. Evans/Archer (1968); Fisher/Lorie (1970); Johnson/Shannon (1974); Klemkowsky/Martin (1975); Elton/Gruber (1977); Bird/Tippett (1986); Hellevik/Herrmann (1996).

[210] Vgl. J. P. Morgan (1996b), S. 34-41.

$$\sigma_{r_P}^2 = \sum_{i=1}^{I} w_i^2 \sigma_{r_i}^2 + 2 \sum_{i=1}^{I-1} \sum_{j=i+1}^{I} w_i w_j \sigma_{r_i r_j} \qquad \text{(vgl. 2-2)}$$

Wird vereinfachend vorausgesetzt, daß alle Aktien im Portfolio das gleiche Gewicht erhalten („naive Diversifikation"), läßt sich schreiben:[211]

$$\sigma_{r_P}^2 = \frac{1}{I}\bar{\sigma}_{r_i}^2 + \frac{I-1}{I}\bar{\sigma}_{r_i r_j} = \underbrace{\frac{1}{I}\left(\bar{\sigma}_{r_i}^2 - \bar{\sigma}_{r_i r_j}\right)}_{\substack{\textit{unsystem.}\\ \textit{Risiko}}} + \underbrace{\bar{\sigma}_{r_i r_j}}_{\substack{\textit{system.}\\ \textit{Risiko}}} \qquad (3\text{-}14)$$

$\bar{\sigma}_{r_i}^2$: durchschnittliche Varianz der Renditen der im Portfolio enthaltenen Aktien

$\bar{\sigma}_{r_i r_j}$: durchschnittliche Kovarianz der Renditen der im Portfolio enthaltenen Aktien

Der unsystematische Teil des Portfoliorisikos nimmt mit wachsender Anzahl an Finanztiteln ab. Das systematische Risiko ist die durchschnittliche Kovarianz der Renditen der enthaltenen Aktien. Es sollte bei $I \rightarrow \infty$ der Varianz des Marktindex entsprechen. Also gilt:[212] $\bar{\sigma}_{r_i r_j} \approx \sigma_{r_M}^2$

Eingesetzt in (3-14) ergibt sich:

$$\sigma_{r_P}^2 = \frac{1}{I}\left(\bar{\sigma}_{r_i}^2 - \sigma_{r_M}^2\right) + \sigma_{r_M}^2 \qquad (3\text{-}15)$$

Für den VaR eines nicht gut diversifizierten Portfolios läßt sich daraus ein Korrekturfaktor ableiten, um den der mit dem Beta-Modell ermittelter VaR korrigiert wird. Der Korrekturfaktor ergibt sich aus dem Verhältnis der Portfoliovarianz nach (3-15) und der Varianz des Marktindex:[213]

$$\textit{Korrekturfaktor} = \frac{\sigma_{r_P}^2}{\sigma_{r_M}^2} = \frac{\frac{1}{I}\left(\bar{\sigma}_{r_i}^2 - \sigma_{r_M}^2\right) + \sigma_{r_M}^2}{\sigma_{r_M}^2} = \frac{1}{I\sigma_{r_M}^2}\left(\bar{\sigma}_{r_i}^2 - \sigma_{r_M}^2\right) + 1 \qquad (3\text{-}16)$$

[211] Vgl. Elton/Gruber (1995), S. 60 f.; J. P. Morgan (1996b), S. 36.

[212] Vgl. J. P. Morgan (1996b), S. 36.

[213] Vgl. J. P. Morgan (1996b), S. 37.

Für den korrigierten VaR gilt:

$$VaR_{sy+un} = \sqrt{(VaR_{sy})^2 \left(\frac{1}{I\sigma_{r_M}^2} \left(\overline{\sigma}_{r_i}^2 - \sigma_{r_M}^2 \right) + 1 \right)}$$

$$= \sqrt{(VaR_{sy})^2 + \underbrace{\frac{1}{I\sigma_{r_M}^2} \left(\overline{\sigma}_{r_i}^2 - \sigma_{r_M}^2 \right) (VaR_{sy})^2}_{\text{"}Add\text{-}On\,1\text{"}}} \tag{3-17}$$

VaR_{sy}: mit dem Beta-Modell berechneter VaR

VaR_{sy+un}: um den Korrekturfaktor erhöhter VaR

Der um diesen Korrekturfaktor erhöhte VaR wird hier als „VaR mit Add-On 1" bezeichnet. Um (3-17) zu vereinfachen, kann für das Verhältnis der durchschnittlichen Varianz der Aktien im Portfolio zur Varianz des Marktindex ein fester Wert vorgegeben werden. In diesem Fall gilt:

$$\overline{\sigma}_{r_i}^2 = Faktor\ \sigma_{r_M}^2$$

Eingesetzt in (3-17) ergibt sich:[214]

$$VaR_{sy+un} = \sqrt{(VaR_{sy})^2 + \underbrace{\frac{Faktor - 1}{I} (VaR_{sy})^2}_{\text{"}Add\text{-}On\,2\text{"}}} \tag{3-18}$$

Der um den vereinfacht ermittelten Korrekturfaktor erhöhte VaR wird hier als „VaR mit Add-On 2" bezeichnet. Als festen Wert für das Verhältnis der durchschnittlichen Aktienvarianz zur Marktvarianz schlägt die C&L Unternehmensberatung einen Faktor von drei für die Aktien vor, die im Marktindex enthalten sind. Für die anderen Aktien wird ein Faktor von vier vorgeschlagen.[215] Die Annahme eines bestimmten Faktors hat den Vorteil, daß nicht der tatsächliche Wert der durchschnittlichen Varianz der im Portfolio enthaltenen Aktien ermittelt wer-

---

[214] Vgl. C&L Unternehmensberatung (1997), S. 53.

[215] Vgl. C&L Unternehmensberatung (1997), S. 57.

den muß. Andererseits kann der tatsächliche Faktor deutlich von drei abweichen, so daß weitere Fehler entstehen. J. P. Morgan hat in Aussicht gestellt, die durchschnittlichen Volatilitäten der Aktien in den jeweiligen Indizes zusätzlich in ihrem Datensatz anzugeben.[216] Ein daraus ermittelter Faktor wäre eine bessere Näherung für die Aktien, die aus dem jeweiligen Land stammen, als der vorgeschlagene pauschale Wert von drei.

Im folgenden wird sowohl der exakte Faktor („Add-On 1") als auch der pauschale Faktor von drei („Add-On 2") verwendet.

Für das Beispielportfolio ergibt sich mit dem Beta-Modell folgende Kovarianzmatrix.

	BHW	BVM	CBK	DBK	DRS	KAR	MEO	RWE	VEB	VIA
BHW	**1,9845**	2,1886	2,1975	2,3263	2,4744	1,7347	2,2363	1,9635	1,9143	1,5808
BVM	2,1886	**2,4136**	2,4235	2,5655	2,7289	1,9132	2,4663	2,1655	2,1111	1,7433
CBK	2,1975	2,4235	**2,4334**	2,5760	2,7400	1,9210	2,4764	2,1743	2,1197	1,7505
DBK	2,3263	2,5655	2,5760	**2,7270**	2,9006	2,0335	2,6215	2,3017	2,2440	1,8530
DRS	2,4744	2,7289	2,7400	2,9006	**3,0853**	2,1630	2,7884	2,4483	2,3868	1,9710
KAR	1,7347	1,9132	1,9210	2,0335	2,1630	**1,5165**	1,9549	1,7165	1,6734	1,3818
MEO	2,2363	2,4663	2,4764	2,6215	2,7884	1,9549	**2,5201**	2,2127	2,1572	1,7814
RWE	1,9635	2,1655	2,1743	2,3017	2,4483	1,7165	2,2127	**1,9428**	1,8941	1,5641
VEB	1,9143	2,1111	2,1197	2,2440	2,3868	1,6734	2,1572	1,8941	**1,8465**	1,5248
VIA	1,5808	1,7433	1,7505	1,8530	1,9710	1,3818	1,7814	1,5641	1,5248	**1,2592**

Tabelle 3.3: Kovarianzmatrix mit dem Beta-Modell (in 1/10.000)

Die Kovarianzen haben die gleiche Höhe wie die des Single-Index-Modells. Die Varianzen sind deutlich niedriger als bei den vorhergehenden Modellen.

Der VaR auf der Basis dieser Kovarianzmatrix beträgt 10.758,09 DM. Dieser Wert ist wesentlich geringer als die Werte des vollen historischen Modells und des Single-Index-Modells. Bei zehn Aktien im Portfolio führt die Annahme einer vollständigen Diversifikation hier zu einer deutlichen Unterschätzung des Portfoliorisikos.

Bei Korrektur um das Add-On 1 beträgt der VaR 11.276,55 DM. Wird der VaR um das Add-On 2 erhöht, ergibt sich ein Wert von 11.784,90 DM. Das Add-On 1

---

[216] Vgl. J. P. Morgan (1996b), S. 37.

führt zu einer Reduktion der Abweichung des Beta-Modells vom vollen historischen Modell, beseitigt diese aber nicht vollständig. Mit dem Add-On 2 wird das Ergebnis des vollen historischen Modells sehr gut angenähert. Der pauschale Faktor von drei liegt deutlich über dem tatsächlichen Verhältnis zwischen der durchschnittlichen Varianz der Aktien im Portfolio und der Varianz des DAX (= 1,99).

3.2.4 Durchschnittsmodell

Empirische Untersuchungen zeigen, daß die mit dem vollen historischen Modell erfaßten Korrelationen zwischen einzelnen Finanztiteln starken Zufallseinflüssen unterliegen. Das führt zu ungenauen Prognosen. Als Alternative wird vorgeschlagen, aus den für einen historischen Betrachtungszeitraum ermittelten Korrelationen den Durchschnitt zu bilden. Dieser dient dann als (für alle Finanztitelpaare gleicher) Schätzer für die zukünftigen Korrelationen. Da die historisch beobachtbaren Abweichungen von der durchschnittlichen Korrelation meist zufälliger Natur sind, ist diese Art der Prognose häufig besser als aufwendigere Verfahren.[217]

Durch die Anwendung des Durchschnittsmodells ergibt sich keine Reduzierung des Datenaufwandes. Die Abweichungen vom vollen historischen Modell sind insbesondere im Vergleich mit dem Single-Index-Modell interessant. Auch dieses hat eine Reduzierung der Zufallseinflüsse bei der Korrelationsermittlung zur Folge.[218]

Mit dem Durchschnittsmodell ergibt sich für das Beispielportfolio folgende Kovarianzmatrix.

---

[217] Vgl. Elton/Gruber/Urich (1978), S. 1377; Elton/Gruber (1995), S. 168 f.

[218] Dadurch hat auch das Single-Index-Modell eine bessere Prognosefähigkeit hinsichtlich der zukünftigen Korrelationen; vgl. Elton/Gruber/Urich (1978), S. 1379; Elton/Gruber (1995), S. 146 f.

	BHW	BVM	CBK	DBK	DRS	KAR	MEO	RWE	VEB	VIA
BHW	**5,8166**	2,7841	2,4630	2,3108	2,5701	2,3112	2,7900	2,2479	1,9932	2,0192
BVM	2,7841	**6,9210**	2,6867	2,5207	2,8035	2,5210	3,0433	2,4521	2,1743	2,2026
CBK	2,4630	2,6867	**5,4165**	2,2299	2,4801	2,2303	2,6923	2,1692	1,9235	1,9486
DBK	2,3108	2,5207	2,2299	**4,7679**	2,3269	2,0925	2,5260	2,0352	1,8046	1,8282
DRS	2,5701	2,8035	2,4801	2,3269	**5,8978**	2,3272	2,8094	2,2636	2,0071	2,0333
KAR	2,3112	2,5210	2,2303	2,0925	2,3272	**4,7693**	2,5263	2,0355	1,8049	1,8284
MEO	2,7900	3,0433	2,6923	2,5260	2,8094	2,5263	**6,9501**	2,4572	2,1788	2,2072
RWE	2,2479	2,4521	2,1692	2,0352	2,2636	2,0355	2,4572	**4,5120**	1,7555	1,7784
VEB	1,9932	2,1743	1,9235	1,8046	2,0071	1,8049	2,1788	1,7555	**3,5474**	1,5769
VIA	2,0192	2,2026	1,9486	1,8282	2,0333	1,8284	2,2072	1,7784	1,5769	**3,6406**

Tabelle 3.4: Kovarianzmatrix mit dem Durchschnittsmodell (in 1/10.000)

Der Durchschnittswert der Korrelationen der Renditen der 30 DAX-Aktien beträgt 0,4384. Dieser Wert wird als Korrelation zwischen allen zehn Aktien im Portfolio angenommen. Die Kovarianzen sind aufgrund der verschiedenen Varianzen der einzelnen Aktien dennoch unterschiedlich. Im Vergleich mit den Kovarianzen des vollen historischen Modells ergeben sich ähnliche Effekte wie beim Single-Index-Modell. Die Kovarianz zwischen DBK und CBK beträgt 2,2299 (VHM: 3,2983; SIM: 2,5760). Die Kovarianz zwischen CBK und MEO beträgt 2,6923 (VHM: 2,1915; SIM: 2,4764).

Es ergibt sich ein VaR von 11.765,43 DM. Die Abweichung vom vollen historischen Modell ist vernachlässigbar gering.

3.2.5 Zusammenfassung und Variante des Beispiels

In Tabelle 3.5 sind die mit den verschiedenen Methoden ermittelten VaR-Werte vergleichend dargestellt. Die Unterschätzung des Risikos durch die vereinfachenden Verfahren wird deutlich.

	VaR in DM	Abweichung in %
Volles historisches Modell	11.758,62	-
Diagonalmodell	11.499,93	-2,20
Beta-Modell	10.758,09	-8,51
Beta-Modell mit Add-On 1	11.276,55	-4,10
Beta-Modell mit Add-On 2	11.784,90	0,22
Durchschnittsmodell	11.765,43	0,06

Tabelle 3.5: Mit dem vollen historischen Modell und verschiedenen Vereinfachungsverfahren ermittelte VaR-Werte

Die im folgenden simulierten Portfolios enthalten gleichgewichtete positive Anteile in den einzelnen Aktien. In der Praxis sind aufgrund von Futures-Verkäufen oder Optionen häufig Short-Positionen zu beobachten. Diese Aktien wurden per Saldo nicht gekauft, sondern verkauft. Dadurch können die Abweichungen zwischen den einzelnen Modellen wesentlich größer ausfallen. Einzelne Korrelationen, die besonders deutlich voneinander abweichen, können sich dabei stärker auswirken. Um dies zu illustrieren, wird das Beispiel modifiziert: Für die Aktien KAR, MEO und RWE wird eine Investition in Höhe von je -10.000,- DM angenommen, für die Aktien BHW, BVM und DBK eine Investition von je 30.000,- DM und für die restlichen Aktien eine Summe von je 10.000,- DM. Damit enthält das Portfolio dieselben Aktien wie oben und hat die gleiche Gesamtsumme. In Tabelle 3.6 sind die Ergebnisse aufgeführt. Die Abweichungen sind überall größer als bei obiger Portfoliozusammensetzung.

	VaR in DM	Abweichung in %
Volles historisches Modell	15.502,56	-
Diagonalmodell	13.792,35	-11,03
Beta-Modell	11.347,90	-26,80
Beta-Modell mit Add-On 1	11.894,78	-23,27
Beta-Modell mit Add-On 2	12.431,00	-19,81
Durchschnittsmodell	13.678,99	-11,76

Tabelle 3.6: Mit dem vollen historischen Modell und verschiedenen Vereinfachungsverfahren ermittelte VaR-Werte (Portfolio mit Short-Beständen)

3.3 Empirische Untersuchung

3.3.1 Daten und Untersuchungsaufbau

Aus der historischen Datenbank von REUTERS werden die Schlußkurse des DAX und der 30 DAX-Werte[219] im Frankfurter Parketthandel vom 27.06.97 bis 30.06.98 (251 Handelstage) verwendet. Die Zeitreihen werden von REUTERS bereits um Kapitalmaßnahmen, aber nicht um Dividendenabschläge bereinigt. Diese Bereinigung kann äquivalent zur „opération blanche“ erfolgen.[220] Bei der opération blanche wird unterstellt, daß der Anleger die ihm bei einer Kapitalerhöhung zufließenden Erlöse aus dem Verkauf eines Teils der Bezugsrechte reinvestiert. Er verkauft dabei so viele Bezugsrechte, daß er aus dem Erlös die neuen Aktien bezahlen kann. Zur Bereinigung um die Dividendenabschläge wird hier unterstellt, daß der Investor die ihm zufließende Bruttodividende (Bardividende + Steuergutschrift) sofort wieder in Aktien des entsprechenden Unternehmens investiert.

Die Kurse werden retrograd bereinigt, indem alle Kurse vor dem Ex-Tag der Dividende mit einem Bereinigungsfaktor multipliziert werden. Die Bereinigungsfaktoren berechnen sich nach folgender Formel:[221]

$$Bereinigungsfaktor\ f_t = \frac{Kurs\ ex\ Dividende}{Kurs\ ex\ Dividende + Bruttodividende} \qquad (3\text{-}19)$$

Um zu beurteilen, welche Auswirkung eine Dividendenbereinigung auf die Ergebnisse haben kann, werden im folgenden für drei Beispielportfolios die Diffe-

---

[219] Im Beobachtungszeitraum waren folgende Aktien im DAX (Falls nicht anders angegeben, handelt es sich um Stammaktien.): Allianz (ALV), BASF (BAS), BAYER (BAY), Bayerische Hypotheken- und Wechselbank (BHW), Bayerische Vereinsbank (BVM), BMW (BMW), Commerzbank (CBK), Daimler Benz (DAI), Degussa (DGS), Deutsche Bank (DBK), Deutsche Telekom (DTE), Dresdner Bank (DRS), Henkel Vorzüge (HEN3), Hoechst (HOE), Linde (LIN), Lufthansa (LHA), Karstadt (KAR), MAN (MAN), Mannesmann (MMW), Metro (MEO), Münchner Rück Namen (MUV2), Preussag (PRS), RWE (RWE), SAP Vorzüge (SAG3), Schering (SCH), Siemens (SIE), Thyssen (THY), Veba (VEB), Viag (VIA) und Volkswagen (VOW).

[220] Zur opération blanche und der retrograden Bereinigung von Kurszeitreihen siehe Steiner/Uhlir (2001), S. 124-128.

[221] Vgl. Steiner/Uhlir (2001), S. 126.

renzen der verschiedenen vereinfachenden Modelle vom vollen historischen Modell jeweils mit und ohne Dividendenbereinigung berechnet. Die Informationen zu den Zeitpunkten und den Beträgen der Dividendenzahlungen stammen aus einem Datensatz des Hoppenstedt Verlages.

Das erste Portfolio besteht aus allen 30 DAX-Aktien mit einer Investition von je 10.000,- DM. Die Ergebnisse sind in Tabelle 3.7 dargestellt.

	Ohne Divid.-Bereinigung		Mit Dividendenbereinigung	
	VaR in DM	Abw. in %	VaR in DM	Abw. in %
VHM	33.927,06	-	33.939,02	-
SIM	34.273,46	1,02	34.269,02	0,97
Beta-Modell	33.553,24	-1,10	33.568,47	-1,09
Add-On 1	34.124,53	0,58	34.139,78	0,59
Add-On 2	34.653,64	2,14	34.669,37	2,15
Durchschn.-M.	33.958,97	0,09	33.977,80	0,11

Tabelle 3.7: Abweichungen mit und ohne Dividendenbereinigung für ein Portfolio aus allen DAX-Aktien

Das zweite Portfolio besteht aus 15 DAX-Aktien (jede zweite aus dem DAX) mit je 10.000,- DM. Die Ergebnisse zeigt Tabelle 3.8.

	Ohne Divid.-Bereinigung		Mit Dividendenbereinigung	
	VaR in DM	Abw. in %	VaR in DM	Abw. in %
VHM	17.581,24	-	17.607,14	-
SIM	17.743,52	0,92	17.757,65	0,85
Beta-Modell	17.082,71	-2,84	17.100,38	-2,88
Add-On 1	17.656,27	0,43	17.676,32	0,39
Add-On 2	18.185,93	3,44	18.204,75	3,39
Durchschn.-M.	17.308,13	-1,55	17.332,68	-1,56

Tabelle 3.8: Abweichungen mit und ohne Dividendenbereinigung für ein Portfolio aus 15 DAX-Aktien

Das dritte Portfolio besteht aus fünf DAX-Aktien (jede sechste aus dem DAX) mit je 10.000,- DM. Tabelle 3.9 zeigt die Abweichungen vom vollen historischen Modell.

	Ohne Divid.-Bereinigung		Mit Dividendenbereinigung	
	VaR in DM	Abw. in %	VaR in DM	Abw. in %
VHM	6.504,59	-	6.529,03	-
SIM	6.580,22	1,16	6.595,36	1,02
Beta-Modell	5.957,72	-8,41	5.954,76	-8,80
Add-On 1	6.612,54	1,66	6.614,92	1,32
Add-On 2	7.049,27	8,37	7.045,76	7,91
Durchschn.-M.	6.419,01	-1,32	6.437,64	-1,40

Tabelle 3.9: Abweichungen mit und ohne Dividendenbereinigung für ein Portfolio aus 5 DAX-Aktien

Bei den ersten beiden Portfolios sind die Unterschiede zwischen den um die Dividenden bereinigten Zeitreihen und den unbereinigten nur gering. Beim dritten Portfolio aus fünf Aktien sind sie zum Teil deutlich größer. Bei einzelnen Aktien kann sich durch eine hohe Dividendensumme, beispielsweise eine Sonder- oder Bonuszahlung, eine spürbare Auswirkung ergeben. Dies fällt bei 15 oder 30 Aktien nicht ins Gewicht.

Da hier die Abweichungen der verschiedenen Modelle vom vollen historischen Modell in Abhängigkeit von der Zahl der Aktien untersucht werden, werden die Kurse um die Dividendenabschläge bereinigt. Dadurch wird sichergestellt, daß hohe Auszahlungen bei einzelnen Aktien keine Verzerrungen zur Folge haben.

Aus den bereinigten Kurszeitreihen werden diskrete Renditen berechnet.

Für die Untersuchung längerer historischer Zeitreihen werden bereits bereinigte diskrete Renditen der 30 Titel mit dem höchsten Börsenumsatz[222] der Jahre 1974-1995 aus der Deutschen Finanzmarktdatenbank Karlsruhe[223] verwendet. Als Marktindex dient der „DAFOX[224]-Blue Chips". Er enthält alle Aktien, die im

---

[222] Es handelt sich dabei um die folgenden Aktien: Daimler-Benz, Siemens, Deutsche Bank, Allianz, Volkswagen, Bayer, Mannesmann, BASF, Hoechst, RWE, Commerzbank, Schering, BMW, Thyssen, Dresdner Bank, Bayerische Vereinsbank, Lufthansa, Linde, Preussag, MAN, Bayerische Hypotheken- und Wechselbank, Karstadt, RWE Vz., Kaufhof, Münchner Rück, Degussa, Metallgesellschaft, Bilfinger & Berger, Douglas Holding und Continental.

[223] Eine Beschreibung des Aufbaus der Daten gibt Göppl (1995).

[224] DAFOX: Deutscher Aktienforschungsindex. Zur Konzeption des DAFOX und seiner Gruppenindizes vgl. Göppl/Schütz (1994).

Beobachtungszeitraum an der Frankfurter Wertpapierbörse notiert waren und variabel gehandelt wurden.

Um zu berechnen, wie stark sich die bei der Anwendung der unterschiedlichen Verfahren auftretenden Unterschiede in Abhängigkeit von der Portfoliozusammensetzung ändern, werden je 1.000 gleichgewichtete Portfolios mit 1 bis 30 DAX-Aktien durch Simulation ermittelt.[225] Für jedes Portfolio werden die VaR-Werte auf der Basis der Kurszeitreihen vom 27.06.97 bis 30.06.98 mit den verschiedenen Verfahren berechnet. Daraus werden die Verteilungen der auftretenden Differenzen abgeleitet.

Dieses Vorgehen wird mit den Zeitreihen aus der Deutschen Finanzmarktdatenbank für die Jahre 1987 und 1994 wiederholt. Diese beiden Zeiträume werden betrachtet, da sie jeweils eine Besonderheit aufweisen. Im Oktober 1987 gab es einen Crash an den Aktienmärkten. Das Jahr 1994 war durch einen Crash am Rentenmarkt, also einen deutlichen Anstieg des Zinsniveaus, gekennzeichnet. Diese Ereignisse wirken sich auf die Varianzen und Kovarianzen aus.

Für den Zeitraum 1974-1995 wird für ausgewählte Portfolios untersucht, wie sich die Differenzen zwischen den verschiedenen Verfahren im Zeitablauf ändern. Zu diesem Zweck werden die VaR-Werte auf der Grundlage eines wochenweise gleitenden Fensters mit einer Länge von je 250 Tagen berechnet. So ergeben sich 1049 überlappende Zeiträume.

Im folgenden werden die Ergebnisse grafisch dargestellt, beschrieben und interpretiert.

3.3.2 Simulation verschiedener Portfolios für bestimmte Zeiträume

Aus den je 1.000 simulierten Portfolios ergibt sich für jede Anzahl Aktien eine Verteilung der Abweichungen des betrachteten Verfahrens vom vollen historischen Modell. Für die simulierten Portfolios mit fünf Aktien ergibt sich zum Bei-

---

[225] Bei Portfolios mit einer Aktie gibt es nur 30 verschiedene Möglichkeiten, bei zwei Aktien sind es 870. Entsprechendes gilt für 29 und 28 Aktien, wohingegen es bei 30 Aktien nur eine einzige Möglichkeit gibt. Aus Vereinfachungsgründen werden dennoch je 1.000 Simulationen durchgeführt.

spiel für das Jahr 1994 mit dem Durchschnittsmodell die in Abbildung 3.1 dargestellte Verteilung der Abweichungen.

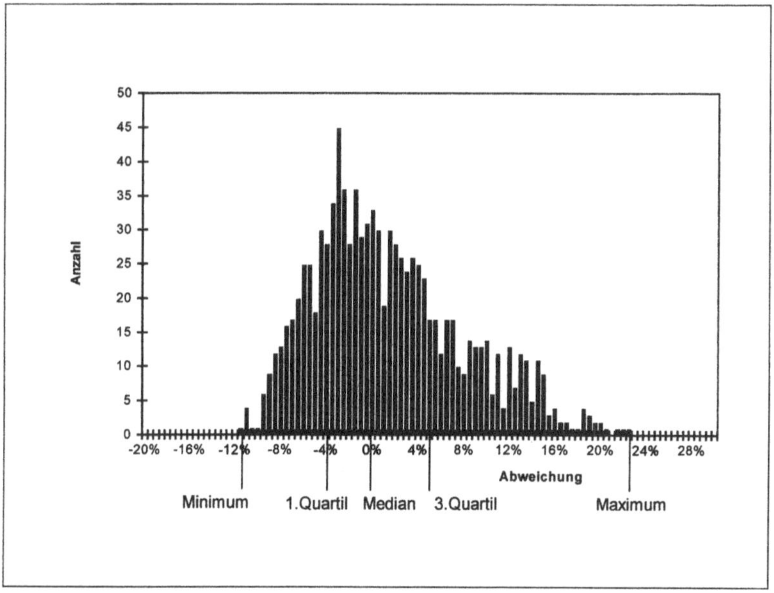

Abbildung 3.1: Verteilung der Abweichungen des Durchschnittsmodells vom vollen historischen Modell bei Portfolios mit fünf Aktien 1994 (1000 Simulationen)

Um eine übersichtliche Darstellung zu erhalten, werden nur einige Quantile – das erste und dritte Quartil, der Minimal- und der Maximalwert sowie der Median – und zusätzlich der Durchschnittswert der Verteilung für jede Anzahl der Aktien im Portfolio in einer Grafik zusammengefaßt. Dies zeigt Abbildung 3.2.

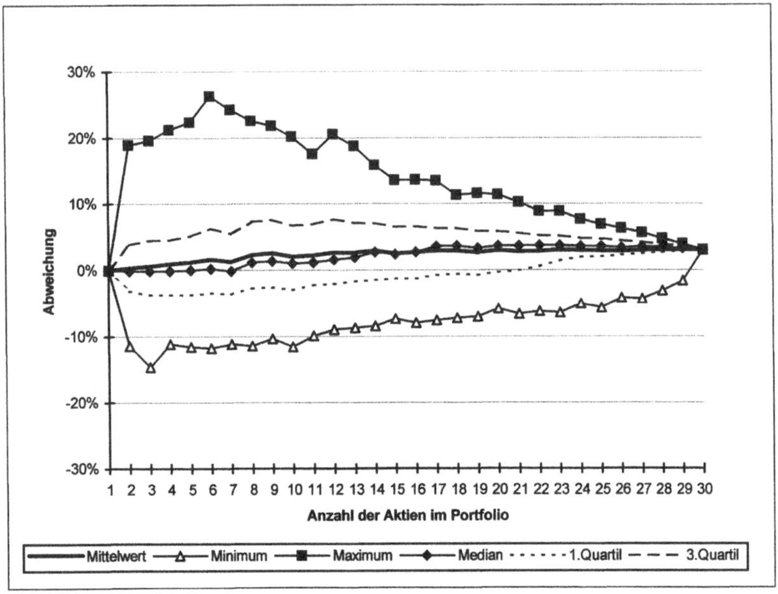

Abbildung 3.2: Abweichungen des Durchschnittsmodells vom vollen historischen Modell 1994 (Portfolios aus 1-30 DAX-Aktien, je 1000 Simulationen)

Diese Darstellung wird im folgenden für die drei ausgewählten Zeiträume und die verschiedenen Modelle verwendet.

In den Abbildungen 3.3 bis 3.7 sind die Ergebnisse der verschiedenen Verfahren für 1997/98 dargestellt.

Abbildung 3.3 zeigt die Abweichungen der mit dem Diagonalmodell ermittelten VaR-Werte von denen, die mit dem vollen historischen Modell berechnet wurden.

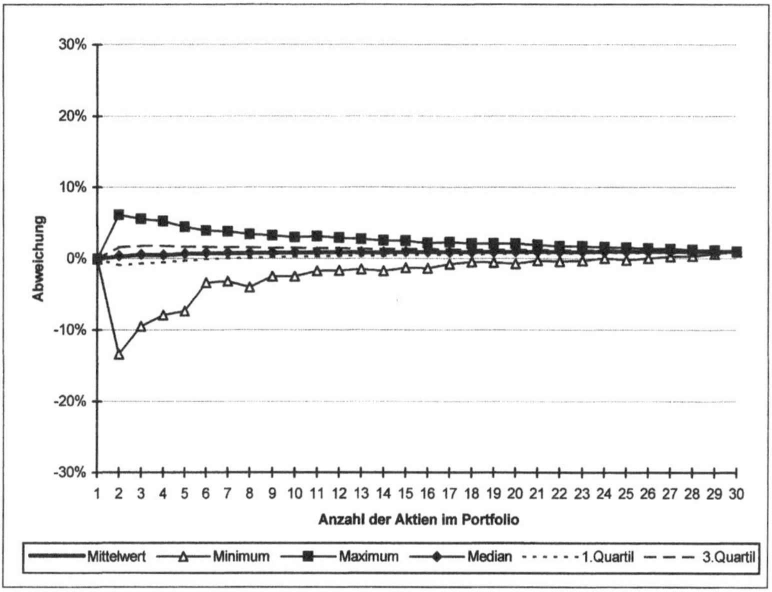

Abbildung 3.3: Abweichungen des Diagonalmodells vom vollen historischen Modell 1997/98 (Portfolios aus 1-30 DAX-Aktien, je 1000 Simulationen)

Bei Portfolios mit einer Aktie treten keine Abweichungen auf, da sich das Diagonalmodell vom vollen Modell nur in bezug auf die Berechnung der Korrelationen bzw. Kovarianzen unterscheidet. Bei Portfolios mit zwei Aktien treten zum Teil deutliche Abweichungen auf. Dabei wird das Risiko im Vergleich zum vollen Modell überschätzt, wenn die im Portfolio enthaltenen Aktien nach dem Diagonalmodell eine höhere Korrelation aufweisen als nach dem vollen Modell. Das Risiko wird unterschätzt, wenn die Korrelationen nach dem Diagonalmodell geringer ausfallen. Im ersten Fall ist der auftretende Diversifikationseffekt gegenüber dem vollen Modell zu klein, im zweiten zu groß. Die Unterschätzung der Korrelation zweier Aktien zum Beispiel aufgrund nicht erfaßter Brancheneffekte kann größer sein als die Überschätzung der Korrelation zweier Aktien. Bei den meisten Portfolios sind die Abweichungen sehr klein (Das 1. und 3. Quartil der Verteilung der Abweichungen liegen nahe bei null.[226]). Bei mehr als zwei Aktien

[226] Zwischen dem 1. und 3. Quartil liegen 50 % der simulierten Portfolios.

im Portfolio verringern sich die Differenzen, da aufgrund der zunehmenden Diversifikation die Brancheneffekte und individuellen Korrelationsbestandteile zwischen einzelnen Aktienpaaren immer weniger Bedeutung haben.

In Abbildung 3.4 sind die Abweichungen der mit dem Beta-Modell ermittelten VaR-Werte von denen des vollen historischen Modells dargestellt.

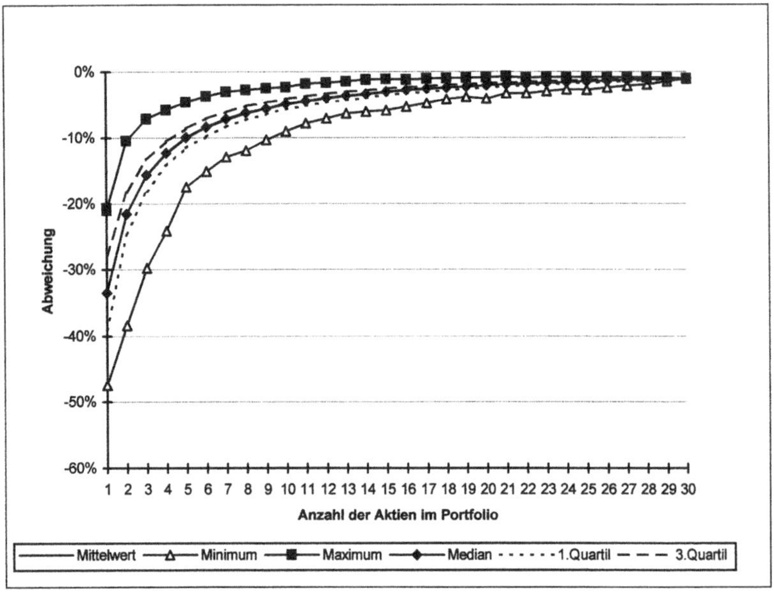

Abbildung 3.4: Abweichungen des Beta-Modells vom vollen historischen Modell 1997/98 (Portfolios aus 1-30 DAX-Aktien, je 1000 Simulationen)

Das Risiko wird durchgängig unterschätzt, wobei die Abweichungen vom vollen historischen Modell mit zunehmender Aktienanzahl abnehmen. Die Vernachlässigung der unsystematischen Risiken macht sich um so mehr bemerkbar, je weniger Aktien das Portfolio enthält. Bei einer Aktie liegen die Abweichungen bei gut 20 bis knapp 50 Prozent. Bei zehn Aktien im Portfolio können sie noch zehn Prozent betragen. Bei vielen Aktien führt der Diversifikationseffekt dazu, daß die Abweichungen relativ klein werden. Sind 20 oder mehr Aktien im Portfolio, betragen sie maximal fünf Prozent. Die Abweichungen, die beim Diagonalmodell zu beobachten waren, treten hier auch auf, da die Ermittlung der Kovarianzen identisch ist. Sie werden von den viel größeren Abweichungen durch die Vernachlässigung der unsystematischen Risiken der einzelnen Aktien überlagert.

Abbildung 3.5 zeigt die Abweichungen der mit dem Beta-Modell mit der Korrektur um das Add-On 1 ermittelten VaR-Werte von denen des vollen historischen Modells.

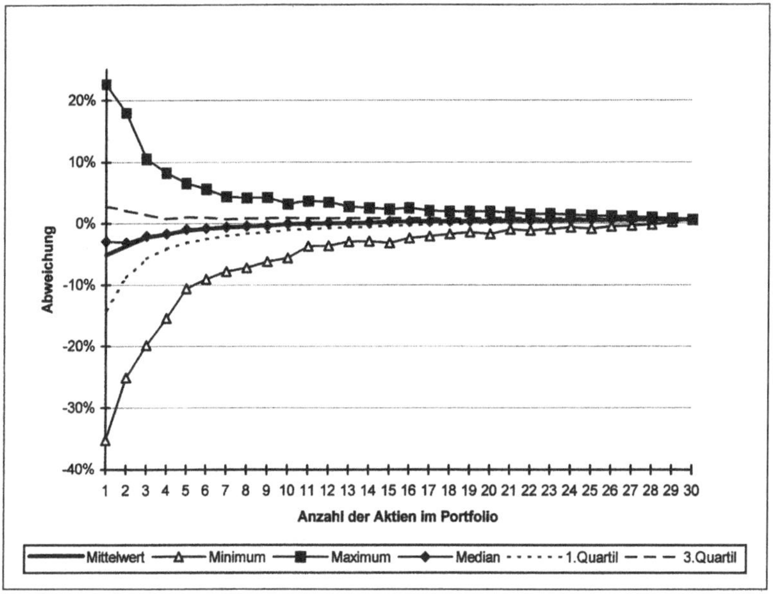

Abbildung 3.5: Abweichungen des Beta-Modells mit Add-On 1 vom vollen historischen Modell 1997/98 (Portfolios aus 1-30 DAX-Aktien, je 1000 Simulationen)

Bereits bei Portfolios mit wenigen Aktien wird im Mittel eine gute Übereinstimmung mit dem vollen Modell erreicht. In Abhängigkeit von der Zusammensetzung des Portfolios gibt es allerdings starke Schwankungen. Das Risiko wird gegenüber dem vollen Modell trotz des Add-On's um bis zu 35 Prozent unterschätzt, bei einigen Portfolios um gut 20 Prozent überschätzt. Bei vielen Aktien im Portfolio sind die Abweichungen sehr gering.

In Abbildung 3.6 sind die Abweichungen der mit dem Beta-Modell mit Add-On 2 ermittelten VaR-Werte von denen des vollen historischen Modells dargestellt.

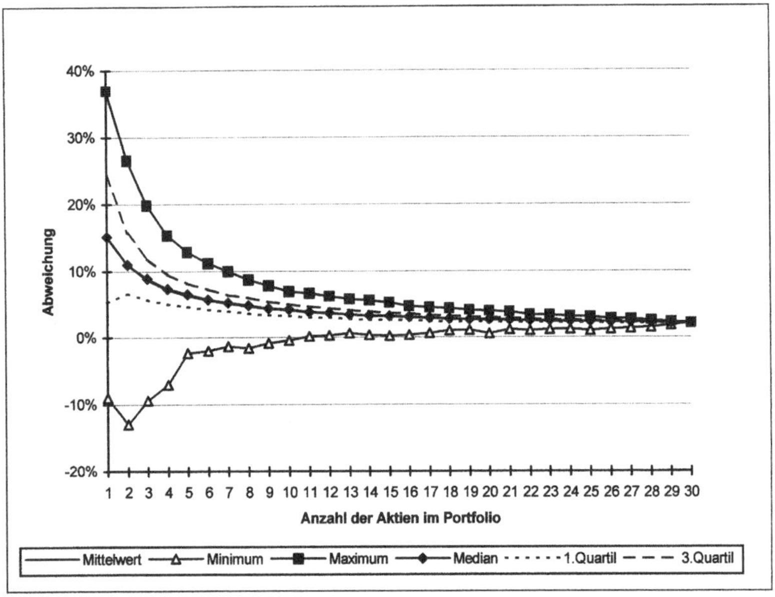

Abbildung 3.6: Abweichungen des Beta-Modells mit Add-On 2 vom vollen historischen Modell 1997/98 (Portfolios aus 1-30 DAX-Aktien, je 1000 Simulationen)

Die Korrektur mit dem Add-On 2 führt fast durchgängig zu einer Überschätzung des Risikos im Vergleich mit dem vollen Modell. Nur bei Portfolios mit wenigen Aktien kommen auch Unterschätzungen vor. Der Faktor zwischen der durchschnittlichen Varianz der Aktien im Portfolio und der Varianz des DAX liegt bei der Mehrzahl der Portfolios deutlich unter dem pauschalen Wert von drei.

Abbildung 3.7 zeigt die Abweichungen der mit dem Durchschnittsmodell ermittelten VaR-Werte von denen des vollen historischen Modells.

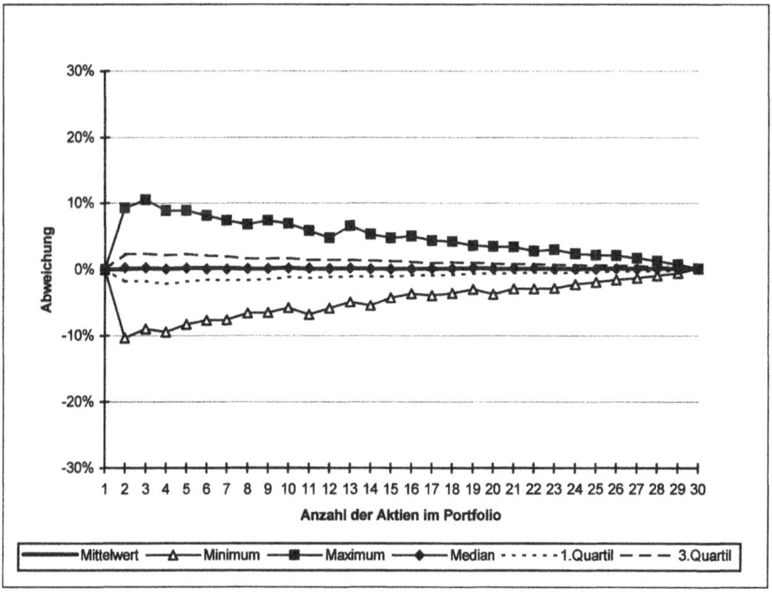

Abbildung 3.7: Abweichungen des Durchschnittsmodells vom vollen historischen Modell 1997/98 (Portfolios aus 1-30 DAX-Aktien, je 1000 Simulationen)

Da die Abweichungen auf Differenzen zwischen den geschätzten Korrelationen bzw. Kovarianzen beruhen, treten wie beim Diagonalmodell bei Portfolios mit nur einer Aktie keine Differenzen auf. Bei Portfolios mit mehreren Aktien nehmen die Unterschiede zum vollen Modell mit zunehmender Aktienanzahl ab. Die Unterschiede in den Korrelationen zwischen einzelnen Aktien kompensieren sich um so besser, je mehr verschiedene Aktien im Portfolio enthalten sind. Die Abweichungen nehmen im Vergleich zum Diagonalmodell mit zunehmender Aktienzahl deutlich langsamer ab. Auch bei 20 Aktien gibt es noch Unterschiede zur Schätzung mit dem vollen Modell von mehr als fünf Prozent. Wie beim Diagonalmodell liegt die Hälfte aller Portfolios sehr nahe an den Werten des vollen Modells. Die maximalen Abweichungen nach oben und unten sind etwa gleich groß.

Im Zeitraum vom 24.06.97 bis 30.06.98 sind die Abweichungen, die bei Anwendung des Diagonalmodells und des Durchschnittsmodells auftreten, im Mittel gering und auch bei Portfolios mit wenigen Aktien nicht sehr groß. Bei der Anwendung des Beta-Modells wird das Risiko im Vergleich mit dem vollen Modell durchgängig unterschätzt. Die Abweichungen bei kleinen Portfolios sind sehr groß und schwanken stark. Bei zunehmender Aktienzahl nehmen die Höhe der Abweichungen und deren Schwankungen deutlich ab. Das Add-On 1 führt im Durchschnitt zu geringen Abweichungen vom vollen Modell, die aber bei wenigen Aktien im Portfolio stark schwanken. Das Add-On 2 führt fast ausnahmslos zu einer Überschätzung des Risikos gegenüber dem vollen Modell. Der pauschale Faktor von drei liegt meist deutlich über dem tatsächlichen.

In den folgenden Abbildungen sind die Ergebnisse für das Jahr 1994 dargestellt.

Abbildung 3.8 zeigt die Abweichungen der mit dem Diagonalmodell ermittelten VaR-Werte von denen des vollen Modells.

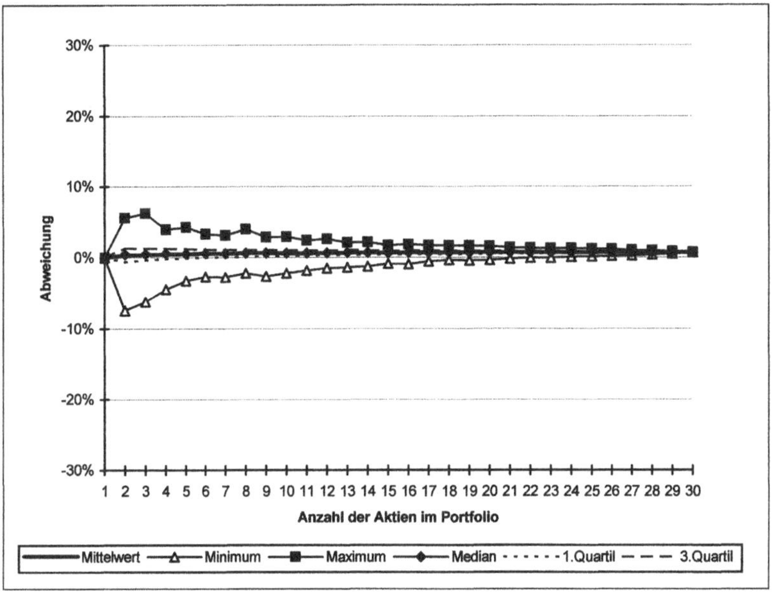

Abbildung 3.8: Abweichungen des Diagonalmodells vom vollen historischen Modell 1994 (Portfolios aus 1-30 DAX-Aktien, je 1000 Simulationen)

Die Ergebnisse sind ähnlich wie die für den Zeitraum 1997/98. Allerdings sind hier die Abweichungen nach unten geringer. Sie haben ungefähr die gleiche Höhe wie die Abweichungen nach oben. Bei den Abweichungen nach oben fällt auf, daß sie nicht so kontinuierlich abnehmen wie in 1997/98.

In Abbildung 3.9 sind die Abweichungen dargestellt, die bei der Anwendung des Beta-Modells auftreten.

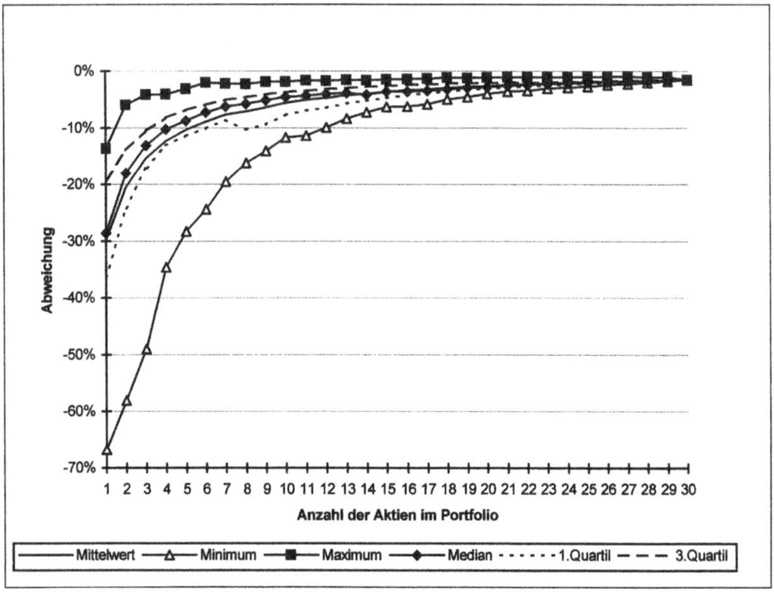

Abbildung 3.9: Abweichungen des Beta-Modells vom vollen historischen Modell 1994 (Portfolios aus 1-30 DAX-Aktien, je 1000 Simulationen)

Die Differenzen sind bei kleinen Portfolios im Durchschnitt etwa gleich groß wie in 1997/98, schwanken aber wesentlich stärker. Die bis zum ersten Quartil zum Teil sehr großen Abweichungen führen zu einer deutlichen Differenz zwischen dem Mittelwert und dem Median. Es gibt in diesem Zeitraum einige Aktien mit einem besonders hohen Anteil an unsystematischem Risiko. Wenn diese in nicht gut diversifizierten Portfolios enthalten sind, führt dies zu einer besonders starken Unterschätzung des Risikos gegenüber dem vollen Modell.

In Abbildung 3.10 sind die Abweichungen des Beta-Modells mit Add-On 1 dargestellt.

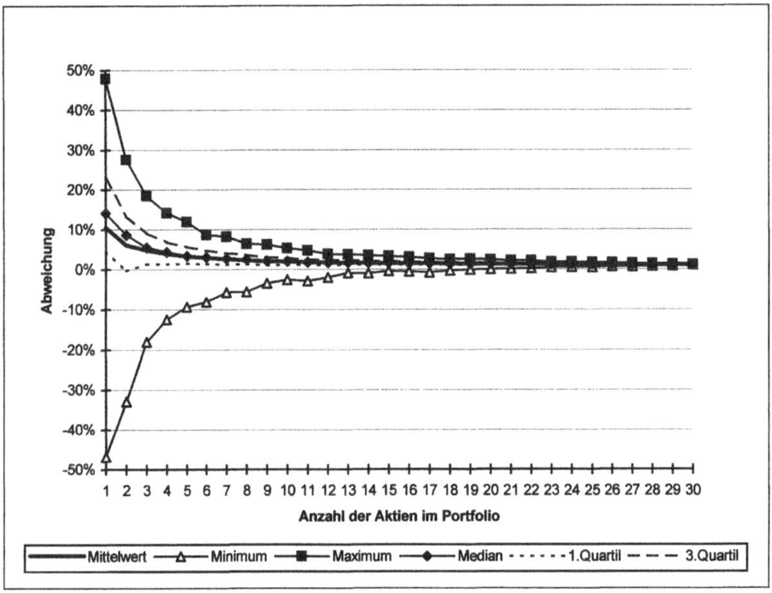

Abbildung 3.10: Abweichungen des Beta-Modells mit Add-On 1 vom vollen historischen Modell 1994 (Portfolios aus 1-30 DAX-Aktien, je 1000 Simulationen)

Die meisten Portfolios weisen eine deutliche Abweichung nach oben auf. Die Abweichungen sind bei kleinen Portfolios im Mittel größer und schwanken stärker als in 1997/98.

Die Abweichungen der Ergebnisse mit dem Beta-Modell mit Add-On 2 zeigt die Abbildung 3.11.

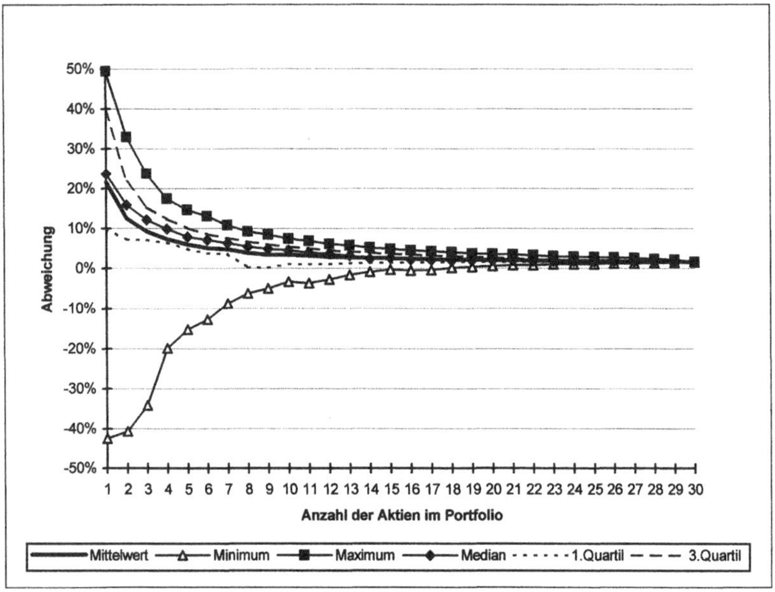

Abbildung 3.11: Abweichungen des Beta-Modells mit Add-On 2 vom vollen historischen Modell 1994 (Portfolios aus 1-30 DAX-Aktien, je 1000 Simulationen)

Wie in 1997/98 führt die Korrektur mit dem Add-On 2 zu einer Überschätzung des Risikos bei den meisten Portfolios im Vergleich zum vollen historischen Modell. Die Differenzen nach oben sind wesentlich größer als in 1997/98. In einigen Fällen kann hier auch eine sehr große negative Differenz auftreten.

In Abbildung 3.12 sind die Abweichungen des Durchschnittsmodells vom vollen historischen Modell in 1994 dargestellt.

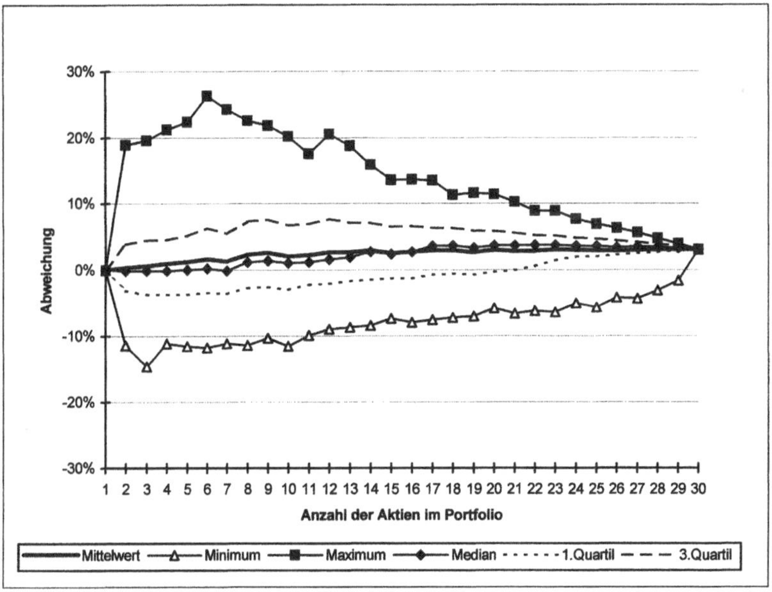

Abbildung 3.12: Abweichungen des Durchschnittsmodells vom vollen historischen Modell 1994 (Portfolios aus 1-30 DAX-Aktien, je 1000 Simulationen)

Die Abweichungen sind deutlich größer als in 1997/98. Auch bei großen Portfolios sind sie noch relativ stark. In 1994 sind viele Korrelationen nach dem vollen Modell sehr weit von der durchschnittlichen Korrelation entfernt, so daß die Abweichungen entsprechend deutlich ausfallen. Es gibt viele Aktienpaare mit einer sehr hohen Korrelation und viele mit einer sehr niedrigen. So weisen zum Beispiel die fünf Bankaktien untereinander Korrelationskoeffizienten von 0,7 bis 0,8 auf, während die Aktien der Münchner Rück und der Metallgesellschaft zu allen anderen Aktien sehr niedrige Korrelationskoeffizienten von unter 0,1 bis etwa 0,3 haben. Die Korrelationen lagen insgesamt zwischen 0,0471 und 0,8901 (1997/98 lagen sie zwischen 0,2001 und 0,7862 und 1987 zwischen 0,3295 und 0,9033.).

Für das Jahr 1994 ergeben sich ähnliche Ergebnisse wie für 1997/98. Die Abweichungen sind zum Teil größer und unterliegen stärkeren Schwankungen. Die Höhe der Abweichungen ist stärker von der Portfoliozusammensetzung abhängig als

1997/98. Dies liegt an den größeren Unterschieden in den mit dem vollen Modell geschätzten Korrelationen. Ein Grund hierfür ist der in diesem Jahr zu beobachtende Rentencrash. Die Aktien der Banken, die von steigenden Zinsen in der Regel besonders betroffen sind, weisen untereinander sehr hohe Korrelationen auf, während die anderen Korrelationen zum Teil sehr niedrig sind.

Im folgenden sind die Ergebnisse für das Jahr 1987 für die verschiedenen Verfahren dargestellt.

Abbildung 3.13 zeigt die Abweichungen der mit dem Diagonalmodell ermittelten VaR-Werte von denen, die mit dem vollen Modell geschätzt wurden.

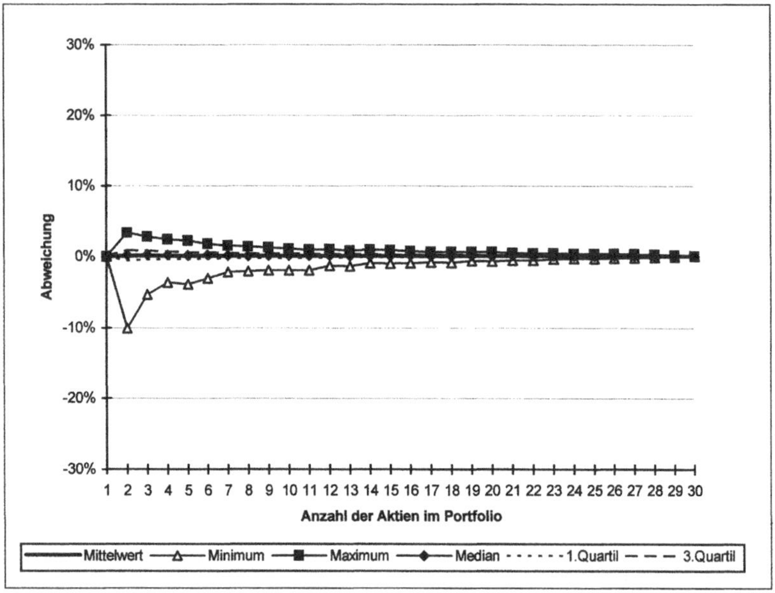

Abbildung 3.13: Abweichungen des Diagonalmodells vom vollen historischen Modell 1987 (Portfolios aus 1-30 DAX-Aktien, je 1000 Simulationen)

Die Ergebnisse ähneln denen für die beiden anderen Perioden. Auffällig ist eine sehr ausgeprägte Asymmetrie der Abweichungen. Die Abweichungen nach oben sind auch bei wenigen Aktien im Portfolio sehr gering. Die Abweichungen nach unten sind wesentlich höher.

In Abbildung 3.14 sind die Differenzen des Beta-Modells vom vollen Modell dargestellt.

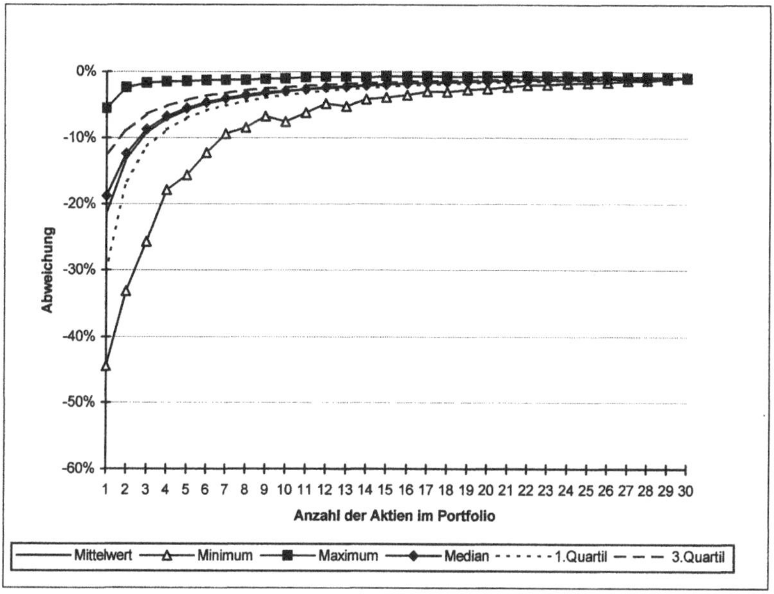

Abbildung 3.14: Abweichungen des Beta-Modells vom vollen historischen Modell 1987 (Portfolios aus 1-30 DAX-Aktien, je 1000 Simulationen)

Die Verteilung der Unterschiede ist ähnlich wie 1994, die Differenzen sind aber deutlich kleiner. Das Risiko der meisten Aktien besteht in diesem Zeitraum zum großen Teil aus systematischem Risiko. Ursache hierfür ist der Crash, der in diesem Jahr am Aktienmarkt zu beobachten war. Bei einem Crash treten die individuellen Unternehmenseffekte im Verhältnis zum allgemeinen Markttrend in den Hintergrund. Dies zeigt sich auch in den Korrelationen, die zwischen 0,3295 und 0,9033 und damit relativ hoch liegen.

In Abbildung 3.15 werden die Differenzen des Beta-Modells mit Add-On 1 vom vollen Modell gezeigt.

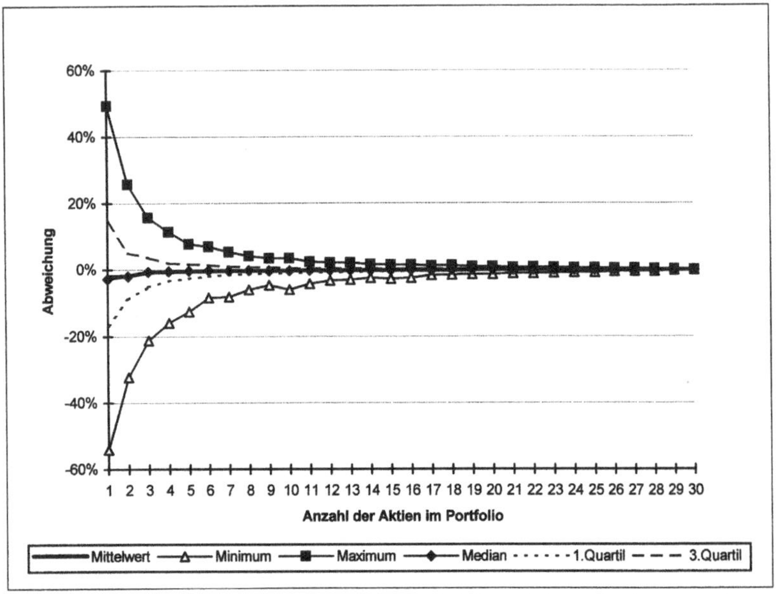

Abbildung 3.15: Abweichungen des Beta-Modells mit Add-On 1 vom vollen historischen Modell 1987 (Portfolios aus 1-30 DAX-Aktien, je 1000 Simulationen)

Die Ergebnisse ähneln denen für 1997/98, die Differenzen und deren Schwankungen sind hier größer. Der Median und der Mittelwert liegen auch bei wenigen Aktien sehr nah an null.

Abbildung 3.16 zeigt die Abweichungen des Beta-Modells mit Add-On 2 vom vollen Modell.

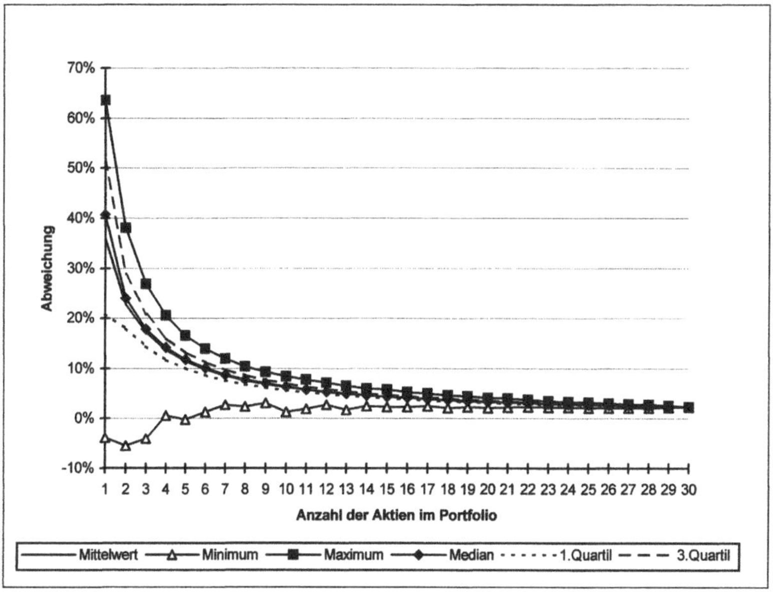

Abbildung 3.16: Abweichungen des Beta-Modells mit Add-On 2 vom vollen historischen Modell 1987 (Portfolios aus 1-30 DAX-Aktien, je 1000 Simulationen)

Das Risiko wird ähnlich wie in den anderen beiden Zeiträumen fast durchgängig überschätzt, wobei die möglichen Abweichungen nach oben wesentlich stärker sind.

In Abbildung 3.17 sind die Differenzen des Durchschnittsmodells vom vollen historischen Modell dargestellt.

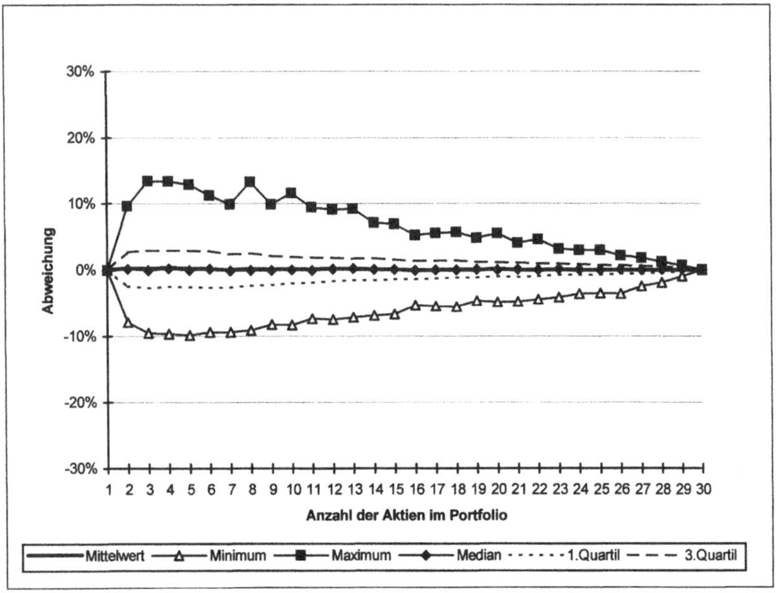

Abbildung 3.17: Abweichungen des Durchschnittsmodells vom vollen historischen Modell 1994 (Portfolios aus 1-30 DAX-Aktien, je 1000 Simulationen)

Ähnlich wie in 1997/98 sind die Abweichungen relativ gering und nehmen bei zunehmender Portfoliogröße langsam ab.

Die Ergebnisse für das Jahr 1987 weichen nicht grundlegend von denen der anderen Perioden ab. Durch den Crash gibt es beim Beta-Modell deutlich geringere Differenzen, da das systematische Risiko einen größeren Teil des Gesamtrisikos ausmacht.

Die Abweichungen der verschiedenen Methoden vom vollen historischen Modell sind in den drei untersuchten Perioden ähnlich. Das Diagonalmodell und das Durchschnittsmodell zeichnen sich im Mittel immer durch relativ geringe Abweichungen aus. Im Jahr 1994 sind die Abweichungen mit dem Durchschnittsmodell wesentlich höher, da die starken Unterschiede in den Korrelationen vom Single-Index-Modell teilweise erfaßt werden. Das Beta-Modell führt im Vergleich zum vollen Modell in allen drei Perioden zu einer deutlichen Unterschätzung des Portfoliorisikos bei kleinen Portfolios. Die angewandten Korrekturverfahren zur Verminderung dieser Abweichungen zeigen unterschiedliche Wirkungen. Beim Add-On 1 wird eine gute Annäherung an die Ergebnisse mit dem vollen Modell erreicht, wobei die Abweichungen bei kleinen Portfolios je nach deren Zusammensetzung groß sein können. Das Add-On 2 führt vor allem bei kleinen Portfolios zu einer Überschätzung des Portfoliorisikos im Vergleich zum vollen Modell. Der pauschale Faktor von drei liegt in allen drei Perioden für die meisten Portfolios deutlich über dem tatsächlichen. Der Rentencrash im Jahr 1994 und der Aktiencrash im Jahr 1987 führen zu Besonderheiten der Varianzen und Kovarianzen, ändern an der Grundstruktur der Ergebnisse aber nichts. Diese hat also in sehr verschiedenen Phasen des Marktes Gültigkeit.

3.3.3 Ergebnisse für ausgewählte Portfolios bei Verschiebung des historischen Betrachtungszeitraums

Im folgenden wird für zwei ausgewählte Portfolios die Entwicklung der Abweichungen im Zeitablauf untersucht. Das erste Portfolio besteht aus den fünf Bankaktien BHW, BVM, CBK, DBK und DRS. Die dabei auftretenden Differenzen sind in Abbildung 3.18 dargestellt.

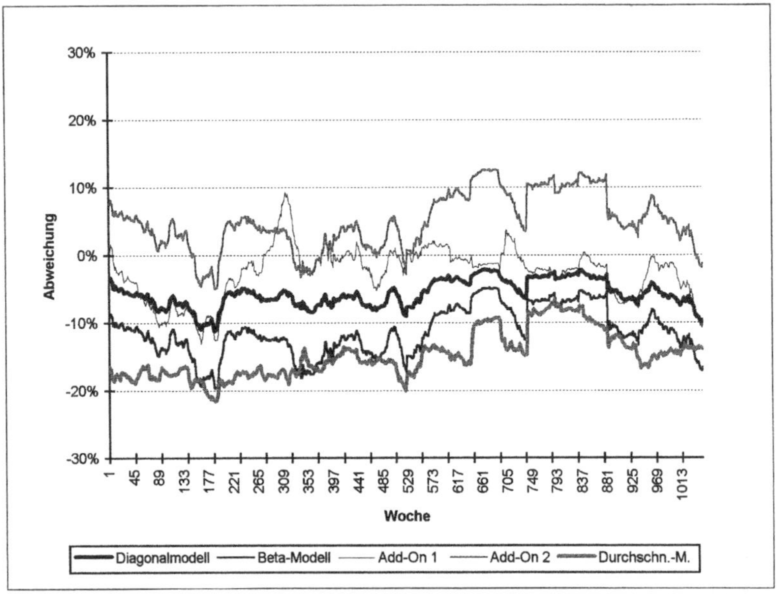

Abbildung 3.18: Abweichungen der verschiedenen Modelle vom vollen historischen Modell 1974-95 (Portfolio aus 5 Bankaktien, um je 1 Woche verschobenes gleitendes Fenster à 250 Tage)

Das mit dem Diagonalmodell geschätzte Risiko wird über den gesamten Beobachtungszeitraum gegenüber dem vollen historischen Modell unterschätzt. Die Korrelationen zwischen den Aktien im Portfolio sind nach dem vollen Modell in jeder Periode höher als nach dem Diagonalmodell. Da die fünf im Portfolio enthaltenen Aktien alle derselben Branche angehören, ist dieses Ergebnis nicht überraschend. Das Durchschnittsmodell ergibt aus dem gleichen Grund ein im Vergleich mit dem vollen Modell zu niedriges Risiko. Die Abweichungen sind in allen Zeitpunkten deutlich größer. Beim Beta-Modell treten wie zu erwarten ebenfalls große Differenzen nach unten auf. Außerdem wird die Gemeinsamkeit mit dem Diagonalmodell deutlich. Beide Kurven haben einen ähnlichen Verlauf, da bei beiden die Kovarianzen gleich geschätzt werden. Beim Beta-Modell sind die Abweichungen durch die Vernachlässigung des unsystematischen Risikos durchgängig größer. Die Add-Ons führen im Mittel beide zu einer relativ guten Annäherung an das volle Modell. Die Differenzen schwanken und können sowohl negative als auch positive Werte annehmen. Bemerkenswert ist, daß es einen kurzen Zeitabschnitt gibt (ca. 300.-350. Woche), bei dem die VaR-Werte mit dem Add-On 2 unter denen mit dem Add-On 1 liegen. In diesem Zeitraum liegt der Faktor von durchschnittlicher Varianz der Aktien im Portfolio zur Varianz des DAFOX-Blue Chips über dem pauschalen Wert von drei.

Das zweite Portfolio enthält zehn Aktien aus unterschiedlichen Branchen: SIE, ALV, MMW, SCH, LHA, LIN, PRS, MUV2, Metallgesellschaft und Bilfinger und Berger. Die Abweichungen vom vollen historischen Modell sind in Abbildung 3.19 dargestellt.

Abbildung 3.19: Abweichungen der verschiedenen Modelle vom vollen historischen Modell 1974-95 (Portfolio aus 10 Aktien, um je 1 Woche verschobenes gleitendes Fenster à 250 Tage)

Das Diagonalmodell weist nur geringe Abweichungen vom vollen historischen Modell auf, da es in diesem Portfolio keine größeren Brancheneffekte gibt. Mit dem Durchschnittsmodell wird das Risiko durchgängig höher geschätzt als mit dem vollen Modell. Die durchschnittlichen Korrelationen aller DAX-Aktien liegen immer über denen, die nach dem vollen Modell für die Aktien im Portfolio geschätzt werden. Auch mit zehn Aktien ist das Portfolio nicht ausreichend diversifiziert, so daß noch unsystematische Risiken enthalten sind, die durch das Beta-Modell nicht erfaßt werden. Es sind durchgängig negative Differenzen zu beobachten. Die Add-Ons führen nur selten zu einer positiven Differenz und unterscheiden sich untereinander kaum. Die Differenzen des Add-On 1 liegen für dieses Portfolio häufiger über denen des Add-On 2. Der pauschale Faktor von drei wird oft überschritten.

Insgesamt zeigen die beiden letzten Abbildungen, daß die auftretenden Differenzen zwar über die Zeit schwanken, die aufgrund einer bestimmten Portfoliozusammensetzung zu erwartenden Ergebnisse aber durchgängig zu beobachten sind.

3.3.4 Zusammenfassung

Bei der Simulation verschiedener Portfolios stimmen die zu beobachtenden Differenzen der verschiedenen vereinfachenden Modelle vom vollen historischen Modell gut mit den theoretisch zu erwartenden Unterschieden überein. Die Schwankungen sind in bezug auf die Zusammensetzung der Portfolios hoch. Besonders bei Portfolios mit wenigen Aktien ergeben sich große Unterschiede zwischen den verschiedenen Aktienkombinationen. Die Abweichungen des Single-Index-Modells vom vollen historischen Modell sind im Mittel kleiner als die des Durchschnittsmodells. Beide Modelle weisen im Vergleich zum Beta-Modell sehr kleine Differenzen auf. Beim Beta-Modell entsteht durch die Vereinfachung ein hohes Fehlerpotential. Die Abweichungen sind bei kleinen Portfolios zum Teil sehr groß. Das Add-On 1 führt bei den meisten Portfolios zu einer deutlichen Reduzierung der Abweichungen vom vollen historischen Modell. Das Add-On 2 hat häufig eine starke Überschätzung des Risikos zur Folge, da der pauschale Faktor von drei deutlich über dem tatsächlichen Verhältnis der durchschnittlichen Varianz der Aktien im Portfolio zur Indexvarianz liegt.

Bei der Variation des betrachteten Zeitraums schwanken die Differenzen für die beiden ausgewählten Portfolios in einem gewissen Rahmen. Es gibt aber keinen Zeitraum, in dem die Differenzen den theoretisch zu erwartenden Ergebnissen widersprechen. Dabei kann das Durchschnittsmodell zu höheren Abweichungen vom vollen historischen Modell führen als das Single-Index-Modell. Die Add-

Ons zeigen hier eine durchgängige Verkleinerung der Abweichungen gegenüber denen des Beta-Modells.

Aufgrund der fehlenden Überprüfung der Prognosegüte kann kein abschließendes Urteil über die Qualität der verschiedenen Verfahren getroffen werden. Um diese zu beurteilen, müßte sich an die Berechnung von VaR-Werten noch der Vergleich mit den am Folgetag eingetretenen Gewinnen und Verlusten des jeweiligen Portfolios anschließen. Dabei könnten verschiedene Backtesting-Verfahren zum Einsatz kommen. Bei einer solchen Untersuchung wäre es lohnend, aufwendigere Verfahren der Prognose wie zum Beispiel die exponentielle Gewichtung einzusetzen und mit der gleichgewichteten Schätzung zu vergleichen.[227] Außerdem wäre es interessant, neben dem Single-Index-Modell auch Mehrfaktorenmodelle zu verwenden.

Auch ohne die Prognosefähigkeit der Modelle zu überprüfen, ist festzuhalten, daß bei einem Portfolio mit wenigen Aktien das Beta-Modell nur mit Add-On (möglichst Add-On 1) verwendet werden sollte. Das Single-Index-Modell ist eine gute Methode, um den Datenaufwand zu reduzieren. Hier ergeben sich nur für sehr kleine Portfolios nennenswerte Abweichungen vom vollen historischen Modell. Das Durchschnittsmodell hat größere Abweichungen vom vollen historischen Modell und keine Reduzierung des Datenaufwandes zur Folge.

---

[227] In Abschnitt 4.5 wird die Prognosegüte des vollen historischen Modells, des Single-Index-Modells und eines VaR-Modells mit exponentieller Gewichtung mit der von zwei Modellen mit impliziten Volatilitäten verglichen.

4 Einbeziehung impliziter Volatilitäten in die Value-at-Risk-Ermittlung

4.1 Einführung

Bei der Anwendung der Varianz-Kovarianz-Methode zur Berechnung des VaR werden die benötigten Schätzer der Varianzen und Kovarianzen in der Regel auf der Basis von historischen Renditezeitreihen der jeweiligen Finanztitel ermittelt. In der Literatur findet sich der Hinweis, daß theoretisch auch die Verwendung von impliziten Volatilitäten[228] und Korrelationen, die aus den am Markt zu beobachtenden Preisen von Optionen ableitbar sind, möglich wäre.[229] Durch die Einbeziehung impliziter Größen sind gute Prognoseergebnisse zu erwarten, da die Marktteilnehmer an den Optionsmärkten stets die bestmöglichen Schätzverfahren verwenden werden. Wären bessere Prognosen der künftigen Varianzen und Korrelationen verfügbar als die, die bereits in die Optionspreise eingehen, könnten damit Gewinne erzielt werden.[230] Dies würde auf einem effizienten Optionsmarkt zu einer Anpassung der Optionspreise führen, bis diese die besseren Prognosen widerspiegeln.[231]

Ein weiterer großer Vorteil der impliziten Volatilitäten und Korrelationen besteht darin, daß sich neue Informationen sofort darin niederschlagen.[232] Bei den aus historischen Zeitreihen abgeleiteten Schätzern müssen nach dem Bekanntwerden neuer Informationen erst einige Renditen auftreten, bis sich die Schätzer spürbar ändern. Jorion gibt folgendes Beispiel:[233] Als im Herbst 1992 das Europäische Währungssystem (EWS) zusammenbrach, hatte dies einen Kurssturz des Britischen Pfundes gegenüber der DM zur Folge. Kurze Zeit vor dem 16.09.1992, an dem das Pfund das EWS verließ, stieg die implizite Volatilität von DM/Pfund-Optionen deutlich an, während die historisch basierten Volatilitätsschätzer erst nach dem 16.09.1992 und damit nach dem größten Renditeausschlag anstiegen.

---

[228] Die Volatilität ist die annualisierte Standardabweichung; vgl. Steiner/Bruns (2000), S. 58.

[229] Vgl. z. B. J. P. Morgan (1996a), S. 77 f.; Dowd (1998), S. 96 f.; Jorion (2001), S. 199-202.

[230] Vgl. Jorion (1995), S. 507; Jiang (1998), S. 81.

[231] Vgl. Jorion (2001), S. 200. Zur Effizienz eines Kapitalmarktes vgl. Steiner/Bruns (2000), S. 40-47.

[232] Vgl. Neuhaus (1995), S. 7.

[233] Vgl. Jorion (2001), S. 201 f.

Ein aus historischen Zeitreihen abgeleiteter VaR hätte hier keine ausreichenden Hinweise auf das tatsächliche Risiko gegeben. Auf der Grundlage der impliziten Volatilität wäre das Risiko in diesem Fall genauer eingeschätzt worden.[234]

Gegen die Verwendung von impliziten Volatilitäten und Korrelationen zu Prognosezwecken wird eingewandt, daß deren Ermittlung von der Anwendung eines bestimmten Optionspreismodells abhängig ist. Die meisten dieser Modelle unterstellen eine konstante Volatilität des Basiswertes über die Restlaufzeit der Option. Dies führt zu Interpretationsproblemen, wenn die mit Hilfe dieser Modelle ermittelte implizite Volatilität unter der Annahme einer sich über die Zeit ändernden Volatilität als Schätzer für die zukünftige Volatilität herangezogen wird.[235] Außerdem baut jedes Optionspreismodell auf weiteren Prämissen auf, die zum Teil in der Realität nicht erfüllt sind. Der Wert der impliziten Volatilität bzw. Korrelation hängt nicht zuletzt auch von der Auswahl des verwendeten Modells ab.[236]

Ein weiteres Problem bei der Verwendung von impliziten Volatilitäten und Korrelationen zur VaR-Berechnung ist die Verfügbarkeit von Optionspreisen.[237] Es gibt bei weitem nicht für alle Instrumente, die das Handelsportfolio einer Bank enthalten kann, liquide Optionsmärkte, die zur Ermittlung von impliziten Volatilitäten geeignet sind.[238] Für die Bestimmung impliziter Korrelationen werden spezielle Optionen benötigt (zum Beispiel „Two-Asset-Optionen“[239]), von denen nur für einen kleinen Bruchteil der zu betrachtenden Finanztitel ein regelmäßiger Handel stattfindet.

Wird die Zahl der zu berechnenden Volatilitäten und Korrelationen durch den Einsatz von Faktormodellen reduziert, wird das Problem der geringen Verfügbarkeit der Optionspreise verringert. Bei Anwendung eines Single-Index-Modells

---

[234] Auf empirische Untersuchungen zur Prognosegüte von impliziten Volatilitäten im Vergleich mit der von historischen Volatilitäten wird in Abschnitt 4.4.1 eingegangen.

[235] Vgl. Kroner/Kneafsey/Claessens (1995), S. 81; J. P. Morgan (1996a), S. 77; Jorion (2001), S. 200.

[236] Auf verschiedene Optionspreismodelle wird in Abschnitt 4.2 eingegangen.

[237] Vgl. J. P. Morgan (1996a), S. 77; Dowd (1998), S. 96 f.; Jorion (2001), S. 202.

[238] Vgl. Meyer (1999), S. 106.

[239] Zu den Eigenschaften von Two-Asset-Optionen vgl. z. B. Wilkens/Nawatte (1995); Wilkens/Entrop/Scholz (2001).

werden zum Beispiel keine Korrelationen zwischen den einzelnen Finanztiteln benötigt. Die Volatilitäten werden zu einem großen Teil durch die Volatilität des Index abgebildet. Es bietet sich an, die Volatilität des Index durch die implizite Volatilität zu prognostizieren, während die Beta-Faktoren und die Residualvarianz der einzelnen Finanztitel weiterhin mit historischen Zeitreihen bestimmt werden.[240]

Nach einer kurzen Einführung in die Optionsbewertung werden im folgenden Methoden zur Ermittlung impliziter Volatilitäten dargestellt.[241] Danach werden die Eigenschaften von impliziten Volatilitäten diskutiert. Es werden verschiedene Verfahren dargestellt, mit denen aus impliziten Volatilitäten ein Schätzer für die künftige Volatilität ermittelt wird. Weiterhin werden empirische Untersuchungen zur Frage der Prognosefähigkeit der impliziten Volatilitäten angeführt und verglichen. Auf dieser Basis werden Konzepte zur Verwendung der impliziten Volatilität bei der VaR-Prognose abgeleitet. In Abschnitt 4.5 werden VaR-Modelle mit impliziten Volatilitäten empirisch mit historisch basierten VaR-Verfahren verglichen.

4.2 Grundlagen von Optionen

Optionen gehören zur Gruppe der bedingten Termingeschäfte. Bei einem Termingeschäft wird bei Vertragsabschluß ein bestimmter zukünftiger Zeitpunkt oder Zeitraum festgelegt, in dem es erfüllt werden muß. Bedingte Termingeschäfte räumen einem Vertragspartner (in diesem Fall dem Käufer einer Option) ein Wahlrecht ein, ob beide Vertragspartner ihre Verpflichtungen erbringen müssen oder nicht.[242]

Es ist zwischen Kaufoptionen („Calls“) und Verkaufsoptionen („Puts“) zu unterscheiden. Der Käufer eines Calls erwirbt das Recht, den Basiswert („Underlying“) am Ende oder während einer bestimmten Laufzeit zu einem festgelegten Preis (dem Basispreis bzw. „Strike“) vom Verkäufer des Calls zu kaufen. Der Käufer eines Puts erwirbt das Recht, das Underlying am Ende oder während der

---

[240] Auf die genaue Ausgestaltung eines solchen Modells und anderer denkbarer Kombinationsmöglichkeiten wird in Abschnitt 4.4.2 eingegangen.

[241] Aufgrund der geringen Verfügbarkeit entsprechender Optionen wird auf die Ermittlung und Verwendung impliziter Korrelationen nicht weiter eingegangen.

[242] Vgl. Steiner/Bruns (2000), S. 293.

Laufzeit zum Strike an den Verkäufer zu verkaufen. Kann der Käufer die Option jederzeit während der Laufzeit ausüben, handelt es sich um eine amerikanische Option. Bei Optionen europäischen Typs ist die Ausübung hingegen nur am Ende der Laufzeit möglich.[243]

Eine Option befindet sich „am Geld“ („at the money“), wenn der Kurs des Underlyings mit dem Strike übereinstimmt. „Aus dem Geld“ („out of the money“) wird ein Call (Put) genannt, wenn der Kurs des Underlyings unter (über) dem Strike liegt. Ein Call (Put) befindet sich „im Geld“ („in the money“), wenn der Kurs des Underlyings höher (niedriger) als der Strike ist.[244] Das Verhältnis vom Kurs des Underlyings zum Strike wird als „Moneyness“ bezeichnet.

Es wird zwischen standardisierten Optionen und „Over-the-Counter“-Optionen (OTC-Optionen) unterschieden. Die standardisierten Optionen besitzen einheitliche Kontraktspezifika wie Laufzeit, Kontraktgröße und Basispreis. Dadurch können sie börsenmäßig gehandelt werden. In Deutschland werden die standardisierten Optionen an der „European Exchange“[245] (EUREX) gehandelt. OTC-Optionen weisen individuelle Spezifika auf, die auf die Wünsche der Kontrahenten abgestimmt werden können. Ein Nachteil der OTC-Optionen ist der fehlende Börsenhandel.[246]

Zur Bewertung von Optionen sind verschiedene Modelle entwickelt worden. Das erste Modell, das eine weite Verbreitung in Theorie und Praxis gefunden hat, wurde 1973 von Black/Scholes und Merton vorgestellt.[247] Auch das 1979 von Cox/Ross/Rubinstein veröffentlichte Binomialmodell wird häufig angewandt.[248] Das Black/Scholes-Modell ist ein Spezialfall des Binomialmodells.

Bei beiden Modellen werden in der Grundform die folgenden Voraussetzungen unterstellt.

---

243 Vgl. Chriss (1997), S. 24.

244 Vgl. Chriss (1997), S. 29 f.

245 Zur Organisation, den gehandelten Produkten und dem Handelsablauf an der EUREX vgl. z. B. Schiller/Marek (2000).

246 Vgl. Steiner/Bruns (2000), S. 293.

247 Vgl. Black/Scholes (1973); Merton (1973).

248 Vgl. Cox/Ross/Rubinstein (1979).

- Es herrscht ein vollkommener Kapitalmarkt.[249]
- Während der Laufzeit der Option finden weder Dividenden- noch Bezugsrechtszahlungen statt.
- Zum konstanten, risikolosen Zinssatz r kann beliebig Geld angelegt oder ausgeliehen werden.
- Leerverkäufe sind uneingeschränkt möglich.

Beim Black/Scholes-Modell wird ein kontinuierlicher Random Walk mit konstanter Varianz für die Aktienkursbewegungen unterstellt.[250] Das Binomialmodell basiert hingegen auf der Annahme, daß sich der Kurs des Underlyings nur zu diskreten Zeitpunkten ändert.[251]

Das Black/Scholes-Modell führt zu folgender Gleichung zur Bestimmung des Wertes eines europäischen Calls:[252]

$$c = S\,N(d_1) - X\,e^{-rT} N(d_2) \qquad (4\text{-}1)$$

mit

$$d_1 = \frac{\ln\frac{S}{X} + \left(r + \frac{\sigma^2}{2}\right)T}{\sigma\sqrt{T}}$$

$$d_2 = \frac{\ln\frac{S}{X} + \left(r - \frac{\sigma^2}{2}\right)T}{\sigma\sqrt{T}} = d_1 - \sigma\sqrt{T}$$

---

249 Ein Kapitalmarkt wird als vollkommen bezeichnet, wenn weder Transaktionskosten noch Steuern noch andere Friktionen existieren, die gehandelten Wertpapiere beliebig teilbar sind, vollständiger Wettbewerb herrscht (es kann also kein einzelner Marktteilnehmer den Preis eines Wertpapiers beeinflussen), sämtliche Informationen allen Marktteilnehmern gleichzeitig zur Verfügung stehen und sich alle Anleger rational verhalten; vgl. Steiner/Bruns (2000), S. 3.

250 Vgl. Steiner/Uhlir (2001), S. 250.

251 Vgl. Chriss (1997), S. 221.

252 Vgl. Haug (1998), S. 2.

c: Wert eines europäischen Calls

S: Aktienkurs

X: Basispreis

r: risikoloser kontinuierlicher Zinssatz

$N(d_i)$: Flächeninhalt unter der Dichtefunktion der Standardnormalverteilung von $-\infty$ bis d_i

σ: erwartete Standardabweichung der kontinuierlichen Rendite des Aktienkurses (annualisiert)

T: Restlaufzeit des Calls in Jahren

Der Call wird am Verfalltag mit der Differenz aus dem Kurs des Underlyings und dem Basispreis, also mit dem inneren Wert, bewertet. Während der Laufzeit wird der Kurs des Underlyings mit $N(d_1)$ gewichtet, was als Anzahl der zu kaufenden Aktien pro Call im Duplikationsportfolio interpretiert werden kann. Der Barwert des Basispreises wird mit $N(d_2)$ gewichtet. Dies kann als risikoneutrale Wahrscheinlichkeit dafür interpretiert werden, daß der innere Wert des Calls am Ende der Laufzeit nicht null wird.[253]

Der Wert eines europäischen Puts läßt sich analog herleiten. Es ergibt sich:[254]

$$p = X\,e^{-rT} N(-d_2) - SN(-d_1) \qquad (4\text{-}2)$$

p: Werte eines europäischen Puts

Durch die „Put-Call-Parität" läßt sich bei bekanntem Callpreis auch schreiben:[255]

$$p = c + X\,e^{-rT} - S \qquad (4\text{-}3)$$

Durch Ableiten der Optionspreisformel nach der jeweiligen Variable kann die Sensitivität des Optionspreises gegenüber bestimmten Einflußfaktoren ermittelt

---

253 Vgl. Chriss (1997), S. 140 f. u. S. 152.

254 Vgl. Haug (1998), S. 2.

255 Vgl. Steiner/Bruns (2000), S. 330.

werden.[256] Das „Delta" gibt näherungsweise an, um wieviel Euro sich der Optionspreis bei einer Preisveränderung des Underlyings um einen Euro verändert. Es ergibt sich als Ableitung des Optionspreises nach dem Kurs des Underlyings. Die Ableitung des Optionspreises nach der Volatilität wird als „Vega" bezeichnet. „Gamma" gibt die Sensitivität des Deltas gegenüber Änderungen des Underlying-Kurses an. Es ergibt sich als zweite Ableitung des Optionspreises nach dem Kurs des Basiswertes. „Rho" und „Theta" geben die Veränderung des Optionspreises bei einer Veränderung des Zinssatzes bzw. der Restlaufzeit der Option um eine Einheit an.

Das Black/Scholes-Modell spielt in der Praxis nach wie vor eine große Rolle. Seit seiner Veröffentlichung ist eine Vielzahl von Erweiterungs- und Verbesserungsvorschlägen veröffentlicht worden.[257] Aktienoptionen sind in der Regel amerikanische Optionen.[258] Werden während der Restlaufzeit eines Calls keine Dividenden gezahlt, ist die Ausübung zu keinem Zeitpunkt vor dem Verfalltag vorteilhaft.[259] Daher ist der Wert eines amerikanischen Calls in diesem Fall mit dem eines europäischen Calls identisch. Bei amerikanischen Puts ist dies nicht gegeben.[260] Hier kann ein Binomialmodell zur Bewertung herangezogen werden.[261] Werden während der Restlaufzeit einer europäischen Option Dividenden gezahlt, kann die Black/Scholes-Formel verwendet werden, wenn der Kurs der Aktie um die Barwerte der künftigen Dividendenzahlungen vermindert wird.[262] Durch Dividendenzahlungen kann auch bei amerikanischen Calls eine vorzeitige Ausübung sinnvoll sein.[263] Der Wert von amerikanischen Calls kann in diesem Fall zum Beispiel durch ein Modell von Roll/Geske/Whaley approximativ ermittelt werden.[264] Amerikanische Put-Optionen werden bei Dividendenzahlungen

---

[256] Vgl. Chriss (1997), S. 162-181; Hull (2000), S. 310-329.

[257] Eine Übersicht darüber gibt Smithson (1997).

[258] Vgl. Hull (2000), S. 151. Auch die an der EUREX gehandelten Aktienoptionen sind amerikanische Optionen; vgl. Eurex (1999), S. 34.

[259] Vgl. Hull (2000), S. 175 f.

[260] Vgl. Hull (2000), S. 176-178.

[261] Vgl. Hull (2000), S. 388. Daneben gibt es Näherungsverfahren wie z. B. die Approximationen von Barone-Adesi/Whaley und Bjerksund/Stensland; vgl. hierzu Haug (1998), S. 22-29.

[262] Vgl. Haug (1998), S. 3; Hull (2000), S. 258; Steiner/Bruns (2000), S. 331 f.

[263] Vgl. Hull (2000), S. 179.

[264] Vgl. Haug (1998), S. 19; Steiner/Bruns (2000), S. 335 f.

während der Restlaufzeit in der Regel mit einem modifizierten Binomialmodell bewertet.[265] Im folgenden wird, wenn nicht anders beschrieben, das Modell von Black/Scholes zugrunde gelegt.

4.3 Implizite Volatilitäten

4.3.1 Ermittlung der impliziten Volatilität

Die einzige Größe, die in die Optionspreisformel nach Black/Scholes eingeht und die nicht direkt beobachtet werden kann, ist die Volatilität der Rendite des Basiswertes. Um eine Option zu bewerten, wird die Volatilität geschätzt. Umgekehrt können aus am Markt beobachteten Optionspreisen implizite Volatilitäten abgeleitet werden. Die Optionspreisformel nach Black/Scholes läßt sich allerdings nicht direkt nach der Volatilität auflösen.[266] Lai, Lee und Tucker haben gezeigt, daß mit Hilfe der Umkehrfunktion der Normalverteilungsfunktion die Black/Scholes-Gleichung nach der impliziten Volatilität aufgelöst werden kann. Dabei werden allerdings zwei andere unbeobachtbare Variablen eingeführt, die Ableitungen des Optionspreises nach dem Preis des Underlyings und nach dem Strike. Da diese ohne die Kenntnis der Volatilität nicht exakt ermittelt werden können, sind sie aus am Markt gehandelten Optionen zu approximieren. Dafür werden zwei Verfahren vorgeschlagen, die aber aufwendig sind und weitere Schwierigkeiten zur Folge haben.[267] Daher wird die implizite Volatilität in der Regel iterativ ermittelt. Bei Optionen nah am Geld können die impliziten Volatilitäten auch hinreichend genau mit Näherungsformeln direkt aus dem Optionspreis bestimmt werden.

Als erste ermittelten Latané/Rendleman (1976) implizite Volatilitäten aus Optionspreisen. Sie verglichen auch schon deren Prognosefähigkeit mit der der historischen Volatilität.[268]

---

[265] Vgl. Hull (2000), S. 261. Zu einer Darstellung des modifizierten Binomialmodells vgl. Hull (2000), S. 398-401.

[266] Vgl. Sautter (1996), S. 29.

[267] Vgl. Chance (1993), S. 62 f.

[268] Vgl. Corrado/Miller (1996b), S. 49. Auf die Untersuchung von Latané/Rendleman wird in Abschnitt 4.4.1 eingegangen.

In diesem Abschnitt werden zwei iterative Verfahren und einige Näherungsformeln zur Bestimmung der impliziten Volatilitäten dargestellt.

4.3.1.1 Iterative Verfahren

Ein häufig angewandtes iteratives Verfahren zur Ermittlung der impliziten Volatilität ist die „Newton-Raphson-Methode".[269] Dabei wird die Ableitung des Optionswertes nach der Volatilität Vega in die Iteration einbezogen, um eine schnellere Konvergenz zu erreichen. Das Vega dient der Bestimmung, wie stark der aktuelle Schätzwert zu verändern ist, um einen hinreichend genauen Wert für die implizite Volatilität nach möglichst wenigen Iterationsschritten zu erhalten. Nach der Auswahl eines Startwertes wird der theoretische Optionspreis ermittelt, der sich mit dieser Volatilität ergibt. In die Ermittlung des jeweils nächsten Schätzwertes geht der vorherige Schätzwert und die mit dem Vega gewichtete Differenz aus dem theoretischen Wert und dem Marktwert der Option ein.

Die entsprechende Gleichung lautet:[270]

$$\sigma_{i+1} = \sigma_i - \frac{O(\sigma_i) - O_M}{\frac{\partial O}{\partial \sigma_i}} \tag{4-4}$$

σ_i: i-ter Volatilitätswert

$O(\sigma_i)$: theoretischer Optionswert auf der Basis des i-ten Volatilitätswertes

O_M: Marktpreis der Option

$\frac{\partial O}{\partial \sigma_i}$: Vega der Option

Die Iteration wird solange fortgesetzt, bis die Abweichung zwischen dem theoretischen Wert und dem Marktpreis der Option einen vorher festgelegten Schwellenwert unterschreitet.

In diesem Fall gilt:

---

[269] Vgl. Haug (1998), S. 169 f.

[270] Vgl. Chance (1993), S. 66; Haug (1998), S. 169.

$$| O_M - O(\sigma_{i+1}) | \leq \varepsilon$$

ε: gewünschter Toleranzwert

Bei diesem Verfahren ist für eine erfolgreiche und schnelle Konvergenz ein guter Startwert für σ_i entscheidend. Manaster und Koehler schlagen folgenden Startwert vor:[271]

$$\sigma_i = \sqrt{\left| \ln\left(\frac{S}{X}\right) + rT \right| \frac{2}{T}} \tag{4-5}$$

Bei einigen Optionspreismodellen ist das Vega nicht oder nur mit großem Aufwand zu bestimmen (zum Beispiel beim Binomialmodell). Neben dem Newton-Raphson-Verfahren wird daher häufig die „Bisection-Methode" verwendet.[272] Für diese werden zwei Startwerte benötigt, die die zu ermittelnde implizite Volatilität umschließen müssen. Der jeweils nächste Schätzwert für die implizite Volatilität ergibt sich aus einer linearen Interpolation, in die die beiden theoretischen Optionspreise und der Marktpreis der Option eingehen.

Die Interpolation hat die folgende Form:[273]

$$\sigma_{i+1} = \sigma_L + (O_M - O_L)\frac{\sigma_H - \sigma_L}{O_H - O_L} \tag{4-6}$$

σ_L: zu niedriger Schätzer für die implizite Volatilität

O_L: theoretischer Optionswert auf der Basis von σ_L

σ_H: zu hoher Schätzer für die implizite Volatilität

O_H: theoretischer Optionswert auf der Basis von σ_H

Ist der theoretische Optionspreis auf der Basis von σ_{i+1} kleiner als der Marktpreis, wird für den nächsten Iterationsschritt σ_L durch σ_{i+1} ersetzt. Sonst wird

---

[271] Vgl. Manaster/Koehler (1982), S. 229; Haug (1998), S. 170.

[272] Vgl. Haug (1998), S. 170 f.

[273] Vgl. Haug (1998), S. 171.

σ_H durch σ_{i+1} ersetzt. Wie bei der Newton-Raphson-Methode wird die Iteration so lange fortgesetzt, bis der vorher festgelegte Schwellenwert für die Abweichung des theoretischen Wertes vom Marktpreis der Option unterschritten wird.

4.3.1.2 Näherungsverfahren

Um die aufwendige Implementierung eines Iterationsalgorithmus zu vermeiden[274], werden in der Literatur verschiedene Verfahren vorgeschlagen, um die impliziten Volatilitäten näherungsweise direkt aus den Marktpreisen von Optionen zu ermitteln.[275] Brenner/Subrahmanyam (1988) schlagen eine einfache Formel vor, die genaue Ergebnisse liefert, wenn der Preis des Underlyings mit dem abgezinsten Basispreis übereinstimmt. Für die implizite Volatilität eines Calls gilt dann näherungsweise:[276]

$$\sigma\sqrt{T} = \sqrt{2\pi}\,\frac{C}{S} \tag{4-7}$$

In Abbildung 4.1 sind mit dieser Näherung ermittelte implizite Volatilitäten für verschiedene Restlaufzeiten in Abhängigkeit vom Preis des Underlyings und die tatsächliche Volatilität dargestellt.[277]

---

[274] Vgl. Corrado/Miller (1996a), S. 596.

[275] Eine mit einem der folgenden Verfahren näherungsweise ermittelte implizite Volatilität ist außerdem ein besserer Startwert für die Newton-Raphson-Methode als der Startwert von Manaster und Koehler; vgl. Brenner/Subrahmanyam (1988), S. 81 f.

[276] Vgl. Brenner/Subrahmanyam (1988), S. 81; Corrado/Miller (1996b), S. 49.

[277] Es wird ein Zinssatz von 5 % unterstellt.

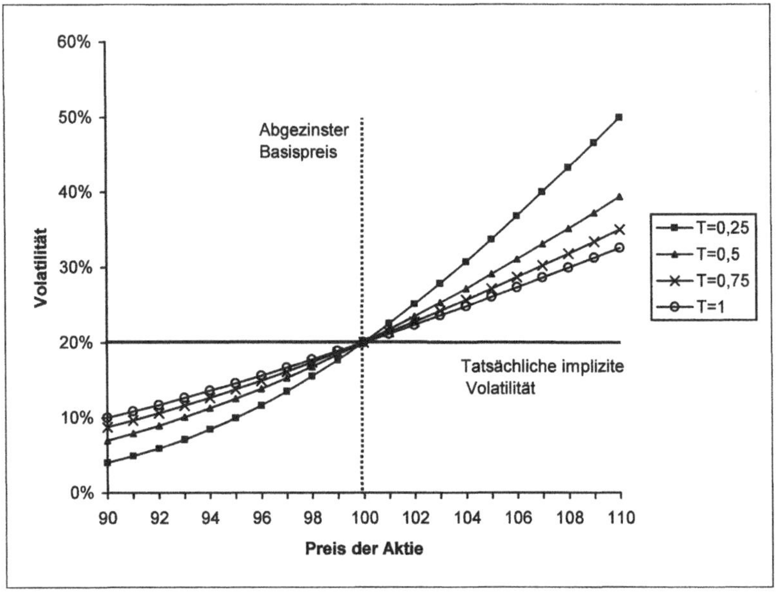

Abbildung 4.1: Mit der einfachen Näherungsformel ermittelte implizite Volatilitäten in Abhängigkeit vom Preis des Underlyings bei verschiedenen Restlaufzeiten (in Jahren)[278]

Je kürzer die Restlaufzeit der Option, desto größer sind die Fehler bei der Berechnung der impliziten Volatilität. Bei kurzen Restlaufzeiten sollte diese Näherungsformel nur bei Optionen sehr nahe am Geld[279] verwendet werden.

Wenn der Kurs des Underlyings nicht genau dem diskontierten Basispreis entspricht, wird zur Verbesserung der Annäherung eine „Straddle-Formel"[280] vorgeschlagen, die folgende Form hat:[281]

---

[278] Entworfen nach Chance (1993), S. 60.

[279] „Am Geld" ist hier als die Übereinstimmung des Preises des Underlyings mit dem Barwert des Strikes definiert.

[280] Als „Straddle" wird der gleichzeitige Kauf eines Calls und eines Puts mit identischen Basispreisen bezeichnet; vgl. Steiner/Bruns (2000), S. 525 f.

[281] Vgl. Brenner/Subrahmanyam (1988), S. 81; Corrado/Miller (1996b), S. 49.

$$\sigma\sqrt{T} = \frac{\sqrt{2\pi}\,\frac{C+P}{2}}{S} \tag{4-8}$$

Der Call und der Put müssen hier identische Basispreise und Restlaufzeiten aufweisen. Ist kein entsprechender Put-Preis verfügbar, kann dieser auch aus dem Call-Preis über die Put-Call-Parität abgeleitet werden:

$$P = C + X\,e^{-rT} - S \qquad \text{(vgl. 4-3)}$$

Mit $X^{*} = X\,e^{-rT}$ ergibt sich daraus:[282]

$$\sigma\sqrt{T} = \frac{\sqrt{2\pi}\left(C - \frac{S - X^{*}}{2}\right)}{S} \tag{4-9}$$

Abbildung 4.2 zeigt die mit dieser Näherung berechneten impliziten Volatilitäten für verschiedene Restlaufzeiten in Abhängigkeit vom Preis des Underlyings.

---

282 Vgl. Corrado/Miller (1996b), S. 49.

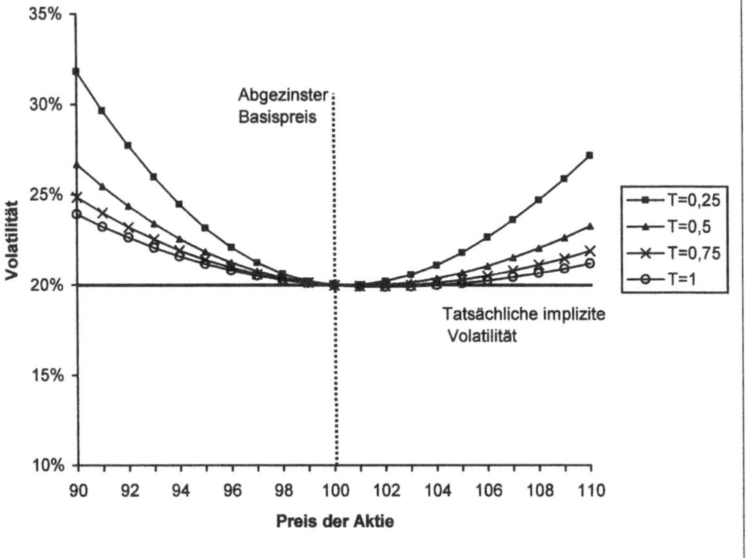

Abbildung 4.2: Mit der Straddle-Formel ermittelte implizite Volatilitäten in Abhängigkeit vom Preis des Underlyings bei verschiedenen Restlaufzeiten (in Jahren)[283]

Bei Optionen, die nicht genau am Geld sind, sind die Fehler deutlich geringer als bei dem einfachen Näherungsverfahren. Bei einer kurzen Restlaufzeit der Option kann die Abweichung allerdings noch groß sein.

Corrado/Miller schlagen eine weitere Verbesserung der Näherungsformel vor.[284] Durch eine quadratische Approximation ergibt sich folgende Formel:[285]

$$\sigma\sqrt{T} = \frac{\sqrt{2\pi}}{S+X^*}\left(C - \frac{S-X^*}{2} + \sqrt{\left(C - \frac{S-X^*}{2}\right)^2 - \frac{\left(S-X^*\right)^2}{\pi}}\right) \qquad (4\text{-}10)$$

---

[283] Entworfen nach Chance (1993), S. 60.

[284] Vgl. Corrado/Miller (1996a), S. 597-599.

[285] Vgl. Corrado/Miller (1996b), S. 51.

Die mit dieser Methode näherungsweise berechneten impliziten Volatilitäten sind in Abbildung 4.3 dargestellt.

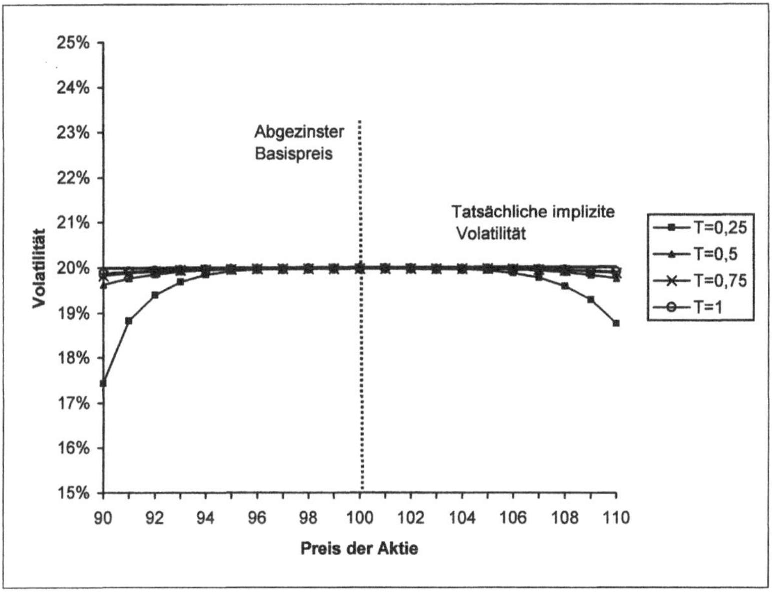

Abbildung 4.3: Mit der quadratischen Näherungsformel ermittelte implizite Volatilitäten in Abhängigkeit vom Preis des Underlyings bei verschiedenen Restlaufzeiten (in Jahren)[286]

Die Abweichungen der Näherung vom exakten Wert sind hier auch bei Optionen mit kurzer Restlaufzeit und tief im oder weit aus dem Geld klein.

Ein ähnliches Verfahren wird auch von Chance vorgeschlagen.[287] Die Ergebnisse sind ähnlich, der Berechnungsaufwand ist allerdings deutlich höher.[288]

---

[286] Entworfen nach Chance (1993), S. 62.

[287] Vgl. Chance (1993), S. 61 f.

[288] Vgl. Corrado/Miller (1996b), S. 51.

4.3.2 Eigenschaften der impliziten Volatilität

4.3.2.1 Einführung

Werden die impliziten Volatilitäten von Optionen auf einen bestimmten Basiswert mit unterschiedlichen Basispreisen und Restlaufzeiten ermittelt, ergibt sich das „Volatility Surface". In der Praxis werden Volatility Surfaces unter anderem dazu benutzt, um Volatilitäten zur Bewertung von OTC-Optionen zu ermitteln. Dazu wird zum Beispiel aus EUREX-Optionen ein Surface für das jeweilige Underlying erstellt. Durch Inter- oder Extrapolation kann für die Restlaufzeit/Strike-Kombination der OTC-Option die Volatilität geschätzt werden, mit der ihr fairer Wert ermittelt wird.[289]

Abbildung 4.4 zeigt das Volatility Surface der impliziten Volatilitäten aller am 17.01.2000 an der EUREX gehandelten DAX-Calls.[290]

[289] Vgl. z. B. Hull (2000), S. 441.

[290] Das Surface wurde mit einer Excel-Anwendung des Risiko-Controllings der NORD/LB erstellt. Die Berechnungen basieren auf den Settlement-Kursen aller am 17.01.2000 gehandelten DAX-Calls. Dabei wird das Optionsmodell „Black 76" verwendet, das eine Variante des Black/Scholes-Modells darstellt (Zur Herleitung dieses Modells vgl. Abschnitt 4.3.4.2.). Um das durchgehende Surface zu erhalten, wird inter- bzw. extrapoliert. In bezug auf die Restlaufzeiten wird linear interpoliert, in bezug auf die Strikes wird ein „cubic spline" verwendet. Zu Splines bei der Interpolation vgl. z. B. Hämmerlin/Hoffmann (1994), S. 249-258. Der DAX hatte am 17.01.2000 einen Schlußkurs von 7.258,90.

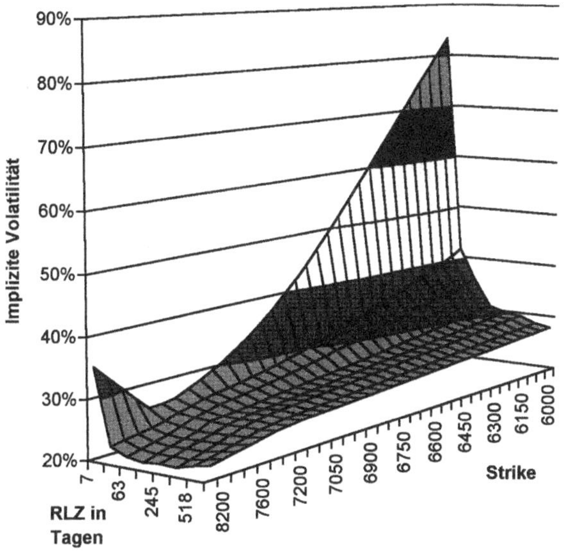

Abbildung 4.4: Volatility Surface für DAX-Calls am 17.01.2000

Es wird deutlich, daß sich die impliziten Volatilitäten sowohl für verschiedene Restlaufzeiten als auch für verschiedene Strikes unterscheiden, was im Widerspruch zu den Prämissen des Black/Scholes-Modells steht. Danach müßten alle Optionen auf dasselbe Underlying eine identische implizite Volatilität aufweisen.[291]

Werden die impliziten Volatilitäten von Optionen mit einer bestimmten Restlaufzeit gegen die verschiedenen Strikes abgetragen, ergibt sich der „Volatility Smile". Werden sie für einen bestimmten Basispreis für die verschiedenen Restlaufzeiten dargestellt, wird die Zeitstruktur („Term Structure") der impliziten Volatilitäten sichtbar.

---

[291] Vgl. z. B. Dupire (1994), S. 18; Mayhew (1995), S. 14.

4.3.2.2 Volatility Smile

Werden die impliziten Volatilitäten von Optionen mit identischer Restlaufzeit und unterschiedlichen Basispreisen gegen die Basispreise abgetragen, ergibt sich typischerweise das in Abbildung 4.5 dargestellte Bild.[292]

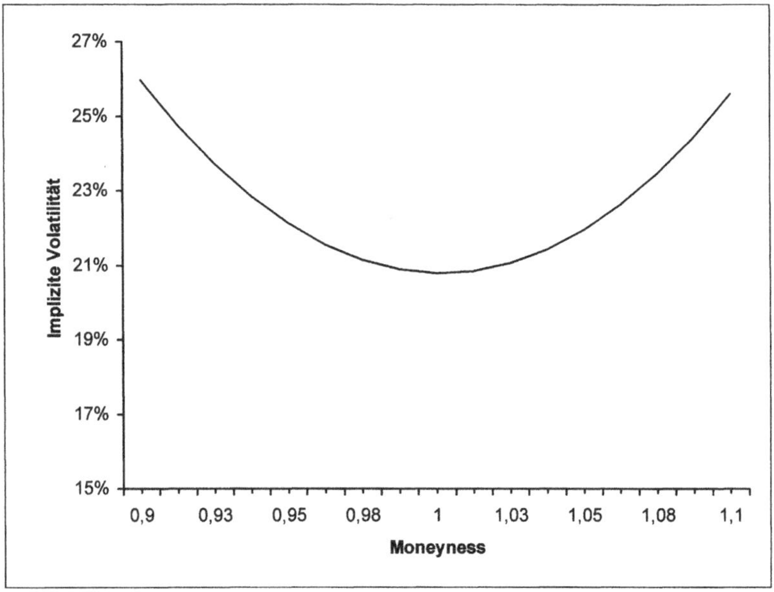

Abbildung 4.5: Volatility Smile

Die impliziten Volatilitäten von At-the-money-Optionen sind niedriger als die der anderen Optionen. Aus dieser Form eines Lächelns ist der Name „Smile“ abgeleitet.

Aus den impliziten Volatilitäten aller DAX-Calls, die am 17.01.2000 eine Restlaufzeit von sieben Tagen hatten, ergibt sich die folgende Grafik (Abbildung 4.6).

---

[292] Ähnliche Abbildungen finden sich z. B. in Hull (2000), S. 437 und Neuhaus (1995), S. 8.

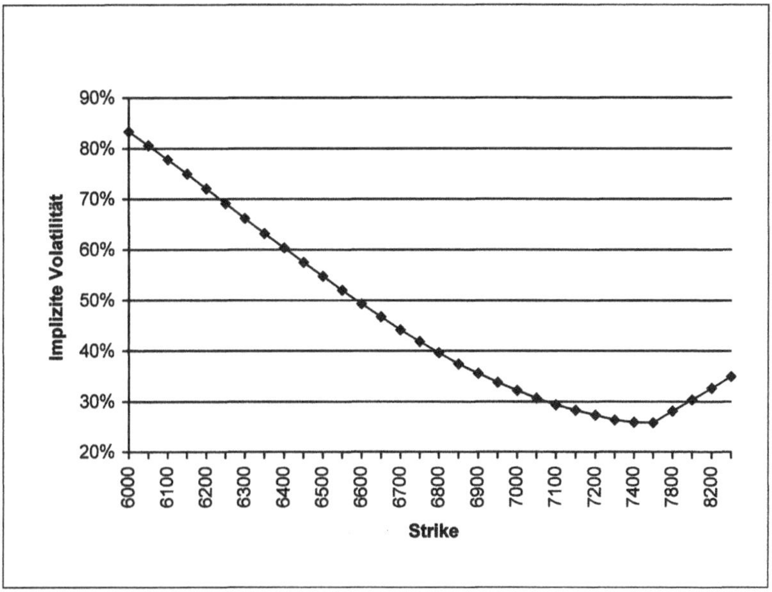

Abbildung 4.6: Smile einiger DAX-Calls mit sieben Tagen Restlaufzeit am 17.01.2000

Dieser Verlauf entspricht in etwa dem typischen Smile.

Bei längeren Restlaufzeiten ist ein wesentlich flacherer Verlauf festzustellen. Für eine Restlaufzeit von 154 Tagen ergibt sich folgendes Bild (Abbildung 4.7).

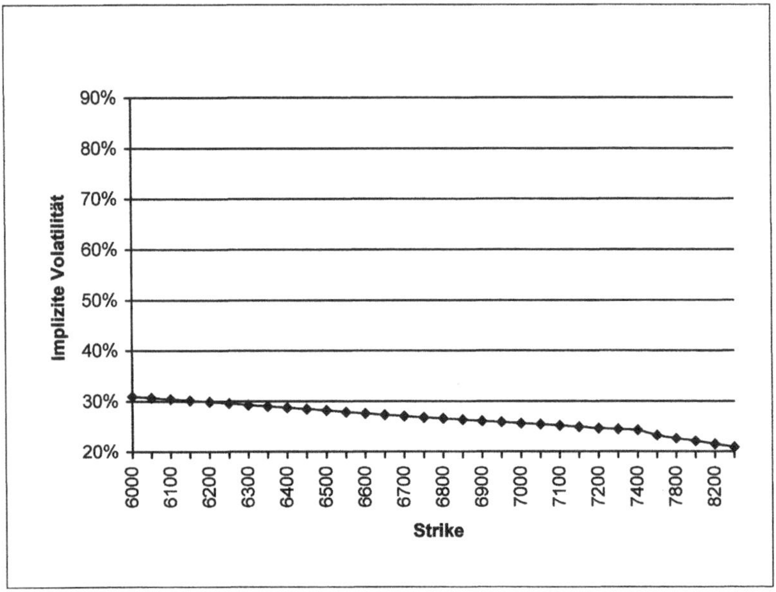

Abbildung 4.7: Smile einiger DAX-Calls mit 154 Tagen Restlaufzeit am 17.01.2000

Hier fällt die implizite Volatilität mit zunehmendem Strike kontinuierlich ab. Diese Form des Smiles wird auch als „Volatility Skew"[293] oder „Volatility Sneer"[294] bezeichnet.

Am amerikanischen Aktienoptionsmarkt war vor dem Crash 1987 ein typischer Smile, danach ein Skew zu beobachten.[295] Für den deutschen Aktienoptionsmarkt zeigt sich auch in anderen Untersuchungen für Optionen mit kurzer Restlaufzeit ein stark ausgeprägter typischer Smile und bei längeren Restlaufzeiten ein schwach ausgeprägter Skew.[296]

---

[293] Vgl. Derman/Kani (1994), S. 32; Corrado/Su (1997), S. 12; Brown/Randall (1999), S. 62.

[294] Vgl. Dumas/Fleming/Whaley (1998), S. 2060; Peña/Rubio/Serna (1999), S. 1159.

[295] Vgl. Rubinstein (1994), S. 776 f.; Dumas/Fleming/Whaley (1998), S. 2060.

[296] Vgl. z. B. Bolek (1999), S. 123 f.; Holst/Jortzik (1999), S. 10 f. u. 16. Am spanischen Aktienindexoptionsmarkt herrscht bei Restlaufzeiten bis zu drei Wochen ein typischer Smile vor; vgl. Peña/Rubio/ Serna (1999), S. 1158.

Das Phänomen des Smiles steht im Widerspruch zur Unterstellung des Black/Scholes-Modells, das eine einzige konstante Volatilität für den Basiswert voraussetzt. In der Literatur werden viele verschiedene Gründe für den Smile-Effekt angeführt. Hauptursache sind die in der Realität nicht erfüllten Prämissen des Black/Scholes-Modells. Vor allem die Annahme einer stationären Normalverteilung der kontinuierlichen Renditen des Basiswertes stimmt häufig nicht mit den tatsächlichen Renditeverteilungen überein. Ein typischer Smile kann aus einer leptokurtischen Verteilung der Renditen des Basiswertes resultieren. Die fat tails erhöhen die Wahrscheinlichkeit einer betragsmäßig großen Rendite. Daher werden Deep-in-the-money- und Deep-out-of-the-money-Optionen höher bewertet als bei einer Normalverteilung der Renditen.[297] Ein Skew kann auf einer linksschiefen Verteilung der tatsächlichen Renditen beruhen. Diese hat mehr hohe negative und weniger hohe positive Renditen als eine symmetrische Verteilung zur Folge. Dadurch werden Deep-in-the-money-Calls (Deep-out-of-the-money-Puts) höher bewertet und Deep-out-of-the-money-Calls (Deep-in-the-money-Puts) niedriger.[298]

Leptokurtische und/oder schiefe Renditeverteilungen lassen sich durch eine sich über die Zeit ändernde Volatilität erklären. Auf dieser Basis wurden verschiedene Optionspreismodelle wie zum Beispiel „Stochastic-Volatility-Modelle" entwikkelt. Andere Modelle unterstellen für die Entwicklung des Kurses des Basiswertes einen „Jump-Diffusion-Prozeß", bei dem die stationäre Lognormalverteilung von Sprüngen in der Kursentwicklung überlagert wird. Aktienoptionen können außerdem als Optionen auf das Eigenkapital des betreffenden Unternehmens interpretiert werden. Dann ergibt sich aus einem fallenden Aktienkurs eine steigende Volatilität, da der Verschuldungsgrad steigt.[299] Empirische Untersuchungen zu diesen und ähnlichen Modellen kommen zu dem Schluß, daß der Smile-Effekt auch durch sie nicht ausreichend erklärt werden kann.[300]

Neuere Ansätze zur Optionsbewertung basieren auf dem Versuch, aus allen gehandelten Optionen auf ein bestimmtes Underlying die von den Marktteilneh-

---

[297] Vgl. Hull (2000), S. 437 f.

[298] Vgl. Hull (2000), S. 439 f.

[299] Zu einer ausführlichen Darstellung dieser Modelle vgl. Chriss (1997), S. 343-359; Hull (2000), S. 442-448.

[300] Vgl. Rubinstein (1985), S. 478 f.; Heynen (1994), S. 339.

mern erwartete zukünftige Verteilung („implizite Wahrscheinlichkeiten" oder „implied distribution") des Underlying-Kurses zu extrahieren. Dabei wird zum Teil vollständig auf die Unterstellung einer bestimmten Form dieser Verteilung verzichtet.[301]

Darauf aufbauend wird mit Modellen auf der Basis von impliziten Binomialbäumen („implied binomial trees") versucht, den von den Marktteilnehmern erwarteten stochastischen Prozeß der Änderung des Underlying-Kurses über die Zeit zu modellieren.[302]

Neben der Verteilung der Renditen des Underlyings sind häufig auch andere Prämissen des Black/Scholes-Modells nicht erfüllt. Bolek führt als wichtige Gründe für den Smile-Effekt Transaktionskosten und Steuern sowie Mindestkursabstufungen an.[303] Ist bei jeder Transaktion ein Teil der Kosten fix, wirkt sich dies auf den Optionspreis um so mehr aus, je kleiner dieser ist. Dadurch werden Optionen, die weit aus dem Geld sind, viel stärker betroffen als Optionen am oder im Geld. Auch die in der Praxis zu beobachtenden Mindestkursabstufungen wirken sich besonders bei Optionen mit niedrigem Preis aus.[304] Dartsch führt an, daß die Marktteilnehmer offensichtlich vor allem In-the-money-Optionen nicht immer rational bepreisen, was durch die bei diesen Optionen relativ häufige Verletzung der theoretischen Preisuntergrenze belegt werden kann.[305] Eine weitere Ursache könnte die geringe Liquidität von Optionen sein, die nicht am Geld sind. Dies hat Asynchronitätsprobleme im Verhältnis zwischen den Optionspreisen und den anderen Marktpreisen zur Folge.[306]

---

[301] Vgl. Neuhaus (1995), S. 37 f.

[302] Dieser Ansatz geht auf Rubinstein (1994), Derman/Kani (1994) und Dupire (1994) zurück. Einen Überblick über implied distributions, implied trees und weitere neue Ansätze bei der Optionsbewertung gibt Jackwerth (1999). Neuere Untersuchungen zur Anwendung einiger dieser Modelle haben z. B. Gemmill/Saflekos (2000) und Allen/Alles (2000) durchgeführt.

[303] Vgl. Bolek (1999), S. 126-128.

[304] Ein Extremfall tritt häufig dadurch auf, daß auch eigentlich wertlose Optionen, die sehr weit aus dem Geld sind und eine kurze Restlaufzeit haben, mit einem symbolischen Wert von einem Cent quotiert werden. Wird aus diesem Preis eine implizite Volatilität berechnet, liegt diese weit über der der anderen Optionen.

[305] Vgl. Dartsch (1999), S. 79 f.

[306] Vgl. Dartsch (1999), S. 80.

4.3.2.3 Term Structure

Werden die impliziten Volatilitäten von Optionen mit identischem Basispreis, aber mit unterschiedlichen Restlaufzeiten ermittelt, ergibt sich deren Term Structure. Diese kann verschiedene Formen annehmen.

Die impliziten Volatilitäten der DAX-Calls mit einem Basispreis von 7.200, also ungefähr am Geld, hatten am 17.01.2000 die in Abbildung 4.8 dargestellte Term Structure:

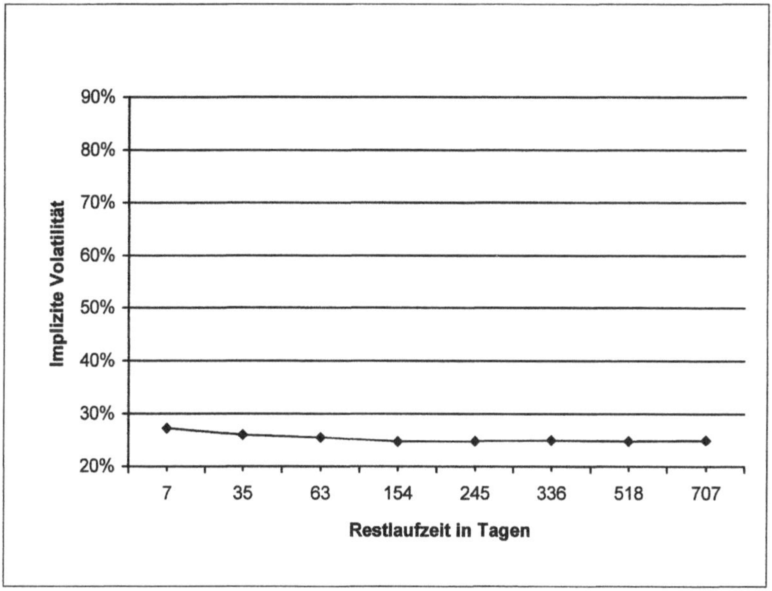

Abbildung 4.8: Term Structure der impliziten Volatilität für DAX-Calls mit 7.200er Basis am 17.01.2000

Hier zeigt sich ein flacher Verlauf der Term Structure. In den Abbildungen 4.9 und 4.10 sind die Term Structures für die Basispreise 6.000 und 8.400 dargestellt. Es wird deutlich, daß die Term Structure eines Underlyings an einem Handelstag je nach Basispreis unterschiedliche Formen haben kann. Abbildung 4.9 zeigt für die In-the-money-Calls einen stark fallenden Verlauf, während die Term Structure für die Out-of-the-money-Calls in Abbildung 4.10 einen U-förmigen Verlauf aufweist.

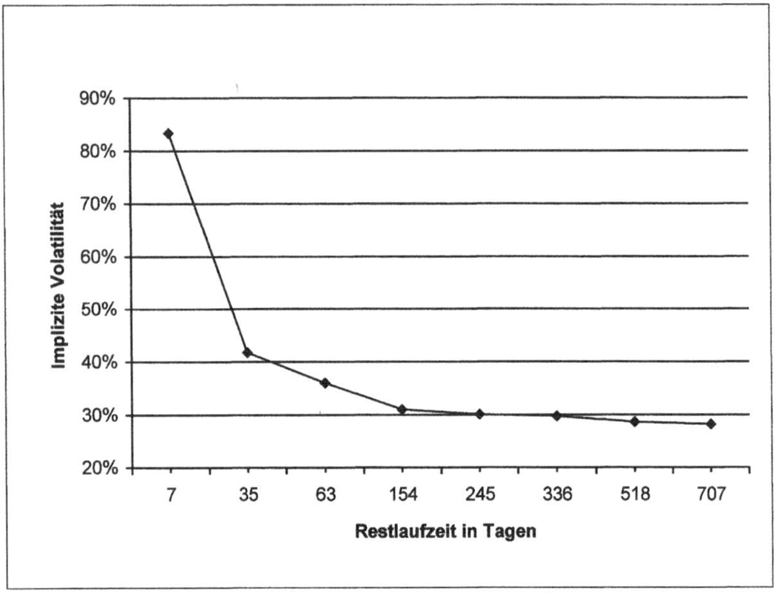

Abbildung 4.9: Term Structure der impliziten Volatilität für DAX-Calls mit 6.000er Basis am 17.01.2000

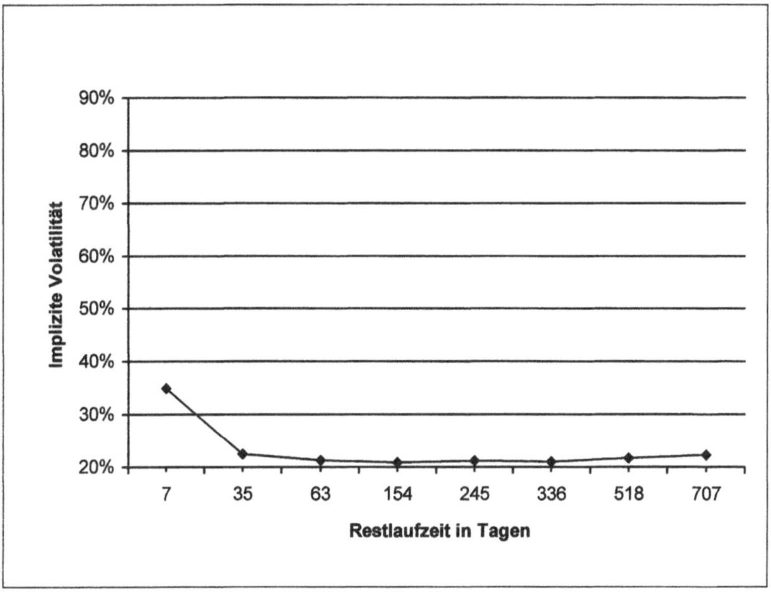

Abbildung 4.10: Term Structure der impliziten Volatilität für DAX-Calls mit 8.400er Basis am 17.01.2000

Hull führt als Beispiel eine Term Structure mit positiver Steigung an, die impliziten Volatilitäten nehmen also mit steigender Restlaufzeit zu.[307] Dagegen stellt Bolek in seiner Untersuchung fest, daß die impliziten Volatilitäten mit steigender Restlaufzeit abnehmen.[308] Dartsch gibt an, daß auf der Grundlage seiner empirischen Daten sowohl ein „normaler" (steigender) als auch ein „inverser" (fallender) Verlauf der Term Structure zu beobachten ist. Er beobachtet bei At-the-money-Optionen eine wie in Abbildung 4.8 sehr flache Zeitstruktur.[309]

Als Erklärung für die Term Structure der impliziten Volatilitäten wird häufig angegeben, daß sich darin die im Gegensatz zu den Prämissen des Black/Scholes-Modells je nach Restlaufzeit unterschiedlichen Erwartungen für

[307] Vgl. Hull (2000), S. 441.

[308] Vgl. Bolek (1999), S. 130.

[309] Vgl. Dartsch (1999), S. 81.

die zukünftigen Volatilitäten widerspiegeln.[310] Diese Argumentation ist also mit einem Erklärungsansatz für den Volatility Smile identisch. Die dort beschriebenen Modellalternativen wurden zum Beispiel in einer Untersuchung von Rubinstein auch zur Erfassung der Term Structure herangezogen. Sie waren dabei nicht in der Lage, die Term Structure über alle Perioden hinweg zu erklären.[311]

Für einen fallenden Verlauf der Term Structure gibt Bolek als Ursache an, daß sich bei kurzen Optionsrestlaufzeiten neue Informationen besonders stark auf die Durchschnittsvolatilität auswirken. Dahinter stehe die implizite Annahme eines „Mean-Reversion-Effektes"[312] der Volatilität und/oder eines starken „Clustering-Effektes". Letzterer hat zur Folge, daß die Volatilität nach einem Schock nicht kurzfristig wieder abnimmt. Der Mean-Reversion-Effekt ist langfristig wirksam und sorgt nur bei längeren Restlaufzeiten dafür, daß die Auswirkungen von einzelnen kursbeeinflussenden Informationen ausgeglichen werden.[313]

In der Literatur finden sich weitere Erklärungsansätze und Vorschläge zur Modellierung der Term Structure.[314]

4.3.3 Verfahren zur Ermittlung eines Volatilitätsschätzers

4.3.3.1 Einführung

In den Optionspreisen spiegeln sich die Erwartungen der Marktteilnehmer bezüglich der zukünftigen Volatilitäten wider. Implizite Volatilitäten sollten daher gut für die Volatilitätsprognose geeignet sein. Die Optionen auf einen bestimmten Basiswert enthalten nicht nur eine implizite Volatilität, sondern ergeben ein Volatility Surface. Aus diesem kann für jede gewünschte Basispreis/Restlaufzeit-Kombination eine Volatilität zum Beispiel zur Bewertung einer bestimmten OTC-Option abgeleitet werden. Bei der Verwendung impliziter Volatilitäten zur Prognose der zukünftigen Volatilität über einen bestimmten Zeitraum ergeben sich zwei Fragen:

---

[310] Vgl. z. B. Dartsch (1999), S. 83.

[311] Vgl. Rubinstein (1985), S. 478 f.

[312] Für Optionen auf Wechselkurse wird von Campa/Chang eine Mean-Reversion-Eigenschaft der impliziten Volatilitäten festgestellt; vgl. Campa/Chang (1997), S. 9.

[313] Vgl. Bolek (1999), S. 133.

[314] Vgl. Stein (1989); Brookfield (1993); Heynen/Kemna/Vorst (1994); Xu/Taylor (1994) Campa/Chang (1997).

1. Sind die impliziten Volatilitäten der Optionen im, am oder aus dem Geld oder eine Kombination daraus am besten zur Prognose geeignet?

2. Sollte die Restlaufzeit der herangezogenen Optionen mit dem Prognosehorizont übereinstimmen?

Die erste Frage zielt auf die Behandlung des Smile-Effektes ab. In der Literatur wird überwiegend die Meinung vertreten, daß bei einer Verwendung des Black/Scholes-Modells die impliziten Volatilitäten von At-the-money-Optionen am besten geeignet sind, die zukünftige Volatilität zu prognostizieren.[315] Ein Grund dafür ist die hohe Sensitivität, die Optionen am Geld in bezug auf die implizite Volatilität aufweisen. Die hohe Sensitivität hat zur Folge, daß die Marktteilnehmer bei der Preisfindung dieser Optionen besonders sorgfältig sind, da hier bereits ein geringer Fehler in der Volatilitätsschätzung eine starke Fehlbewertung nach sich zieht.[316] Darüber hinaus sind die Optionen am Geld in der Regel die am meisten gehandelten Optionen.[317] Eine hohe Liquidität hat geringere Asynchronitätsprobleme zur Folge.[318]

Häufig werden auch die anderen Optionen in die Volatilitätsprognose einbezogen. Dabei wird davon ausgegangen, daß diese zusätzliche Informationen bezüglich der zukünftigen Volatilität enthalten. Für die Berücksichtigung verschiedener Optionen werden unterschiedliche Gewichtungsfunktionen vorgeschlagen.

Die zweite Frage bezieht sich auf die Problematik der Term Structure der impliziten Volatilität. Die implizite Volatilität ist nach dem Black/Scholes-Modell die Volatilität des Basiswertes, die über die Restlaufzeit der Option konstant herrschen wird. Daraus könnte abgeleitet werden, daß zur Prognose der zukünftigen Volatilität die Restlaufzeit der verwendeten Option mit dem Prognosehorizont übereinstimmen muß. Bei einem sehr kurzen Prognosehorizont führt dies allerdings zu Problemen, da die Sensitivität des Optionspreises gegenüber der Volatilität des Underlyings (Vega) mit abnehmender Restlaufzeit nachläßt. Einerseits nimmt dadurch die Notwendigkeit der exakten Prognose der Volatilität bei der Preisfindung der Optionen für die Marktteilnehmer ab. Andererseits führen klei-

---

[315] Vgl. Mayhew (1995), S. 11; Schäfer (1997), S. 293.

[316] Vgl. Dartsch (1999), S. 80 f.

[317] Vgl. Puister/Probst (1996), S. 682; Bolek (1999), S. 135 f.

[318] Vgl. Dartsch (1999), S. 80.

ne Preisänderungen bzw. Fehler bei der Preisermittlung zu großen Auswirkungen auf die implizite Volatilität. Die implizite Volatilität von Optionen mit sehr kurzer Restlaufzeit ist aus diesen Gründen zur Prognose der zukünftigen Volatilität des Basiswertes nicht gut geeignet. Bei einem kurzen Prognosehorizont ist ein Kompromiß zwischen der Übereinstimmung der Restlaufzeit mit dem Prognosehorizont und der Zuverlässigkeit der Daten zu finden.

Im folgenden werden Verfahren dargestellt, die aus den verschiedenen impliziten Volatilitäten bestimmte Werte oder eine Kombination ermitteln, die sich zur Prognose der künftigen Volatilität am besten eignen sollen. Keines dieser Verfahren ist für die Anwendung im Zusammenhang mit der VaR-Prognose entwickelt worden. Im Anschluß an die Darstellung der Verfahren wird geprüft, welche hierfür in Frage kommen.

4.3.3.2 Volatilitätsschätzer „am Geld“

Aus den möglichen Erklärungsansätzen für den Smile-Effekt läßt sich ableiten, daß das Black/Scholes-Modell für Optionen, die am Geld sind, die besten Bewertungseigenschaften aufweist.[319] Außerdem weisen At-the-money-Optionen eine wesentlich höhere Liquidität auf als Out-of-the-money- oder In-the-money-Optionen. Als Schätzer für die künftige Volatilität werden daher häufig nur die impliziten Volatilitäten von At-the-money-Optionen herangezogen und die anderen Optionen vernachlässigt.

Durch die Standardisierung an den Optionsbörsen kommt es nur selten vor, daß Optionen genau am Geld sind.[320] Daher sind Optionen zu verwenden, die sich möglichst nahe am Geld befinden. Neuhaus wählt zum Beispiel die Optionen, die genau am oder gerade aus dem Geld sind.[321] Bolek schlägt vor, das arithmetische Mittel der impliziten Volatilitäten der Optionen mit einer Moneyness zwischen 0,99 und 1,01 zu verwenden.[322]

Bei dieser Vorgehensweise wird das Smile-Problem vereinfacht. In bezug auf die Term Structure findet keine Vereinfachung statt. Für jeden Prognosehorizont

---

319 Vgl. Abschnitt 4.3.2.2.

320 Vgl. z. B. Neuhaus (1995), S. 12 f.

321 Vgl. Neuhaus (1995), S. 13.

322 Vgl. Bolek (1999), S. 137.

können zum Beispiel Optionen mit einer möglichst identischen Restlaufzeit verwendet werden.

4.3.3.3 Verfahren nach Schmalensee/Trippi

Schmalensee und Trippi schlagen vor, das arithmetische Mittel aller am jeweiligen Börsentag gehandelten Optionen als Schätzer zu verwenden. Dabei schließen sie allerdings Optionen mit kleinen Prämien und kurzen Restlaufzeiten von der Betrachtung aus. Der Schätzer der zukünftigen Volatilität wird aus den impliziten Volatilitäten der betrachteten Optionen wie folgt ermittelt:[323]

$$\hat{\sigma}_{t+1} = \frac{1}{N}\sum_{i=1}^{N}\sigma_{it} \qquad (4\text{-}11)$$

σ_{it}: implizite Volatilität aus Option i zum Zeitpunkt t

N: Anzahl der berücksichtigten Optionen

Hierbei wird sowohl der Smile-Effekt als auch die Term Structure der impliziten Volatilität vereinfacht. Es ergibt sich ein einziger Volatilitätsschätzer für alle zukünftigen Zeiträume.

4.3.3.4 Verfahren nach Latané/Rendleman bzw. Turvey

In der ersten Untersuchung zur impliziten Volatilität schlagen Latané und Rendleman vor, die impliziten Volatilitäten aller an einem Handelstag zu beobachtenden Optionen zu einer Volatilitätsprognose zu verdichten. Dabei werden die einzelnen impliziten Volatilitäten mit dem Vega der jeweiligen Option gewichtet. Die Ermittlung des Schätzers der zukünftigen Volatilität hat folgende Form:[324]

$$\hat{\sigma}_{t+1} = \frac{\sqrt{\sum_{i=1}^{N}\Lambda_{it}^2\cdot\sigma_{it}^2}}{\sum_{i=1}^{N}\Lambda_{it}} \qquad (4\text{-}12)$$

Λ_{it}: Vega der Option i zum Zeitpunkt t

---

[323] Vgl. Schmalensee/Trippi (1978), S. 132.

[324] Vgl. Latané/Rendleman (1976), S. 370.

Durch die Gewichtung mit dem jeweiligen Vega gehen die impliziten Volatilitäten von Optionen am Geld und von Optionen mit langer Restlaufzeit besonders stark in die Prognose ein. Der Smile-Effekt und die Term Structure werden hier nicht explizit berücksichtigt, da alle Informationen auf einen Schätzer verdichtet werden.

An diesem Ansatz wird kritisiert, daß sich die Gewichte nicht zu eins addieren.[325] Durch eine Modifikation nach Turvey wird dies vermieden. Er schlägt folgendenden Schätzer vor:[326]

$$\hat{\sigma}_{t+1} = \frac{\sqrt{\sum_{i=1}^{N} \Lambda_{it}^2 \cdot \sigma_{it}^2}}{\sqrt{\sum_{i=1}^{N} \Lambda_{it}^2}} \qquad (4\text{-}13)$$

Durch diese Vorgehensweise ergibt sich ein gewichteter Durchschnitt.

4.3.3.5 Verfahren nach Chiras/Manaster

Bei dem Verfahren nach Latané/Rendleman bestimmt das Vega das Gewicht, mit dem die implizite Volatilität einer Option in die Prognose eingeht. Das Vega ist die absolute Änderung des Optionspreises bei einer Änderung der Volatilität um eine Einheit. Chiras und Manaster argumentieren, daß die relative Änderung für die Gewichtung relevant sein sollte. Die relative Änderung des Optionspreises in bezug auf die Änderung der Volatilität wird als „Volatilitätselastizität" (VE) bezeichnet. Sie ergibt sich folgendermaßen:[327]

$$VE = \frac{\partial O}{\partial \sigma} \frac{\sigma}{O} \qquad (4\text{-}14)$$

---

[325] Dartsch gibt folgendes Beispiel, das die Kritik gut veranschaulicht: Werden zwei Optionen mit identischer impliziter Volatilität von 20 % betrachtet, von der die eine ein Vega von 0,8 und die andere eines von 0,2 besitzt, ergibt sich ein Schätzer von 16,49 %. Jede Gewichtungsfunktion sollte aber ein Ergebnis von 20 % erzeugen; vgl. Dartsch (1999), S. 85.

[326] Vgl. Turvey (1990), S. 354; Bolek (1999), S. 140 f.

[327] Vgl. Chiras/Manaster (1978), S. 218.

Wird die Volatilitätselastizität zur Gewichtung der impliziten Volatilitäten aller an einem Handelstag erfaßten Optionen verwendet, ergibt sich folgender Schätzer für die zukünftige Volatilität.

$$\hat{\sigma}_{t+1} = \frac{\sum_{i=1}^{N} \sigma_{it} \frac{\partial O_{it}}{\partial \sigma_{it}} \frac{\sigma_{it}}{O_{it}}}{\sum_{i=1}^{N} \frac{\partial O_{it}}{\partial \sigma_{it}} \frac{\sigma_{it}}{O_{it}}} = \frac{\sum_{i=1}^{N} \sigma_{it} VE_{it}}{\sum_{i=1}^{N} VE_{it}} \qquad (4\text{-}15)$$

Im Verhältnis zur Gewichtung mit dem Vega erhalten hier Optionen mit einem niedrigen Preis ein wesentlich höheres Gewicht. Dabei handelt es sich um Optionen, die weit aus dem Geld sind und nur noch eine kurze Restlaufzeit haben. Chiras und Manaster schließen allerdings die Optionen aus, die nur noch einen sehr geringen Preis haben oder die sehr weit aus dem Geld sind. Auf den Ausschluß von Optionen, die sehr weit im Geld sind, verzichten sie, da diese bei der hier gezeigten Gewichtung kaum Einfluß auf den Volatilitätsschätzer haben.[328]

Auch bei diesem Schätzverfahren werden alle Volatilitäten des Volatility Surface zu einem Volatilitätsschätzer zusammengefaßt.

4.3.3.6 Verfahren der Federal Reserve Bank of Atlanta

Bei dem Verfahren „am Geld“ wird die zukünftige Volatilität aus der impliziten Volatilität einer einzigen oder weniger Optionen ermittelt. Treten bei der Messung der Eingangsparameter Fehler auf, wirken sich diese wesentlich stärker auf die Volatilitätsschätzung aus, als bei den Verfahren, bei denen viele Optionen in die Schätzung eingehen. Andererseits kann der Schätzer durch die Einbeziehung von impliziten Volatilitäten aus Optionen, die weit aus dem oder tief im Geld liegen, verfälscht werden. Die Federal Reserve Bank of Atlanta mittelt daher die impliziten Volatilitäten der Option, die am oder gerade im Geld ist, über mehrere Handelstage. Dadurch soll der Vorteil einer Mittelwertbildung ohne den Nachteil der Einbeziehung von verzerrten impliziten Volatilitäten erreicht werden.

Die Verwendung von impliziten Volatilitäten aus den Optionspreisen und anderen Parametern zurückliegender Handelstage bringt den Nachteil mit sich, daß nicht alle zum heutigen Zeitpunkt verfügbaren Informationen darin enthalten

[328] Vgl. Chiras/Manaster (1978), S. 220.

sind. Außerdem stimmt der Prognosehorizont der älteren impliziten Volatilitäten nicht mit dem der neuesten überein.[329] Werden für den Zeitraum zwischen der Erhebung einer impliziten Volatilität an einem vergangenen Handelstag und dem aktuellen Handelstag zum Beispiel besondere Ereignisse erwartet, kann diese implizite Volatilität für die Schätzung der zukünftigen Volatilität ab dem aktuellen Handelstag verzerrt sein.

Der Nachteil der impliziten Volatilitäten aus den Daten zurückliegender Handelstage ist um so größer, je kürzer der gewünschte Prognosehorizont des zu ermittelnden Volatilitätsschätzers ist.[330] Die neueste implizite Volatilität sollte daher ein um so größeres Gewicht erhalten, je kürzer der Prognosehorizont ist. Die Federal Reserve Bank of Atlanta schlägt eine Gewichtungsfunktion vor, die den impliziten Volatilitäten der letzten fünf Handelstage in Abhängigkeit vom gewünschten Prognosehorizont mehr oder weniger stark abnehmende Gewichte zuweist.[331]

$$\omega_L = \frac{\left(\frac{Y}{60}\right)^L}{\sum_{i=0}^{4}\left(\frac{Y}{60}\right)^i} \qquad (4\text{-}16)$$

ω_L: Gewicht der impliziten Volatilität von vor L Tagen

Y: Prognosehorizont in Tagen

L: Lag in Tagen

Für den Volatilitätsschätzer ergibt sich bei Verwendung dieser Gewichtungsfunktion:[332]

---

[329] Vgl. Feinstein (1989), S. 15.

[330] Vgl. Feinstein (1989), S. 15.

[331] Vgl. Feinstein (1989), S. 28. Diese Formel hat nur bis zu einem Prognosehorizont von 59 Tagen eine Übergewichtung der jüngeren impliziten Volatilitäten gegenüber den älteren zur Folge. Neuhaus verwendet zusätzlich eine Variante, in der die 60 durch eine 80 ersetzt wird; vgl. Neuhaus (1995), S. 14 u. S. 73.

[332] Vgl. Feinstein (1989), S. 28.

$$\hat{\sigma}_{t+1} = \sum_{L=0}^{4} \omega_L \sigma_{t-L} \tag{4-17}$$

Bei dieser Vorgehensweise wird durch die ausschließliche Verwendung von Optionen nahe am Geld der Smile-Effekt nicht in die Schätzung einbezogen. In bezug auf die Term Structure findet hier keine Vereinfachung statt.

4.3.3.7 Verfahren nach Whaley

Whaley schlägt vor, den verschiedenen aus Marktpreisen von Optionen ermittelten impliziten Volatilitäten keine expliziten Gewichte zuzuweisen, sondern diese implizit mit einem Optimierungsverfahren in Verbindung mit den Marktpreisen zu ermitteln.[333] Whaley bestimmt den Schätzer der zukünftigen Volatilität, indem er den Bewertungsfehler der theoretischen Optionspreise in bezug auf die Marktpreise minimiert. Es wird für jede einzelne Restlaufzeit diejenige Volatilität bestimmt, die die Summe der quadrierten Abweichungen zwischen Marktpreisen und Black/Scholes-Modellwerten minimiert. Die Optimierungsfunktion sieht folgendermaßen aus:[334]

$$\hat{\sigma}_{t+1} = \min_{\sigma_t} \left(\sum_{i=1}^{N} \left(O_i^M - O_i^{BS}(\sigma_t) \right)^2 \right) \tag{4-18}$$

O_i^M : Marktpreis der Option i zum Zeitpunkt t

$O_i^{BS}(\sigma_t)$: Black/Scholes-Modellwert der Option i mit σ_t zum Zeitpunkt t

N : Anzahl der zum Zeitpunkt t betrachteten Optionen einer Restlaufzeit

σ_t : Volatilität, mit der alle Optionen mit der betrachteten Restlaufzeit zum Zeitpunkt t bewertet werden

Die Optimierung basiert auf dem Black/Scholes-Preis als nichtlineare Funktion der Volatilität. Dieser kann mit Hilfe einer Taylorreihe um einen Startwert σ_0 approximiert werden.[335]

---

[333] Vgl. Whaley (1982), S. 39.

[334] Vgl. Bolek (1999), S. 144.

[335] Vgl. Bolek (1999), S. 144.

$$O_i = O_i^{BS}(\sigma_0) + \left(\left. \frac{\partial O_i^M}{\partial \sigma} \right|_{\sigma_0} \right) (\sigma - \sigma_0) + \ldots \text{Terme höherer Ordnung} \ldots + \iota_i \quad (4\text{-}19)$$

ι: (lagrangesches) Restglied der Taylorerweiterung

Die höheren Ableitungen werden ignoriert und die Gleichung folgendermaßen umgeformt:

$$O_i - O_i^{BS}(\sigma_0) + \sigma_0 \left(\left. \frac{\partial O_i^M}{\partial \sigma} \right|_{\sigma_0} \right) = \sigma \left(\left. \frac{\partial O_i^M}{\partial \sigma} \right|_{\sigma_0} \right) + \iota_i \quad (4\text{-}20)$$

Mit den Definitionen

$$y_i(\sigma_0) = O_i - O_i^{BS}(\sigma_0) + \sigma_0 \left(\left. \frac{\partial O_i^M}{\partial \sigma} \right|_{\sigma_0} \right) \quad (4\text{-}21)$$

und

$$x_i(\sigma_0) = \sigma \left(\left. \frac{\partial O_i^M}{\partial \sigma} \right|_{\sigma_0} \right) \quad (4\text{-}22)$$

ergibt sich folgender linearer Zusammenhang:[336]

$$\mathbf{y} = \hat{\sigma}_{t+1} \mathbf{x} + \iota \quad (4\text{-}23)$$

y: Vektor der y_i

x: Vektor der x_i

Damit läßt sich die optimale implizite Volatilität durch lineare Regression schätzen. Das Ergebnis der Regression wird daraufhin überprüft, ob die Bewertungsfehler schon hinreichend klein sind. Dafür wird die relative Änderung des Volati-

[336] Vgl. Bolek (1999), S. 145.

litätsschätzers $\hat{\sigma}_{t+1}$ gegenüber dem Startwert σ_0 mit dem Toleranzniveau κ verglichen. Es wird überprüft, ob folgende Ungleichung erfüllt ist:[337]

$$\left|\frac{\hat{\sigma}_{t+1}-\sigma_0}{\sigma_0}\right| < \kappa \text{ mit } \kappa > 0 \qquad (4\text{-}24)$$

Wird κ überschritten, wird die Regression erneut durchgeführt. Dabei wird das Ergebnis der vorhergehenden Regression als neuer Startwert verwendet. Dieser rekursive Prozeß wird solange durchlaufen, bis die Toleranzschranke eingehalten wird.

Durch die implizite Optimierung der Bewertungsfehler wird der Smile in die Bestimmung des Schätzers der zukünftigen Volatilität einbezogen. Die Zeitstruktur wird berücksichtigt, indem für jede Restlaufzeit eines Handelstages eine eigene Schätzung vorgenommen wird.

4.3.3.8 Zusammenfassung und Beurteilung

Die verschiedenen Gewichtungsverfahren sind in Tabelle 4.1 im Überblick dargestellt.

[337] Vgl. Whaley (1982), S. 40; Bolek (1999), S. 145.

	Methode	Beschreibung	Vorteile	Nachteile
1)	**„am Geld“**	Ausschließliche Verwendung von At-the-money- bzw. Near-the-money-Optionen Getrennt nach Restlaufzeiten	At-the-money-Volatilität am zuverlässigsten zu bestimmen	Nur wenige Optionskontrakte fließen ein Keine Lösung für Term-Structure-Problem
2)	**Schmalensee/ Trippi**	Gleichgewichtete Berücksichtigung aller gehandelten Optionen, wobei Extremwerte ausgenommen sind	Viele Optionspreise fließen ein, viel der vorhandenen Information wird genutzt, einzelne evtl. fehlerhafte Preise haben keinen großen Einfluß	Volatilitäten von Deep-in- oder Deep-out-of-the-money-Optionen oder von Optionen mit sehr kurzer Restlaufzeit sind verzerrt
3)	**Latané/ Rendleman bzw. Turvey**	Vega-gewichtete Berücksichtigung aller gehandelten Optionen, einige Extremwerte werden ausgenommen	Ähnlich wie 2), aber durch Gewichtung großer Einfluß von At-the-money-Volatilitäten und langen Laufzeiten	Ähnlich wie 2), aber durch niedrigere Gewichte abgeschwächt
4)	**Chiras/Manaster**	Gewichtung mit der Volatilitätselastizität	„Bessere“ Gewichtung nach relativen, anstatt absoluten Preisveränderungen	Optionen mit niedrigem Preis erhalten besonders hohes Gewicht
5)	**Fed of Atlanta**	Mittelwert aus At-the-money-Optionen mehrerer Handelstage Getrennt nach Restlaufzeiten	Einbeziehung mehrerer Optionspreise, einzelne Fehler bei der Datenerhebung fallen nicht so stark ins Gewicht	Einbeziehung „veralteter“ Daten Keine Lösung für Term-Structure-Problem

	Methode	Beschreibung	Vorteile	Nachteile
6)	**Whaley**	Implizite Gewichtung durch Minimierung der Bewertungsfehler Getrennt nach Restlaufzeiten	Keine vorherige Festlegung der Gewichte	Relativ aufwendig Keine Lösung für Term-Structure-Problem

Tabelle 4.1: Überblick über mögliche Gewichtungsfunktionen bei der Volatilitätsprognose

In einigen empirischen Untersuchungen wird die Prognosegüte der verschiedenen Verfahren untereinander verglichen.[338] Die Ergebnisse sind unterschiedlich. Insgesamt zeigt sich, daß die Prognosen der At-the-money-Volatilität in der Regel genauso gut oder kaum schlechter sind als die der aufwendigeren Verfahren. Zu diesem Schluß kommt auch Neuhaus.[339]

Werden die impliziten Volatilitäten der At-the-money-Optionen für die Prognose der zukünftigen Volatilität ausgewählt, bleibt die Frage offen, wie die Term Structure zu berücksichtigen ist. In den meisten empirischen Untersuchungen zur Prognosegüte der impliziten Volatilität wird darauf geachtet, daß die Restlaufzeit der verwendeten Optionen mit dem Prognosehorizont übereinstimmt.[340] Einige Untersuchungen gehen aber auch auf die Frage ein, wie gut implizite Volatilitäten die Volatilität des Underlyings für einen sehr kurzen Prognosezeitraum vorhersagen können. Dies ist für die Anwendung im Zusammenhang mit der VaR-Schätzung relevant. In den meisten Fällen zeigt sich, daß bei einem sehr kurzen Prognosehorizont die Prognosegüte von impliziten Volatilitäten von Optionen mit sehr kurzer Restlaufzeit schlechter ist, als die von Optionen mit etwas längeren Restlaufzeiten.[341]

---

[338] Einen Überblick über diese Untersuchungen geben z. B. Mayhew (1995), S. 9-11 und Dartsch (1999), S. 87 f.

[339] Vgl. Neuhaus (1995), S. 35.

[340] Vgl. Abschnitt 4.4.1.

[341] Vgl. z. B. Neuhaus (1995), S. 32. Jorion stellt fest, daß die gemittelte implizite Volatilität von Optionen mit 3-100 Tagen Restlaufzeit einen hohen Informationsgehalt für die Volatilität des folgenden Handelstages besitzt. Durch die Term Structure ist die Interpretation als Vorhersage für den nächsten Handelstag allerdings problematisch; vgl. Jorion (1995), S. 515-520.

Abschließend läßt sich festhalten, daß es nicht unbedingt lohnt, komplizierte Verfahren zur Gewichtung aller vorhandenen impliziten Volatilitäten einzusetzen. Statt dessen kann zur Volatilitätsprognose auf die At-the-money-Volatilität zurückgegriffen werden. Auch bei einem sehr kurzen Prognosehorizont sollten die Restlaufzeiten der verwendeten Optionen nicht zu kurz sein, um zuverlässige Prognosen zu erhalten.

Die Ermittlung von impliziten Volatilitäten ist auch bei einer Beschränkung auf At-the-money-Optionen und bestimmte Restlaufzeiten mit einem hohen Datenerhebungsaufwand verbunden. Daher ist zu überprüfen, ob von den Terminbörsen aufbereitete Informationen zu impliziten Volatilitäten zur Verfügung stehen und für diesen Zweck genutzt werden können.

Von der Deutschen Börse AG wird seit einigen Jahren die implizite At-the-money-Volatilität des DAX mit einer konstanten Restlaufzeit von 45 Kalendertagen in Form des „DAX-Volatilitätsindex" (VDAX) zur Verfügung gestellt. Im folgenden wird die Vorgehensweise zur Ermittlung des VDAX dargestellt, um beurteilen zu können, ob dessen Verwendung bei der VaR-Berechnung gute Prognosen erwarten läßt.

4.3.4 Konstruktion des VDAX

Seit dem 5. Dezember 1994 werden von der Deutschen Börse AG Kurse des VDAX veröffentlicht.[342] Der VDAX drückt die vom Terminmarkt erwartete Schwankungsbreite des DAX aus. Zu seiner Ermittlung werden implizite Volatilitäten von At-the-money-DAX-Optionen erfaßt.[343] Dabei bezieht sich der VDAX auf eine konstante Restlaufzeit von 45 Kalendertagen. Zusätzlich zum VDAX werden von der Deutschen Börse AG auch Subindizes für die impliziten Volatilitäten der an der EUREX gehandelten acht Optionsserien mit 1, 2, 3, 6, 9, 12, 18 und 24 Monaten Laufzeit veröffentlicht.[344]

---

[342] Eine Historie täglicher Werte existiert für den VDAX ab dem 2. Januar 1992; vgl. Deutsche Börse (1997b), S. 7.

[343] Vgl. Deutsche Börse (1997a), S. 4; Dartsch (1999), S. 97.

[344] Vgl. Deutsche Börse (1997a), S. 4; Deutsche Börse (1997b), S. 7.

4.3.4.1 Transformation des Optionspreismodells von Black/Scholes

Die an der EUREX gehandelten DAX-Optionen sind europäische Optionen.[345] Der DAX ist ein Performance-Index, so daß keine Dividendenabschläge vorkommen. Für die Ermittlung der impliziten Volatilitäten kann also die Grundform des Black/Scholes-Modells herangezogen werden. Um die Handhabung zu vereinfachen und vor allem die Genauigkeit bei der Ermittlung der impliziten Volatilität zu erhöhen, wird diese modifiziert.[346]

Nach Black/Scholes gelten für europäische Calls bzw. Puts die folgenden Bewertungsgleichungen:

$$c = SN(d_1) - X\,e^{-rT}N(d_2) \qquad \text{(vgl. 4-1)}$$

$$p = X\,e^{-rT}N(-d_2) - SN(-d_1) \qquad \text{(vgl. 4-2)}$$

mit

$$d_1 = \frac{\ln\frac{S}{X} + \left(r + \frac{\sigma^2}{2}\right)T}{\sigma\sqrt{T}}$$

$$d_2 = \frac{\ln\frac{S}{X} + \left(r - \frac{\sigma^2}{2}\right)T}{\sigma\sqrt{T}} = d_1 - \sigma\sqrt{T}$$

Diese Schreibweise wird in eine andere überführt, auf deren Grundlage die weitere Modellierung geschieht. Die dazu notwendigen Umstellungen bewirken keine inhaltlichen Veränderungen. Die Umformungen werden hier beispielhaft am d_1-Wert vorgenommen. Diese sind entsprechend auf den d_2-Wert zu übertragen. Es ergibt sich:[347]

---

[345] Vgl. Eurex (1999), S. 52.

[346] Vgl. Dartsch (1999), S. 97.

[347] Vgl. Dartsch (1999), S. 98 f.

$$d_1 = \frac{\ln\frac{S}{X} + \left(r + \frac{\sigma^2}{2}\right)T}{\sigma\sqrt{T}}$$

$$\Leftrightarrow d_1 = \frac{\ln\frac{S}{X} + r\,T + \frac{\sigma^2}{2}T}{\sigma\sqrt{T}}$$

$$\Leftrightarrow d_1 = \frac{\ln\frac{S}{X} + r\,T}{\sigma\sqrt{T}} + \frac{\frac{\sigma^2}{2}T}{\sigma\sqrt{T}}$$

$$\Leftrightarrow d_1 = \frac{\ln\frac{S}{X} + r\,T}{\sigma\sqrt{T}} + \frac{\sigma\sqrt{T}}{2}$$

Bei entsprechender Umformung von d_2 folgt für die Preise von Call und Put:[348]

$$c = SN\left(\frac{\ln\frac{S}{X} + r\,T}{\sigma\sqrt{T}} + \frac{\sigma\sqrt{T}}{2}\right) - X\,e^{-rT}N\left(\frac{\ln\frac{S}{X} + r\,T}{\sigma\sqrt{T}} - \frac{\sigma\sqrt{T}}{2}\right) \qquad (4\text{-}25)$$

$$p = -SN\left(-\frac{\ln\frac{S}{X} + r\,T}{\sigma\sqrt{T}} + \frac{\sigma\sqrt{T}}{2}\right) + X\,e^{-rT}N\left(-\frac{\ln\frac{S}{X} + r\,T}{\sigma\sqrt{T}} - \frac{\sigma\sqrt{T}}{2}\right) \qquad (4\text{-}26)$$

Im nächsten Schritt wird der Forwardpreis F in die Bewertungsgleichungen eingesetzt. Der Forwardpreis ergibt sich als Produkt aus dem Aktienkurs S und dem Finanzierungskostenfaktor bei stetiger Verzinsung R.

$$F = S\,e^{rT} = S\,R \qquad (4\text{-}27)$$

Eingesetzt in (4-25) und (4-26) ergeben sich die folgenden Bewertungsgleichungen:[349]

---

[348] Vgl. Dartsch (1999), S. 99.

$$c\,R = F N\left(\frac{\ln\frac{F}{X}}{\sigma\sqrt{T}} + \frac{\sigma\sqrt{T}}{2}\right) - X N\left(\frac{\ln\frac{F}{X}}{\sigma\sqrt{T}} - \frac{\sigma\sqrt{T}}{2}\right) \tag{4-28}$$

$$p\,R = -F N\left(-\frac{\ln\frac{F}{X}}{\sigma\sqrt{T}} + \frac{\sigma\sqrt{T}}{2}\right) + X\,e^{-rT} N\left(-\frac{\ln\frac{F}{X}}{\sigma\sqrt{T}} - \frac{\sigma\sqrt{T}}{2}\right) \tag{4-29}$$

Diese Gleichungen ermöglichen es, aktuell am Markt zu beobachtende DAX-Forwardkurse einzubeziehen. Dies hat den Vorteil, daß für die Berechnung der Optionspreise der aktuelle DAX-Stand, die Finanzierungs- und Haltekosten von Aktienpositionen und Dividendeneffekte nicht weiter berücksichtigt werden müssen. Die Möglichkeit, auf theoretisch konstruierte Forwardkurse zurückzugreifen, hätte den Nachteil, daß bei deren Ermittlung die unterschiedliche steuerliche Behandlung von Dividenden Probleme bereitet.[350]

Abschließend werden die verwendeten Preise normiert, um die algorithmische Umsetzung zu vereinfachen. Folgende Normierungen werden eingeführt.[351]

- die normierte Volatilität $\quad v = \frac{\sigma\sqrt{T}}{2}$
- der normierte Call-Preis $\quad c = \frac{C\,R}{\sqrt{F\,X}}$
- der normierte Put-Preis $\quad p = \frac{P\,R}{\sqrt{F\,X}}$
- der normierte Forwardpreis $\quad f = \frac{F}{\sqrt{F\,X}}$

---

349 Vgl. Deutsche Börse (1997b), S. 9; Dartsch (1999), S. 100. Diese Modifikation des Black/Scholes-Modells wird als „Black 76"-Modell bezeichnet; vgl. Haug (1998), S. 5. Zur Herleitung dieses Modells vgl. Black (1976).

350 Vgl. Dartsch (1999), S. 100.

351 Vgl. Deutsche Börse (1997b), S. 10; Dartsch (1999), S. 100.

- der logarithmierte norm. Forwardpreis $u = \ln(f)$

Mit diesen normierten Größen gelten folgende Bewertungsgleichungen:

$$c = e^{u} N\left(\frac{u}{v}+v\right) - e^{-u} N\left(\frac{u}{v}-v\right) \tag{4-30}$$

$$p = e^{-u} N\left(-\frac{u}{v}+v\right) - e^{u} N\left(-\frac{u}{v}-v\right) \tag{4-31}$$

Mit Hilfe dieser Darstellung können die Call- und Put-Preise ausschließlich als Funktionen des Forwardpreises u und der Volatilität v ausgedrückt werden.

$$c = f(u,v) \tag{4-32}$$

$$p = g(u,v) \tag{4-33}$$

Die Transformation macht die Symmetrie zwischen Call- und Put-Preisen deutlich. Aufgrund der Annahme der Normalverteilung der Veränderungen des Underlyings und der damit verbundenen Symmetrieeigenschaft gehen bei Spiegelung der logarithmierten und normierten Forwardkurse $u \rightarrow -u$ die normierten Call- und Put-Preise ineinander über. Unter Ausnutzung dieser Eigenschaften wird der allgemeine Optionspreis o eingeführt.[352]

$$o(u,v) = f(u,v) \tag{4-34}$$

$$o(u,v) = g(-u,v) \tag{4-35}$$

Bei der Ermittlung der Volatilitätsindizes wird die folgende Optionspreisformel zugrunde gelegt:[353]

$$o(u_t,v) = e^{u_t} N\left(\frac{u_t}{v}+v\right) - e^{-u_t} N\left(\frac{u_t}{v}+v\right) \tag{4-36}$$

---

[352] Vgl. Deutsche Börse (1997b), S. 11; Dartsch (1999), S. 102.

[353] Der Index t drückt die Zeitabhängigkeit der Preise aus und steht für den Zeitpunkt der Preisfeststellung; vgl. Dartsch (1999), S. 102.

4.3.4.2 Inputdaten

Zur Datenerhebung für die Berechnung des VDAX wird alle zehn Sekunden ein „Schnappschuß" durchgeführt, bei dem die folgenden Werte festgehalten werden:[354]

- der aktuelle Stand des XETRA-DAX
- aktuelle Geld- und Briefkurse des DAX-Futures für verschiedene Laufzeiten
- aktuelle DAX-Call- und DAX-Put-Preise für verschiedene Strikes und Laufzeiten
- der von REUTERS berechnete Overnight-Zinssatz (seit Anfang 1999 der EONIA-Overnight-Zinssatz)
- der LIBOR für 1-12 Monate Restlaufzeit (seit Anfang 1999 der EURIBOR)
- die Renditen des ein- und zweijährigen REX

Optionen, für die lediglich ein Geld- oder ein Briefkurs vorliegt, werden nicht weiter beachtet. Außerdem wird die Geld-Brief-Spanne auf Plausibilität überprüft. Übersteigt sie bei den Optionen oder den Futures die an der EUREX gültigen maximalen Quotierungsspannen für Market Maker, werden die jeweiligen Kontrakte bei der Berechnung des VDAX nicht verwendet.[355]

Aus den Geld- und Briefkursen der nicht ausgefilterten Optionen wird jeweils der Mittelwert gebildet. Aus den erfaßten Zinssätzen werden durch lineare Interpolation Zinssätze für die Laufzeiten der Optionen ermittelt.

Als Forwardpreis wird der Mittelkurs des DAX-Futures mit passender Restlaufzeit verwendet. Die Abweichung von einem halben Tag zwischen dem Future und den Optionen in der Bestimmung des Schlußabrechnungspreises und der Einfluß von Sicherheitsleistungen wird dabei vernachlässigt. Wird kein Future mit passender Laufzeit gehandelt, wird ein zweistufiges Verfahren zur Ermittlung des Forwardpreises angewandt. Dies ist dann notwendig, wenn die Optionsserien nicht wie der Future im März, Juni, September oder Dezember verfallen.

[354] Vgl. Deutsche Börse (1997b), S. 11; Holst/Jortzik (1999), S. 13.

[355] Die genauen Grenzwerte sind in Deutsche Börse (1997b), S. 11 angegeben.

Dabei wird in der ersten Stufe durch lineare Interpolation ein vorläufiger Forwardpreis F' bestimmt. Es wird zwischen den um die Laufzeit herum gehandelten Futures interpoliert, wobei der DAX-Stand als Preis eines imaginären Futures mit einer Restlaufzeit von null betrachtet wird. Für den vorläufigen Forwardpreis ergibt sich:[356]

$$F'(T) = \frac{T_{i+1} - T}{T_{i+1} - T_i} F_i + \frac{T - T_i}{T_{i+1} - T_i} F_{i+1} \qquad T_i \leq T \leq T_{i+1} \qquad (4\text{-}37)$$

T: betrachtete Restlaufzeit

Ist keine Interpolation möglich, da kein Future mit längerer Restlaufzeit quotiert wurde, wird der vorläufige Forwardpreis durch Extrapolation vom Future mit der längsten Restlaufzeit ermittelt.

$$F'(T) = F_i \, e^{r(T - T_i)} \qquad (4\text{-}38)$$

In der zweiten Stufe wird der endgültige Forwardpreis unter Ausnutzung der Put-Call-Parität aus Optionspreisen bestimmt. Die Put-Call-Parität hat folgendes Aussehen:

$$C - P = S - X\, e^{-rT} \qquad (\text{vgl } 4\text{-}3)$$

Durch Erweiterung um den Finanzierungskostenfaktor R wird der Futurepreis F in die Gleichung integriert.

$$(C - P)R = F - X \qquad (4\text{-}39)$$

Zur Bestimmung des Futurepreises werden Call- und Put-Serien mit gleichen Basispreisen paarweise betrachtet. Es werden die Paare einbezogen, deren Basispreis in einem Fenster von plus/minus 100 Punkten um den vorläufigen Forwardpreis liegt. Bei einem Basispreisabstand von 25 Punkten werden somit maximal acht Call- und acht Put-Serien verwendet. Ist keines der Paare quotiert, wird kein endgültiger Forwardpreis bestimmt und für diesen Termin kein Volatilitätssubindex berechnet. Die Beschränkung auf maximal acht Optionsserien soll gewährleisten, daß Optionsserien, die zu weit vom Geld entfernt sind, von der

356 Vgl. Sautter (1996), S. 72; Deutsche Börse (1997b), S. 13.

Berechnung ausgeschlossen werden. Diese sind häufig illiquide und weisen große Geld-/Briefspannen auf.[357] Die Ermittlung des endgültigen Forwardpreises hat folgende Form:[358]

$$F_i = \frac{1}{N} \sum_{Paare\ C,P} \left(C_{ij} - P_{ij}\right) R_i + X_j \qquad (4\text{-}40)$$

4.3.4.3 Ermittlung der Subindizes

Vor der Bestimmung der Subindizes werden aus allen nicht ausgefilterten Optionspreisen implizite Volatilitäten berechnet. Hierfür wird das „Gauss-Newton-Verfahren" mit einem Startwert für die normierte Volatilität von 0,015 verwendet. Es wird so lange iteriert, bis die Veränderung zwischen zwei Iterationsschritten höchstens noch 0,000003 beträgt.

Zur Berechnung des Subindex V_i mit der Laufzeit i werden die vier Optionen verwendet, deren Basispreise direkt an den mittels Put-Call-Parität ermittelten Forward bzw. den Future angrenzen. Die impliziten Volatilitäten dieser vier Optionen werden mit dem Abstand ihrer Basispreise vom At-the-money-Punkt gewichtet. Es ergibt sich:[359]

$$V_i = \frac{\left(X_h - F_i\right)\left(v_t^{Put} + v_t^{Call}\right) + \left(F_i - X_t\right)\left(v_h^{Put} + v_h^{Call}\right)}{2\left(X_h - X_t\right)} \qquad (4\text{-}41)$$

V_i: Subindex i, d. h. normierte Volatilität für die Laufzeit i

F_i: Forward bzw. Future mit der Laufzeit i

v: implizite Volatilität einer einzelnen Option

X: Basispreis der Option

h und t geben an, ob der höhere oder der niedrigere benachbarte Basispreis gemeint ist.

---

[357] Vgl. Sautter (1996), S. 72.

[358] Vgl. Deutsche Börse (1997b), S. 13.

[359] Vgl. Deutsche Börse (1997b), S. 14.

Sind die für die Berechnung des Subindex benötigten vier Volatilitäten nicht verfügbar, wird der Index dennoch neu berechnet, wenn mindestens bei einem der angrenzenden Basispreise beide Volatilitäten verfügbar sind. Gibt es beim anderen Basispreis lediglich eine Volatilität, so wird diese auch als Schätzung für die fehlende vierte benutzt. Fehlen zum anderen Basispreis beide Volatilitäten, ergibt sich der Subindex als Mittelwert der beiden vorhandenen Volatilitäten.

Wird aus den oben erwähnten Gründen auf eine Neuberechnung eines Subindex verzichtet, wird der vorherige Subindexwert beibehalten.[360]

4.3.4.4 Ermittlung des VDAX

Die beschriebenen Subindizes haben keine konstante Restlaufzeit und verfallen schließlich. Ziel des VDAX ist die Konstruktion eines Volatilitätsindex über einem gleitenden Zeitintervall fester Länge. Der VDAX wird dazu aus den Subindizes interpoliert.

Es werden die vier Zeitpunkte t (= Schnappschußzeitpunkt), t_a, t_b und t_c und die beiden Restlaufzeiten T_i und T_{i+1} betrachtet. Es gilt:

$$t < t_a < t_b < t_c$$

t_a ist der Verfallzeitpunkt der Laufzeit i und t_c der Verfallzeitpunkt der Laufzeit $i+1$. Dann gilt:

$$T_i = [t, t_a] \text{ und } T_{i+1} = [t, t_c]$$

t_b ist der gewünschte „Verfallzeitpunkt" des VDAX, und der Zeitraum $[t, t_b]$ entspricht der gewünschten fixen Restlaufzeit von T^*. Die beiden Subindizes V_i und V_{i+1} mit den Restlaufzeiten T_i und T_{i+1} werden aus den acht verschiedenen Fälligkeiten so ausgewählt, daß sie die feste Laufzeit T^* umschließen.

Aus den beiden Subindizes wird der VDAX durch lineare Interpolation ermittelt. Dabei wird vorausgesetzt, daß die Einzelvarianzen der beiden Zeitspannen unabhängig voneinander sind und daher zur Varianz der Gesamtverteilung addiert

---

[360] Vgl. Deutsche Börse (1997b), S. 15.

werden dürfen. Für die normierte Varianz für eine konstante Restlaufzeit von T^* gilt:[361]

$$V = \sqrt{\frac{T_{i+1} - T^*}{T_{i+1} - T_i} V_i^2 + \frac{T^* - T_i}{T_{i+1} - T_i} V_{i+1}^2} \tag{4-42}$$

Der VDAX ergibt sich daraus durch Rücknahme der Normierung.

$$VDAX = \frac{2V}{\sqrt{T}} \tag{4-43}$$

Bei der Bestimmung der Laufzeit T^*, auf die sich der VDAX bezieht, ist ein Kompromiß zu finden. Einerseits soll T^* möglichst kurz sein, da kurzlaufende Optionen die höchste Liquidität aufweisen. Andererseits muß T^* lang genug sein, damit beim „Rollover" keine Extrapolation notwendig wird, da das Fenster mit der kürzesten Restlaufzeit ein bis zwei Wochen vor Verfall aus der Berechnung des VDAX herausfällt. T^* = 45 Kalendertage[362] wird beiden Anforderungen gerecht.[363]

Um möglichst früh an einem Handelstag den ersten VDAX-Wert ermitteln zu können, wird auch auf andere Subindizes zur Interpolation zurückgegriffen, falls die 45 Tage Restlaufzeit umschließenden Subindizes noch nicht ermittelt wurden. Aufgrund der Gewichtung in der Interpolation werden Sprünge beim Übergang auf einen anderen Subindex minimiert.

Der Verlauf des VDAX vom 02.01.1992 bis 30.03.2001 ist in Abbildung 4.11 dargestellt.

---

[361] Vgl. Deutsche Börse (1997b), S. 16; Dartsch (1999), S. 109.

[362] Das EUREX-Indexkonzept sieht die Kalenderzeit als Zeitskala vor. Im Gegensatz zu der auch üblichen Zeitskala der Handelszeit hat sie den Vorteil, durch die Unabhängigkeit von lokalen Feiertagen überall gleich zu sein; vgl. Sautter (1996), S. 76.

[363] Vgl. Deutsche Börse (1997b), S. 16; Dartsch (1999), S. 109. Von 45 Kalendertagen sind im Durchschnitt ca. 31 Handelstage (pro Jahr gibt es in Deutschland ca. 250 Handelstage).

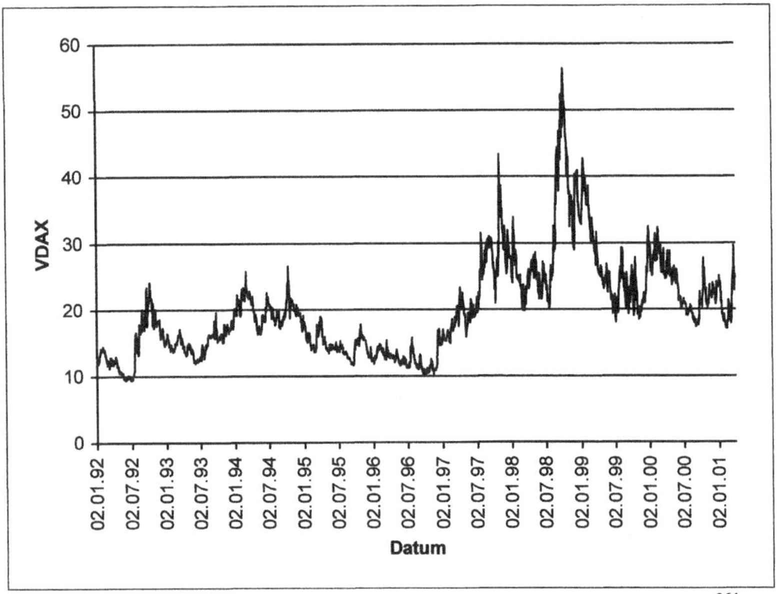

Abbildung 4.11: Verlauf des VDAX vom 02.01.1992 bis zum 30.03.2001[364]

Aufgrund der guten Verfügbarkeit, der nicht zu langen Restlaufzeit von 45 Kalendertagen und der At-the-money-Orientierung kann der VDAX auch bei der VaR-Schätzung von Nutzen sein. Im Vergleich zu einzeln berechneten impliziten Volatilitäten stellt er eine Benchmark dar, um abzuschätzen, ob der zusätzliche Aufwand eigener Berechnungen lohnenswert ist.

4.4 Verwendung der impliziten Volatilität zur Prognose der zukünftigen Volatilität

4.4.1 Prognosegüte der impliziten Volatilität

Bei der Verwendung impliziter Volatilitäten zur VaR-Berechnung ist entscheidend, ob sich damit eine bessere Prognose erreichen läßt als mit den auf historischen Zeitreihen beruhenden Verfahren. Hierzu bestehen in der Literatur unter-

[364] Die historischen Daten stammen aus dem BLOOMBERG-System.

schiedliche Auffassungen. Jorion empfiehlt, unbedingt implizite Volatilitäten und Korrelationen zur VaR-Berechnung heranzuziehen, wenn dies möglich ist.[365] Bei J. P. Morgan wird darauf verwiesen, daß die Prognosen durch die Einbeziehung impliziter Größen nicht unbedingt besser sind und allenfalls eine Kombination von historischen und impliziten Volatilitäten denkbar sei.[366]

Es gibt viele empirische Untersuchungen, die die Prognosegüte von impliziten Volatilitäten im Vergleich mit der historischen Volatilität zum Inhalt haben, ohne einen Bezug zum VaR herzustellen. Die meisten beruhen auf Daten amerikanischer Optionsmärkte. Es gibt aber auch einige Untersuchungen, die auf Optionspreisen der Deutschen Terminbörse (DTB; 1998 in der EUREX aufgegangen) basieren. Im folgenden werden die Ergebnisse einiger Untersuchungen dargestellt. Auf dieser Basis ist zu entscheiden, ob die Verwendung von impliziten Volatilitäten zur VaR-Ermittlung sinnvoll ist. Zuerst werden die Ergebnisse der amerikanischen Untersuchungen und dann die der deutschen beschrieben.

4.4.1.1 Untersuchungen am amerikanischen Optionsmarkt

Die erste empirische Untersuchung, in der die Prognosegüte der impliziten Volatilitäten mit der der historischen verglichen wird, wurde bereits 1976 von Latané/Rendleman veröffentlicht.[367] Für diese Untersuchung stand nur wenig Datenmaterial zur Verfügung. Für 24 verschiedene Aktien werden die (stationären) Korrelationen zwischen den impliziten bzw. den historischen und den künftigen Volatilitäten für bestimmte Zeiträume berechnet. Aus der im Mittel höheren Korrelation der impliziten Volatilitäten mit den künftigen Volatilitäten schließen Latané/Rendleman auf deren bessere Prognosefähigkeit.[368]

Auch die Untersuchung von Chiras/Manaster (1978) ist auf einem kurzen Beobachtungszeitraum aufgebaut. Die Erklärungskraft der impliziten Volatilitäten von Optionen auf verschiedene Aktien wird in 23 einmonatigen Perioden durch Regressionsschätzungen ermittelt. Die Ergebnisse werden mit der Regression auf die historische Volatilität des Vormonats verglichen. Zusätzlich wird eine Regression durchgeführt, in die beide Volatilitätsschätzer als erklärende Variablen

[365] Vgl. Jorion (2001), S. 202.

[366] Vgl. J. P. Morgan (1996a), S. 77 f.

[367] Vgl. Latané/Rendleman (1976).

[368] Vgl. Latané/Rendleman (1976), S. 377.

eingehen („encompassing regression"). Schließlich werden die Regressionen für den Gesamtzeitraum von 23 Monaten wiederholt. Bei allen Untersuchungen zeigt sich, daß die implizite Volatilität einen höheren Erklärungsgehalt für die zukünftige Volatilität aufweist als die historische Volatilität.[369]

Beckers (1981) vergleicht die Prognosefähigkeit der impliziten Volatilitäten aus Optionen auf einzelne Aktien mit der historischen Volatilität in zehn Teilperioden. Mit Hilfe von Regressionen und Kennzahlen wie dem durchschnittlichen Fehler („Mean Error" (ME)) und dem durchschnittlichen absoluten Fehler („Mean Absolute Error" (MAE)) kommt er zu dem Schluß, daß die implizite Volatilität bessere Prognosen liefert als die historische. Allerdings sind in den impliziten Volatilitäten nicht alle Informationen aus den historischen Zeitreihen enthalten, so daß diese noch eine zusätzliche Erklärungskraft besitzen.[370]

Feinstein (1989) vergleicht verschieden gewichtete Schätzer aus impliziten Volatilitäten von Optionen auf den S&P 500-Future mit einer über 20 Tage gleichgewichtet historisch ermittelten Volatilität. Dabei wird die jeweilige Prognosegüte über einen Zeitraum von 19, 38 und 57 Handelstagen mit den Kriterien mittlerer quadratischer Fehler („Mean Squared Error" (MSE)), MAE und ME untersucht. Auf impliziten Volatilitäten basierende Schätzer erreichen fast immer ein besseres Ergebnis als die historisch basierten Schätzer. Nach dem Crash von 1987 sind die impliziten Schätzer allerdings zum Teil nach oben verzerrt.[371] Außerdem wird die qualitative Vorhersagekraft von impliziten Volatilitäten geprüft. Es wird getestet, ob mit diesen die Tendenz der Volatilitätsentwicklung richtig vorhergesagt werden kann. Die impliziten Volatilitäten erreichen dabei sehr hohe Trefferquoten.[372]

Scott/Tucker (1989) verwenden Preise von Optionen auf fünf verschiedene Wechselkurse in der Zeit von 1983 bis 1987. Sie regressieren die Volatilität über die Restlaufzeit der Option auf die implizite Volatilität und erhalten signifikante Koeffizienten, die auf eine gute Prognosefähigkeit der impliziten Volatilität hin-

---

[369] Vgl. Chiras/Manaster (1978), S. 226.

[370] Vgl. Beckers (1981), S. 377.

[371] Vgl. Feinstein (1989), S. 27.

[372] Vgl. Feinstein (1989), S. 26.

deuten.[373] Bei Hinzunahme der historischen Volatilität in die Regressionsgleichung (encompassing regression) ergibt sich kein höherer Erklärungsgehalt, und die Koeffizienten der historischen Volatilität sind nicht signifikant von null verschieden.[374] Von Jiang und Jorion wird an dieser Untersuchung kritisiert, daß aufgrund der Korrelationen zwischen den Beobachtungen dieses Verfahren keine formellen Hypothesentests zuläßt.[375]

Day/Lewis (1992) untersuchen die Prognosefähigkeit impliziter Volatilitäten von Optionen auf den Standard & Poors 100-Index (im folgenden S&P 100[376]). Diese wird für die Jahre 1983-1989 mit der von GARCH- und EGARCH-Modellen verglichen. In einem Out-of-sample-Prognosetest werden die Koeffizienten von Regressionsgleichungen geschätzt. Dabei werden verschiedene Kombinationen aus impliziten, GARCH-, EGARCH- und einfachen historischen Volatilitäten als erklärende Variablen verwendet, um den relativen Erklärungsgehalt dieser Schätzer für die Volatilität der jeweils nachfolgenden Periode (hier wochenweise Betrachtung) zu bestimmen.[377] Es ergeben sich keine eindeutigen Aussagen, welches Verfahren die besten Prognosen liefert.[378]

Die deutlichste Ablehnung der impliziten Volatilität als Prognose für die Volatilität des Underlyings über die Restlaufzeit einer Option formulieren Canina/Figlewski (1993). Sie testen die Prognosefähigkeit von impliziten Volatilitäten von S&P 100-Optionen. Diese wird für den Zeitraum von 1983 bis 1987 der Prognosegüte der historischen Volatilität gegenübergestellt. Dabei unterteilen sie die Daten in 32 Untergruppen nach vier verschiedenen Restlaufzeiten und acht verschiedenen Moneyness-Klassen. Die Prognosegüte wird sowohl durch einzelne Regressionen der zu beobachtenden Volatilität auf die Prognosen als auch durch encompassing regressions gemessen. Bei beiden Verfahren sind die Prognosen der historischen Volatilitäten signifikant besser als die der impliziten. Für

[373] Vgl. Scott/Tucker (1989), S. 844 f.

[374] Vgl. Scott/Tucker (1989), S. 845 f.

[375] Vgl. Jorion (1995), S. 508; Jiang (1998), S. 83.

[376] Der S&P 100 enthält die 100 wichtigsten amerikanischen Aktien.

[377] Vgl. Day/Lewis (1992), S. 283 f.

[378] Vgl. Day/Lewis (1992), S. 284.

die impliziten Volatilitäten läßt sich in dieser Untersuchung kein Zusammenhang mit der zukünftigen Volatilität über die Restlaufzeit der Option nachweisen.[379]

Um zu überprüfen, ob das schlechte Ergebnis der impliziten Volatilität auf Asynchronitäten bei der Erfassung der Options- und Underlying-Preise zurückzuführen ist, werden die Regressionsparameter ein zweites Mal mit synchronisierten Daten geschätzt. Dabei ergeben sich allerdings nur geringe Abweichungen von den vorhergehenden Ergebnissen.[380] Als mögliche Ursachen ihrer Ergebnisse führen Canina/Figlewski zum einen die schlechten Arbitragemöglichkeiten bei Optionen auf einen Aktienindex an. Da der Index selbst nicht gehandelt wird, müssen zur Konstruktion des Duplikationsportfolios alle in ihm enthaltenen Aktien ge- oder verkauft werden. Außerdem ziehen sie den Schluß, daß implizite Volatilitäten nicht direkt als Markterwartung der künftigen Volatilität verwendet werden sollten, sondern als ein Bestandteil der Marktinformationen, die zur Erwartungsbildung über die zukünftige Volatilität führen.[381]

Lamoureux/Lastrapes (1993) untersuchen die Prognosefähigkeit von impliziten Volatilitäten von zehn Aktienoptionen für den Zeitraum 1982-1984. Auf der Grundlage des Hull-White-Optionspreismodells und unter Verwendung von At-the-money-Optionen vergleichen sie zunächst in-sample implizite Volatilitäten mit denen aus einem GARCH-Prozeß. Dabei wird die implizite Volatilität als erklärende Variable in die GARCH-Schätzgleichung aufgenommen. Die Parameterschätzungen ergeben, daß die impliziten Volatilitäten zwar einen gewissen Erklärungsgehalt haben, dieser aber durch die zusätzliche Einbeziehung von Informationen aus historischen Zeitreihen noch verbessert werden kann. Die These, daß alle verfügbaren Informationen bereits in den impliziten Volatilitäten enthalten sind, wird verworfen.[382]

Out-of-sample werden die Prognosen der impliziten Volatilitäten mit denen eines GARCH-Prozesses und der gleichgewichteten historischen Volatilität verglichen. Die Güte der Prognosen wird zum einen bestimmt durch die Kennzahlen ME, MAE und die Wurzel aus dem Mittelwert der quadrierten Abweichungen („Root

---

[379] Vgl. Canina/Figlewski (1993), S. 670.

[380] Vgl. Canina/Figlewski (1993), S. 675 f.

[381] Vgl. Canina/Figlewski (1993), S. 677 f.

[382] Vgl. Lamoureux/Lastrapes (1993), S. 311.

Mean Squared Error" (RMSE)) und zum anderen durch encompassing regressions. Die Kennzahl ME zeigt, daß die impliziten Volatilitäten die nachfolgende Volatilität systematisch unterschätzen.[383] Insgesamt liefern die Kennzahlen kein eindeutiges Ergebnis. Die encompassing regressions haben ähnliche Aussagen zur Folge wie die In-sample-Tests. Die Hypothese, daß die aus Optionspreisen abgeleiteten Prognosen der zukünftigen Volatilität nicht durch am Markt direkt beobachtbare Informationen (hier historische Renditezeitreihen) verbessert werden können, wird von Lamoureux/Lastrapes verworfen.[384]

Laut Jorion könnten die unbefriedigenden Ergebnisse von Prognosen mit impliziten Volatilitäten in einigen der beschriebenen Untersuchungen auf Asynchronitätsprobleme zurückzuführen sein.[385] Bei der Betrachtung von Optionen auf den S&P 100 ergibt sich das Problem, daß der Preis des Underlyings aufgrund der Zusammensetzung aus 100 einzelnen Aktien nicht so schnell auf neue Informationen reagiert, wie der Preis einer Option. Außerdem werden die Optionen und das Underlying in diesem Fall nicht an derselben Börse gehandelt, und die Schlußkurse werden zu unterschiedlichen Zeiten erfaßt.[386] Dadurch können Verzerrungen auftreten, die sich negativ auf die Prognosegüte der impliziten Volatilität auswirken.

Aus diesen Gründen verwendet Jorion (1995) in seiner Untersuchung Optionen auf Wechselkurse, die wie die Währungen selbst an der Chicago Mercantile Exchange (CME) gehandelt werden. Er unterscheidet zwischen dem Informationsgehalt der impliziten Volatilität bezüglich der Volatilität am nächsten Handelstag und ihrer Prognosefähigkeit für die Volatilität über die Restlaufzeit der Option. Dabei werden Regressionen verwendet, um die Qualität der in den impliziten Volatilitäten enthaltenen Informationen mit denen aus gleichgewichteten historischen Volatilitäten und den mit einem GARCH(1,1)-Prozeß ermittelten zu vergleichen. Bei beiden Tests erreichen die impliziten Volatilitäten einen deutlich höheren Erklärungsgehalt als die auf historischen Zeitreihen basierenden Schät-

---

383 Vgl. Lamoureux/Lastrapes (1993), S. 313.

384 Vgl. Lamoureux/Lastrapes (1993), S. 324.

385 Vgl. Jorion (1995), S. 508.

386 Auf dieses Problem und andere mögliche Meßfehler bei der Ermittlung impliziter Volatilitäten von Optionen auf den S&P 100 weisen auch Harvey und Whaley hin. Danach wird der Schlußkurs des S&P 100 bereits um 15 Uhr, die Schlußkurse der entsprechenden Optionen aber erst um 15 Uhr 15 festgestellt; vgl. Harvey/Whaley (1991), S. 1553-1559.

zer. Außerdem enthalten letztere keine Informationen, die über die in den impliziten Schätzern enthaltenen hinausgehen.[387]

Xu/Taylor (1995) untersuchen die Prognosefähigkeit von impliziten Volatilitäten ebenfalls mit Optionen auf Wechselkurse. Allerdings verwenden sie Daten der Philadelphia Stock Exchange (PHLX). Zunächst wird die Prognosegüte der impliziten Volatilitäten mit der eines GARCH(1,1)- und eines EARCH-Modells verglichen. Dazu werden verschiedene Schätzgleichungen für die bedingte Volatilität konstruiert, die entweder nur aus einer der ARCH-Methoden, einem Term für die implizite Volatilität oder beiden Teilen bestehen.[388] Zur Problematik der Auswahl der Restlaufzeit der in die Prognose eingehenden Optionen werden zwei Lösungen verglichen. Zum einen wird die implizite Volatilität einer möglichst kurz laufenden Option (nicht unter zehn Tage) verwendet, zum anderen wird aus einem Term-Structure-Modell eine Volatilität für den nächsten Handelstag abgeleitet. Diese Untersuchung findet in-sample statt, also für den Zeitraum, über den die ARCH-Modelle und das Term-Structure-Modell optimiert wurden. Die Prognosefähigkeit wird mit Hilfe des jeweiligen Wertes der Log-Likelihood-Funktion verglichen. Dabei sind die impliziten Volatilitäten die besten Prognosen. Die Hypothese, daß die historischen Zeitreihen keine Informationen enthalten, die nicht bereits in den Optionspreisen enthalten sind, kann für drei der vier Währungen nicht verworfen werden.[389]

Eine zweite Untersuchung hat die Out-of-sample-Prognose zum Inhalt. Dabei werden die Verfahren zur Prognose eines vier Wochen langen Zeitraums verglichen und rollierend neu optimiert. Zur Bewertung der Prognosen werden der ME, der MAE und der RMSE verwendet. Auch in dieser Untersuchung weisen die impliziten Volatilitäten in den meisten Fällen die geringsten Abweichungen von der realisierten Volatilität auf.[390]

---

387 Vgl. Jorion (1995), S. 517 u. S. 520.

388 Vgl. Xu/Taylor (1995), S. 808 f.

389 Vgl. Xu/Taylor (1995), S. 815.

390 Vgl. Xu/Taylor (1995), S. 817.

Bei beiden Untersuchungen ergeben sich nur geringe Unterschiede zwischen der impliziten Volatilität einer möglichst kurz laufenden Option und der aus einem Term-Structure-Modell abgeleiteten Prognose.[391]

Das unbefriedigende Prognoseergebnis der impliziten Volatilitäten aus S&P 100-Optionen bei Canina/Figlewski wird von Christensen/Prabhala (1998) aufgegriffen. Sie untersuchen auch S&P 100-Optionen, wählen allerdings einen wesentlich längeren Beobachtungszeitraum (1983-1995) und vermeiden Überlappungen in den Prognosen. Die impliziten Volatilitäten von At-the-money-Optionen mit einer Restlaufzeit von jeweils einem Monat werden monatsweise mit der Volatilität verglichen, die in diesem Monat zu beobachten war. Bei der Verwendung von täglichen Beobachtungen und Restlaufzeiten von einem Monat wie bei Canina/Figlewski sind die tatsächlichen Volatilitäten von zwei aufeinander folgenden Beobachtungen hoch korreliert, da nur eine von den jeweils 30 in die Volatilität eingehenden Renditen nicht übereinstimmt. Die dadurch auftretenden Verzerrungen werden hier vermieden.

Christensen/Prabhala kommen trotz der mit Canina/Figlewski sonst identischen Vorgehensweise zu dem Ergebnis, daß die impliziten Volatilitäten eine bessere Prognosegüte als die historischen aufweisen.[392] Ein Grund hierfür ist das seit 1987 veränderte Verhältnis der impliziten zu den realisierten Volatilitäten. Bei einigen Testvarianten stellen Christensen/Prabhala fest, daß alle Informationen der historischen Volatilität bezüglich der künftigen Volatilität bereits in der impliziten enthalten sind. Die Hinzunahme der historischen Volatilität hat in diesen Fällen keine Verbesserung der Prognosegüte zur Folge.[393]

Auch in der Untersuchung von Fleming (1998) werden die Prognosen von impliziten Volatilitäten von S&P 100-Optionen mit historisch basierten Schätzern verglichen. Fleming weist darauf hin, daß die Beurteilung von impliziten Volatilitäten als Prognose häufig durch Asynchronitäten, Bid/Ask-Spreads und nichtkontinuierliche Preise erschwert ist. Außerdem kommt es durch Überlappungen in den Prognosen zu Fehlern bei der Regression. Die Prognosefehler sind darüber hinaus nicht stationär bezüglich ihrer Kovarianz. Diese Probleme haben in früheren

[391] Vgl. Xu/Taylor (1995), S. 805.

[392] Vgl. Christensen/Prabhala (1998), S. 127.

[393] Vgl. Christensen/Prabhala (1998), S. 127.

Untersuchungen zum Teil zur Ablehnung von impliziten Volatilitäten als Prognose für die künftige Volatilität geführt. Durch die angewandten Verfahren bei der Regression werden Verzerrungen in dieser Untersuchung minimiert. Das Ergebnis weist auf eine eindeutige Überlegenheit der impliziten gegenüber der historischen Volatilität hin. Die Informationen aus einem GARCH (1,1)-Modell sind vollständig in der impliziten Volatilität enthalten.[394] Die Prognosegüte der impliziten Volatilität ist um so besser, je kürzer der Prognosehorizont ist.[395] Die Prognosen der impliziten Volatilität sind allerdings nach oben verzerrt.[396]

In Tabelle 4.2 sind die wesentlichen Ergebnisse der beschriebenen Untersuchungen zur Prognosegüte der impliziten Volatilität am amerikanischen Optionsmarkt zusammenfassend dargestellt.[397]

---

[394] Vgl. Fleming (1998), S. 335.

[395] Vgl. Fleming (1998), S. 341.

[396] Vgl. Fleming (1998), S. 329.

[397] Wenn nicht anders vermerkt, beziehen sich die Untersuchungen auf Optionen auf Aktien oder Aktienindizes.

Autoren	Vorgehensweise	Ergebnis
Latané/Rendleman (1976)	Ermittlung der Korrelationen der künftigen und der impliziten bzw. der historischen Volatilität	Implizite Volatilität ergibt bessere Prognose als historische
Chiras/Manaster (1978)	Einfache und encompassing Regression der künftigen auf die historische bzw. implizite Volatilität	Implizite Volatilität hat höhere Erklärungskraft für die künftige Volatilität als die historische
Beckers (1981)	Einfache Regression und Kennzahlen ME und MAE	Prognose durch implizite Volatilität besser, historische enthält allerdings zusätzliche Information
Feinstein (1989)	Vergleich verschieden gewichteter Schätzer aus impliziten Volatilitäten mit gleichgewichtet historischen Schätzern mittels Kennzahlen MSE, MAE und ME	Implizite Volatilitäten fast durchgängig überlegen, allerdings zum Teil nach oben verzerrt
Scott/Tucker (1989)	Einfache und encompassing Regression	Implizite Volatilität bessere Prognose, historische enthält keine zusätzliche Information
Day/Lewis (1992)	Regressionen mit Kombinationen aus impliziter Volatilität, GARCH, EGARCH und gleichgewichteter historischer Volatilität	Keine eindeutigen Aussagen möglich
Canina/Figlewski (1993)	Einfache und encompassing Regression	Historische Volatilität signifikant besser als implizite Für die implizite Volatilität läßt sich kein Zusammenhang mit der zukünftigen Volatilität nachweisen

Autoren	Vorgehensweise	Ergebnis
Lamoureux/Lastrapes (1993)	Kombinationen aus impliziter Volatilität, GARCH und gleichgewichteter historischer Volatilität In-sample durch Einbeziehung in die GARCH-Schätzgleichung, out-of-sample durch ME, MAE, RMSE und encompassing Regression	Ergebnisse nicht eindeutig These, daß alle Informationen aus historischen Volatilitäten bereits in impliziten enthalten sind, wird verworfen
Jorion (1995)	Vergleich von impliziten Volatilitäten mit GARCH und gleichgewichteten historischen Volatilitäten Underlying: Wechselkurse	Implizite Volatilitäten besitzen höchste Erklärungskraft Historische enthalten keine Information, die in impliziten nicht bereits enthalten ist
Xu/Taylor (1995)	Vergleich der impliziten Volatilität mit GARCH- und EARCH-Modellen In-sample: Einbeziehung der impliziten Volatilität in Schätzgleichungen und Beurteilung mit Likelihood-Funktion Out-of-sample: Kennzahlen ME, MAE und RMSE Underlying: Wechselkurse	Implizite Volatilität am besten These, daß alle Information bereits in impliziter Volatilität enthalten ist, kann in vielen Fällen nicht verworfen werden
Christensen/Prabhala (1998)	Wie bei Canina/Figlewski, aber längerer Beobachtungszeitraum und Vermeidung von Überlappungen	Implizite Volatilität deutlich überlegen Häufig durch Hinzunahme der historischen Volatilität keine Verbesserung der Prognose

Autoren	Vorgehensweise	Ergebnis
Fleming (1998)	Regressionen unter Beachtung der Probleme durch Überlappungen in den Prognosen Berücksichtigung der Verzerrungen durch Asynchronitäten, Bid/Ask-Spreads und nicht-kontinuierliche Preise	Prognosen der impliziten Volatilitäten deutlich überlegen, aber nach oben verzerrt Alle Informationen aus historischen Zeitreihen sind in impliziten Volatilitäten enthalten

Tabelle 4.2: Untersuchungen am amerikanischen Optionsmarkt zur Prognosefähigkeit der impliziten und historischen Volatilität

Bei den meisten Untersuchungen ergeben sich mit den impliziten Volatilitätsschätzern bessere Prognosen als mit den auf historischen Zeitreihen beruhenden. Vor allem die neueren Untersuchungen zeigen eine deutliche Überlegenheit der impliziten Volatilität.

4.4.1.2 Untersuchungen am deutschen Optionsmarkt

Die erste Untersuchung, die auf Optionspreisen der DTB beruht, hat Köpke (1995) durchgeführt. Er untersucht die Prognosefähigkeit von vielen verschiedenen Volatilitätsschätzern, die zum Teil auf impliziten Volatilitäten und zum Teil auf historischen Zeitreihen beruhen. Dabei wird die Prognosegüte mit Hilfe einzelner Regressionen verglichen. Die Untersuchung wird auf der Basis von Marktpreisen von Optionen auf die Allianz-Aktie für einen kurzen Zeitraum[398] durchgeführt. Der Prognosehorizont wird auf 30 bzw. 60 Tage festgelegt und nicht der jeweiligen Restlaufzeit der Option angepaßt. Dabei ergibt sich für einige auf historischen Renditezeitreihen beruhende Schätzverfahren ein hoher Bestimmtheitsgrad, wobei im Gegensatz zu allen anderen Untersuchungen negative Steigungen ermittelt werden. Aufgrund einer grafischen Analyse ergibt sich, daß mit keinem der angewandten Verfahren eine sinnvolle Prognose der zukünftigen Volatilität möglich ist.[399]

Neben der Verwendung von Optionen auf nur eine Aktie für einen relativ kurzen Zeitraum könnte der Grund für dieses Ergebnis darin liegen, daß zur Berechnung

---

[398] Köpke sieht in dem Beobachtungszeitraum von nur einem halben Jahr den Vorteil, daß das Ergebnis nicht von Strukturbrüchen beeinflußt wird; vgl. Köpke (1995), S. 89.

[399] Vgl. Köpke (1995), S. 125 u. S. 146.

der impliziten Volatilitäten die Settlement-Preise der Optionen und die Kassa-Preise der Aktie herangezogen wurden.[400] Die dadurch vorhandene Asynchronität zwischen Options- und Underlying-Preis kann große Verzerrungen verursachen.

Neuhaus (1995) untersucht die Prognosefähigkeit der impliziten Volatilitäten von an der London International Financial Futures and Options Exchange (LIFFE) gehandelten Optionen auf den Bund-Future.[401] Zunächst werden die qualitativen Prognosen von mit verschiedenen Verfahren ermittelten impliziten Volatilitäten verglichen. Es wird gezeigt, daß in den meisten Fällen, in denen die implizite Volatilität über der historischen liegt, auch die zukünftige Volatilität über der historischen liegt. Implizite Volatilitäten sind für diese Art der Prognose also gut geeignet.[402] Weiterhin werden quantitative Vorhersagen für die zukünftige Volatilität über die nächsten 5, 20, 40 oder 60 Tage verschiedener Maße der impliziten Volatilität mit denen der historischen der letzten 20 Tage verglichen. Zur Beurteilung der Prognosen werden sowohl die Maße MAE und MSE als auch einzelne und encompassing Regressionen verwendet. Die Ergebnisse sind nicht eindeutig, weisen aber insgesamt auf eine Überlegenheit der impliziten Volatilität gegenüber der historischen hin.[403]

Wagner (1995) untersucht die Prognosequalität des VDAX für die tatsächliche Volatilität der folgenden 45 Handelstage. Zum Vergleich mit der aus den vorangegangenen 45 Handelstagen ermittelten historischen Volatilität verwendet er die Kriterien ME, MAE, RMSE und den maximalen absoluten Fehler. Der VDAX erreicht beim RMSE wesentlich bessere Ergebnisse. Durch den viel größeren und signifikant von null verschiedenen ME wird allerdings deutlich, daß der VDAX keinen erwartungstreuen Schätzer für die zukünftige Volatilität darstellt. Wird er um den positiven Bias von etwa zwei Prozentpunkten bereinigt, erzielt er auch beim MAE wesentlich bessere Ergebnisse als die historische Volatilität.[404] Als Hauptgrund für die „overestimation" des VDAX nennt Wagner den in der Reali-

---

[400] Vgl. Köpke (1995), S. 90.

[401] Die Untersuchung bezieht sich also nicht auf den deutschen Terminmarkt, aber auf ein deutsches Underlying.

[402] Vgl. Neuhaus (1995), S. 16.

[403] Vgl. Neuhaus (1995), S. 35.

[404] Vgl. Wagner (1995), S. 740.

tät nicht zu vernachlässigenden Hedging-Aufwand. Insgesamt deuten die Ergebnisse auf eine Überlegenheit des VDAX gegenüber dem auf historischen Zeitreihen basierenden Schätzer hin. Wagner weist allerdings darauf hin, daß die Ergebnisse des VDAX durch aufwendigere historisch basierte Volatilitätsprognosen möglicherweise zu übertreffen sind.[405]

Sautter (1996) vergleicht die Prognosefähigkeit von impliziten Volatilitäten auf der Grundlage von DAX-Optionen mit der der gleichgewichteten historischen Volatilität. Er regressiert die während der Restlaufzeit der Optionen zu beobachtende Volatilität einzeln und gemeinsam (encompassing regression) auf die verschiedenen Schätzer. Dabei unterteilt er die Untersuchung nach Calls und Puts und nach drei Laufzeitklassen. Er kommt zu dem Ergebnis, daß die Prognosen mit den impliziten Volatilitäten etwas genauer sind als mit der historischen, daß aber beide die zukünftige Volatilität nur unzureichend vorhersagen.[406] Als Ursache für die schwache Prognosefähigkeit der impliziten Volatilität vermutet Sautter Faktoren, die den Preis einer Option beeinflussen, die im verwendeten Optionspreismodell jedoch nicht berücksichtigt werden. Als Beispiele führt er Angebots- und Nachfrageeffekte, Liquiditätsüberlegungen, Arbitragemöglichkeiten zwischen verschiedenen Märkten und bestimmte Präferenzen der Investoren an.[407]

In einer zweiten Untersuchung vergleicht Sautter die Prognosen der gleichgewichteten historischen und der impliziten Volatilität in Form des VDAX und von ARCH- und GARCH-Schätzern für zwei verschiedene Zeiträume über einen Horizont von jeweils zehn Tagen. Dabei verwendet er die Kriterien MSE und RMSE. Im ersten (längeren) Zeitraum sind die Prognosen unbefriedigend, wobei der VDAX vor den GARCH-Schätzern, der historischen Volatilität und den ARCH-Schätzern das beste Ergebnis aufweist.[408] Den Grund für die ungenauen Prognosen sieht Sautter in Crashs, die sich innerhalb des Beobachtungszeitraums ereignet haben. Daher wiederholt er die Untersuchung für einen kürzeren Zeitraum und kommt zu dem Ergebnis, daß die Prognosen des GARCH-Modells die besten sind, wohingegen der VDAX am schlechtesten bewertet wird. Als mögli-

---

[405] Vgl. Wagner (1995), S. 741.

[406] Vgl. Sautter (1996), S. 54 u. S. 58.

[407] Vgl. Sautter (1996), S. 59.

[408] Vgl. Sautter (1996), S. 103 f.

che Ursache verweist Sautter auf die Restlaufzeit des VDAX von 45 Kalendertagen, die vom Prognosehorizont abweicht.[409]

Claessen und Mittnik (1996) vergleichen die Prognosefähigkeit des VDAX und von impliziten Volatilitäten aus einzelnen DAX-Optionen mit der von verschiedenen auf historischen Renditezeitreihen beruhenden Volatilitätsschätzern. Außerdem werden verschiedene Kombinationen aus diesen Schätzern getestet. Zunächst untersuchen sie in-sample die Anpassung von GARCH-Prozessen mit und ohne Einbeziehung der impliziten Volatilität. Dabei kommen sie zu dem Schluß, daß die Informationen aus den historischen Renditezeitreihen in den impliziten Volatilitäten enthalten sind.[410] Out-of-sample werden die Prognosen für Zeiträume von 1, 2 und 4 Wochen mit Hilfe der Kriterien ME und MSE verglichen. Hierbei ergibt sich dieselbe Schlußfolgerung wie beim In-sample-Test. Allerdings sind die aus den Optionspreisen abgeleiteten Schätzer deutlich nach oben verzerrt. Die durch Einbeziehung in die GARCH-Gleichung (ohne GARCH-Komponente) oder durch eine Regression mit Konstante transformierten impliziten Volatilitäten liefern die besten Ergebnisse.[411]

In einer ähnlichen Untersuchung wie Wagner (1995) stellt Dartsch (1999) die Volatilitätsprognosen des VDAX denen der historischen Volatilität gegenüber.[412] Hierbei wird der ME und der MAE zur Beurteilung der Prognosegüte verwendet. Auch hier liefert der VDAX bessere, aber verzerrte Prognosen. Erstaunlich ist, daß trotz der weitgehend identischen Vorgehensweise und einem fast identischen Beobachtungszeitraum Dartsch im Gegensatz zu Wagner im Durchschnitt eine Unterschätzung der zukünftigen Volatilität durch den VDAX feststellt.[413] Dartsch untersucht die Eigenschaften der Zeitreihen des VDAX und der tatsächlichen Volatilität und kommt zu dem Ergebnis, daß ersterer einem Random Walk folgt, während letztere eine Mean-Reversion-Eigenschaft besitzt.[414] Er zeigt außerdem, daß die zu beobachtenden starken Sprünge in der tatsächlichen Volatili-

---

[409] Vgl. Sautter (1996), S. 106.

[410] Vgl. Claessen/Mittnik (1996), S. 13.

[411] Vgl. Claessen/Mittnik (1996), S. 16-18.

[412] Dartsch untersucht die Prognosefähigkeit über die nächsten 45 Kalendertage; vgl. Dartsch (1999), S. 175.

[413] Vgl. Dartsch (1999), S. 180.

[414] Vgl. Dartsch (1999), S. 184.

tät auf die Berechnungsmethode zurückzuführen sind, bei der einzelne Ausreißer einen großen Einfluß haben. Daher wiederholt er die Prognosemessung für den VDAX ohne die Ausreißer der DAX-Renditen und erhält ein wesentlich verbessertes Ergebnis.[415]

In Tabelle 4.3 sind die Ergebnisse der beschriebenen Untersuchungen zur Prognosegüte der impliziten Volatilität am deutschen Optionsmarkt im Überblick dargestellt.

---

[415] Vgl. Dartsch (1999), S. 190. Dartsch argumentiert, daß die Erwartungsbildung über die zukünftige Volatilität immer auf der Grundlage eines normalen Renditeverhaltens des DAX stattfindet, so daß außergewöhnliche Ereignisse dabei nicht abgebildet werden. Dies steht im Gegensatz zur Aussage von Jorion (vgl. die Abschnitte 4.1 und 4.4.1). Seine Empfehlung, implizite Volatilitäten wenn verfügbar bei der VaR-Schätzung zu verwenden, basiert gerade auf der Hoffnung, dadurch auch (z. T. anscheinend vorhersehbare) plötzliche, starke Veränderungen der Volatilität zu prognostizieren.

Autoren	Vorgehensweise	Ergebnis
Köpke (1995)	Vergleich vieler verschiedener Volatilitätsschätzer Einfache Regression und grafische Analyse	Keine sinnvolle Prognose möglich
Neuhaus (1995)	Qualitative und quantitative Vorhersagen werden verglichen U. a. einzelne und encompassing Regression und Kennzahlen MAE und MSE Underlying: Bund-Future	Nicht eindeutig Implizite Volatilität tendenziell überlegen
Wagner (1995)	Vergleich von gleichgewichteter historischer Volatilität mit VDAX mittels Kennzahlen ME, MAE und RMSE und maximalem absoluten Fehler	VDAX überlegen, aber verzerrt
Sautter (1996)	Einfache und encompassing Regression Kennzahlen MSE und RMSE	Keine eindeutigen Ergebnisse Insgesamt sehr schlechte Prognosen
Claessen/Mittnik (1996)	In-sample: Einbeziehung der impliziten Volatilität in die GARCH-Anpassung Out-of-sample: U. a. Kombinationen aus impliziten und historischen Schätzern Beurteilung mit ME und MSE	Implizite Volatilität überlegen, aber verzerrt Durch Kombination mit historischer Volatilität oder lineare Transformation bessere Ergebnisse
Dartsch (1999)	Vergleich der gleichgewichteten historischen Volatilität mit dem VDAX Beurteilung mit Kennzahlen ME und MAE	VDAX überlegen, aber verzerrt

Tabelle 4.3: Untersuchungen am deutschen Optionsmarkt zur Prognosefähigkeit der impliziten und historischen Volatilität

Bei den Untersuchungen auf der Basis von Daten des deutschen Optionsmarktes läßt sich insgesamt feststellen, daß die impliziten Volatilitäten den historischen in ihrer Prognosefähigkeit überlegen sind.

Die Untersuchungen an den amerikanischen und den deutschen Optionsmärkten zeigen die tendenzielle Überlegenheit der impliziten Volatilitäten bei der Prognose der zukünftigen Volatilität. Allerdings ist in den historisch basierten Volatilitätsschätzern in vielen Fällen noch zusätzliche Information enthalten. Außerdem sind die impliziten Schätzer häufig verzerrt.

Durch die Einbeziehung impliziter Volatilitäten ist folglich eine verbesserte VaR-Prognose zu erwarten. Um die Informationen aus den historisch basierten Schätzern zusätzlich zu berücksichtigen, bieten sich Kombinationen von impliziten und historischen Schätzern an. Für einen Kombinationsschätzer spricht auch der häufig zu beobachtende Bias der impliziten Schätzer. Der Bias kann im Rahmen der Kombination eliminiert werden.[416]

4.4.2 Konzepte zur Value-at-Risk-Ermittlung mit impliziten Volatilitäten

Bei den dargestellten empirischen Untersuchungen zur Prognose der zukünftigen Volatilität zeigt sich, daß die impliziten Volatilitäten meist bessere Ergebnisse aufweisen als die auf historischen Zeitreihen beruhenden Schätzer. Daher sollten implizite Volatilitäten wenn möglich bei VaR-Prognosen eingesetzt werden.

Es gibt drei Entscheidungen die bei der Einbeziehung von impliziten Volatilitäten in die VaR-Ermittlung zu treffen sind.

1. Welche Informationen aus den zu beobachtenden Optionspreisen werden in die VaR-Schätzung einbezogen? Wie werden die verschiedenen Volatilitäten zu einem einzigen Schätzer verdichtet? Welche Möglichkeiten gibt es, die in der Realität zu beobachtenden Abweichungen von der Normalverteilung zu erfassen?

2. Werden bei einem Portfolio die impliziten Volatilitäten der einzelnen Aktien oder durch vereinfachende Modelle nur die implizite Volatilität des Marktindex berücksichtigt?

3. In vielen empirischen Untersuchungen waren nicht alle Informationen über die zukünftige Volatilität, die in den historischen Zeitreihen enthalten war, auch in den Optionspreisen enthalten. Wie kann dies durch eine Kombination

---

416 Zu einer Darstellung möglicher Kombinationsverfahren vgl. Abschnitt 4.4.2.3.

von beiden Schätzern berücksichtigt werden, um eine verbesserte VaR-Prognose zu erreichen? Dabei ist auch der häufig auftretende Bias der impliziten Schätzer zu beachten, der im Rahmen eines Kombinationsverfahrens berücksichtigt werden kann.

Auf diese Themenbereiche wird in den folgenden drei Abschnitten eingegangen.

4.4.2.1 Auswahl der aus Optionspreisen einzubeziehenden Informationen

Zur VaR-Prognose ist ein bestimmtes Quantil der zukünftigen Verteilung der Portfoliorenditen möglichst gut vorherzusagen. Bei der Varianz-Kovarianz-Methode wird unterstellt, daß diese Verteilung die Form einer Normalverteilung besitzt. Die tatsächlichen Portfoliorenditen sind in der Regel nicht normalverteilt. Werden implizite Volatilitäten in die VaR-Berechnung einbezogen, sind auf zwei Arten Verbesserungen der Güte der VaR-Prognose denkbar:

1. Ist die implizite Volatilität eine bessere Prognose der künftigen Volatilität als die historisch ermittelte, ergibt sich auch eine exaktere VaR-Prognose.

2. Aufbauend auf dem Konzept der impliziten Wahrscheinlichkeiten kann für ein bestimmtes Underlying die von den Marktteilnehmern erwartete zukünftige Verteilung für einen bestimmten Zeitpunkt ermittelt werden. Das Quantil, das den VaR ausmacht, kann so unter Umständen genauer vorhergesagt werden.[417]

Soll die VaR-Schätzung durch eine bessere Volatilitätsprognose exakter werden, können die Ergebnisse aus den empirischen Untersuchungen zur Volatilitätsprognose direkt genutzt werden. Im Verhältnis zum Aufwand weist der Volatilitätsschätzer „am Geld“ die besten Prognoseeigenschaften auf. In bezug auf die Term Structure wurde gezeigt, daß auch bei einem sehr kurzen Prognosezeitraum die Restlaufzeit der verwendeten Optionen nicht zu kurz sein sollte. Durch die Einbeziehung impliziter Volatilitäten in die Volatilitätsprognose bei der VaR-Schätzung ist eine Verbesserung mit relativ geringem Aufwand zu erwarten.

Das zweite Konzept ist theoretisch vielversprechend. Die praktische Umsetzung ist jedoch problematisch. Die fehlende Unterstellung einer bestimmten Vertei-

---

[417] Neuhaus empfiehlt die Anwendung dieses Konzeptes, um eine aus historischen Zeitreihen abgeleitete Risikoprognose bei Bedarf nach oben anzupassen; vgl. Neuhaus (1995), S. 65 f.

lung der Renditen der betrachteten Finanztitel erschwert die Aggregation zum Portfoliorisiko. Mit dem hier zugrunde gelegten Konzept der Varianz-Kovarianz-Methode ist dieser Ansatz nicht direkt vereinbar. Ein weiterer Nachteil ist, daß für die Ermittlung von impliziten Wahrscheinlichkeiten ein sehr breites Spektrum liquide gehandelter Optionen pro Underlying benötigt wird. [418] Aus diesen Gründen wird der Ansatz hier nicht weiter verfolgt.

Bei der Auswahl eines Volatilitätsschätzers ist auch dessen Verfügbarkeit zu beachten. Häufig werden nur Aktienoptionen mit bestimmten Restlaufzeiten und bestimmten Basispreisen liquide gehandelt. Kommerzielle Datenanbieter liefern, wenn überhaupt, nur ausgewählte implizite Volatilitäten. BLOOMBERG stellt für einzelne Aktien zum Beispiel ausschließlich At-the-money-Volatilitäten mit kurzer Restlaufzeit zur Verfügung.[419]

4.4.2.2 Verwendung von einzelnen impliziten Volatilitäten oder Verwendung der impliziten Index-Volatilität

Ob bei einem Aktienportfolio die einzelnen impliziten Volatilitäten zur Schätzung des VaR verwendet werden können, hängt vor allem von der Zusammensetzung des Portfolios ab. Um aussagekräftige implizite Volatilitäten ermitteln zu können, muß es liquide gehandelte Optionskontrakte mit einem großen Spektrum an Restlaufzeiten und Basispreisen für die betreffenden Aktien geben. In Deutschland kommen nur Aktien in Betracht, für die an der EUREX Optionskontrakte angeboten werden.[420] Außer für die 30 DAX-Werte werden nur für wenige deutsche Aktien Optionen an der EUREX gehandelt.[421] Unter den DAX-Werten sind dabei große Unterschiede hinsichtlich der Liquidität der Optionskontrakte zu beobachten. Einen Überblick über das Handelsvolumen in EUREX-Optionen auf die 30 DAX-Aktien gibt Tabelle 4.4.

---

[418] Vgl. z. B. Jackwerth (1999), S. 67.

[419] Die Vorgehensweise von BLOOMBERG zur Ermittlung dieser Volatilitäten wird in Abschnitt 4.5.2.1 dargestellt.

[420] Als Alternative zu impliziten Volatilitäten aus EUREX-Optionen könnten diese aus Optionsscheinen ermittelt werden. Optionsscheine werden i. d. R. nur auf an der EUREX gehandelte Underlyings in ausreichender Variation von den Banken emittiert.

[421] Per 17.11.2000 waren dies Consors, EM.TV, Hoechst, Mannesmann, Mobilcom und T-Online. Die Umsätze waren dabei außer bei EM.TV sehr gering; Handelsblatt, 20.11.2000, S. 51. Außerdem werden an der EUREX Optionskontrakte auf einige ausländische Blue Chips gehandelt; vgl. Schiller/Marek (2000), S. 220.

	Anzahl Calls	Anzahl Puts	Gesamtzahl	Anteil in %
ADS	238	608	846	0,47
ALV	1.122	1.270	2.392	1,33
BAS	2.328	1.439	3.767	2,09
BAY	3.064	1.415	4.479	2,48
BMW	1.026	439	1.465	0,81
CBK	3.272	3.561	6.833	3,79
DBK	7.249	7.875	15.124	8,39
DCX	19.598	22.850	42.448	23,55
DHA	428	277	705	0,39
DRB	5.119	1.727	6.846	3,80
DTE	13.578	20.479	34.057	18,89
EOA	1.074	619	1.693	0,94
EPC	226	1.130	1.356	0,75
FME	182	5	187	0,10
HEN3	199	114	313	0,17
HVM	687	1.746	2.433	1,35
IFX	1.318	1.418	2.736	1,52
KAR	748	169	917	0,51
LHA	1.559	361	1.920	1,07
LIN	896	13	909	0,50
MAN	69	192	261	0,14
MEO	1.836	146	1.982	1,10
MUV2	177	483	660	0,37
PRS	1.296	147	1.443	0,80
RWE	2.888	1.598	4.486	2,49
SAP3	895	2.070	2.965	1,64
SCH	1.106	61	1.167	0,65
SIE	11.093	11.165	22.258	12,35
TKA	5.158	1.231	6.389	3,54
VOW	6.225	1.010	7.235	4,01
Summe	**94.654**	**85.618**	**180.272**	**100,00**

Tabelle 4.4: Jeweilige Anzahl der an der EUREX am 17.11.2000 gehandelten Optionskontrakte auf die 30 DAX-Aktien[422]

---

422 Handelsblatt, 20.11.2000, S. 51.

Ein Großteil der insgesamt 180.272 gehandelten Kontrakte ist auf wenige Basiswerte konzentriert. So wurden in den fünf umsatzstärksten Underlyings (DBK, DCX, DTE, SIE und VOW) über 63 Prozent aller Kontrakte gehandelt. Dagegen konnten die umsatzschwächsten fünf Werte (DHA, FME, HEN3, MAN und MUV2) nur gut ein Prozent der Gesamtkontraktzahl auf sich vereinigen. Da sich die Gesamtzahl der Kontrakte pro Aktie jeweils auf mehrere Kontrakte mit unterschiedlichen Restlaufzeiten und Basispreisen aufteilt, ist bei den „kleinen" Werten wenn überhaupt nur in den umsatzstärksten Kontrakten ein liquider Handel gegeben. Die Konzentration auf At-the-money-Volatilitäten mit kurzer Restlaufzeit ist daher bei diesen Werten besonders vorteilhaft.

Wird die Komplexität der Kovarianzmatrix durch eine der in Kapitel 3 behandelten Vereinfachungen verringert, vergrößern sich die Möglichkeiten des Einsatzes von impliziten Volatilitäten. Bei der Verwendung historischer Volatilitäten sind die Vereinfachungen wegen des geringeren Datenerhebungs- und Rechenaufwandes vorteilhaft. Sind im Portfolio Nebenwerte enthalten, für die keine Optionen liquide gehandelt werden, sind Vereinfachungen bei der Verwendung impliziter Volatilitäten zwingend. Besonders das Single-Index- und das Beta-Modell bieten sich an. Wird der DAX als Marktindex verwendet, kann der VDAX als Prognose für die zukünftige DAX-Volatilität herangezogen werden. Der VDAX hat den Vorteil der Standardisierung und der ständigen Verfügbarkeit. Die normierte Restlaufzeit von 45 Kalendertagen und die ausschließliche Berücksichtigung von Optionen nah am Geld entsprechen den Vorgaben, die eine gute Prognose erwarten lassen.

Hier werden zwei Varianten der Einbeziehung impliziter Volatilitäten in die VaR-Ermittlung vorgeschlagen:

1. Für die VaR-Schätzung werden die impliziten Volatilitäten der einzelnen Aktien verwendet. Die Korrelationen werden weiterhin aus historischen Zeitreihen geschätzt. Diese Variante ist nur möglich, wenn für alle im Portfolio enthaltenen Aktien implizite Volatilitäten verfügbar sind.

2. Für die VaR-Berechnung wird das Single-Index-Modell verwendet. Dabei wird die zukünftige DAX-Volatilität mit einer impliziten Volatilität, zum Beispiel dem VDAX, geschätzt. Diese Variante ist auch für Portfolios mit Nebenwerten geeignet.

Der erste Ansatz ist leicht umzusetzen. Beim vollen historischen Modell werden die historisch geschätzten Standardabweichungen der einzelnen Aktien durch implizite Volatilitäten ersetzt. Durch die Beibehaltung der historisch ermittelten Korrelationsmatrix entsteht hierbei kein Problem mit deren Positiv-Semidefinitheit.

Beim zweiten Ansatz ist zu klären, wie die implizite DAX-Volatilität in das Single-Index-Modell einbezogen wird. Zwei Varianten sind denkbar:

1. Die historisch gemessenen Korrelationen der Einzeltitel zum DAX und die historischen Residualvarianzen werden beibehalten. Die implizite DAX-Volatilität wird in die Beta-Berechnung und die Berechnung der sich aus dem Single-Index-Modell ergebenden Korrelationen zwischen den Einzeltiteln aufgenommen.

2. Die auf historischen Zeitreihen basierenden Betas und die historischen Residualvarianzen werden beibehalten. Die Korrelationen der Einzeltitel zum Index werden durch die Aufnahme der impliziten DAX-Volatilität angepaßt.

Die erste Variante führt zu folgenden Änderungen:

Für die Varianzen der Einzeltitel gilt:

$$\sigma_{r_i}^2 = \beta_i^2 \sigma_{r_M}^2 + \sigma_{\varepsilon_i}^2 \qquad \text{(vgl. 3-7)}$$

Für die Betas gilt:

$$\beta_i = \frac{\sigma_{r_i r_M}}{\sigma_{r_M}^2} = \frac{\rho_{r_i r_M} \sigma_{r_i} \sigma_{r_M}}{\sigma_{r_M}^2} = \frac{\rho_{r_i r_M} \sigma_{r_i}}{\sigma_{r_M}} \qquad \text{(vgl. 3-4)}$$

Wird (3-4) in (3-7) eingesetzt, ergibt sich:

$$\begin{aligned} \sigma_{r_i}^2 &= \left(\frac{\rho_{r_i r_M} \sigma_{r_i}}{\sigma_{r_M}} \right)^2 \sigma_{r_M}^2 + \sigma_{\varepsilon_i}^2 \\ &= \rho_{r_i r_M}^2 \sigma_{r_i}^2 + \sigma_{\varepsilon_i}^2 \end{aligned} \qquad \text{(4-44)}$$

Aufgelöst nach $\sigma_{r_i}^2$ folgt:

$$\sigma_{r_i}^2 = \frac{\sigma_{\varepsilon_i}^2}{1-\rho_{r_i r_M}^2} \tag{4-45}$$

Die Varianz eines Einzeltitels bestimmt sich aus der Residualvarianz und der Korrelation zum Index. Da beides nicht geändert wird, bleibt die Varianz der Einzeltitel unverändert.

Für die Korrelationen zwischen den Einzeltiteln gilt:

$$\sigma_{r_i r_j} = \rho_{r_i r_j}\sigma_{r_i}\sigma_{r_j} = \beta_i \beta_j \sigma_{r_M}^2$$

(vgl. 3-8)

$$\Leftrightarrow \rho_{r_i r_j} = \frac{\beta_i \beta_j \sigma_{r_M}^2}{\sigma_{r_i}\sigma_{r_j}}$$

Wird (3-4) eingesetzt, ergibt sich:

$$\rho_{r_i r_j} = \frac{\frac{\rho_{r_i r_M}\sigma_{r_i}}{\sigma_{r_M}} \frac{\rho_{r_j r_M}\sigma_{r_j}}{\sigma_{r_M}} \sigma_{r_M}^2}{\sigma_{r_i}\sigma_{r_j}} \tag{4-46}$$

Wird die historische DAX-Volatilität durchgängig durch die implizite DAX-Volatilität ersetzt, folgt:

$$\rho_{r_i r_j} = \rho_{r_i r_M}\rho_{r_j r_M} \tag{4-47}$$

Die Korrelationen zwischen den Einzeltiteln ändern sich durch die Aufnahme der impliziten DAX-Volatilität nicht. Bei dieser Variante ändern sich weder die Varianzen der Einzeltitel noch die Korrelationen.

Bei der zweiten Variante ergibt sich durch die Einbeziehung einer geänderten Index-Volatilität eine geänderte Gesamtvolatilität der Einzeltitel:

$$\sigma_{IV,r_i}^2 = \beta_{HV,i}^2 \sigma_{IV,r_M}^2 + \sigma_{HV,\varepsilon_i}^2 \neq \beta_{HV,i}^2 \sigma_{HV,r_M}^2 + \sigma_{HV,\varepsilon_i}^2 = \sigma_{HV,r_i}^2 \qquad \forall\, \sigma_{IV,r_M}^2 \neq \sigma_{HV,r_M}^2 \tag{4-48}$$

IV: hier geht die implizite Volatilität des DAX ein

HV:historisch ermittelter Wert

Die neuen Korrelationen der Einzeltitel zum Index ergeben sich wie folgt.

Die Betas der Einzeltitel werden beibehalten, so daß gilt:

$$\beta_{HV,i} = \rho_{HV,r_i r_M} \frac{\sigma_{HV,r_i}}{\sigma_{HV,r_M}} = \rho_{IV,r_i r_M} \frac{\sigma_{IV,r_i}}{\sigma_{IV,r_M}}$$

$$\Rightarrow \rho_{IV,r_i r_M} = \rho_{HV,r_i r_M} \frac{\sigma_{HV,r_i}\sigma_{IV,r_M}}{\sigma_{HV,r_M}\sigma_{IV,r_i}} \tag{4-49}$$

Die Korrelationen der Einzeltitel zum Index ändern sich mit den Verhältnissen der neuen zur alten Index-Volatilität und der alten zur neuen Volatilität der Einzeltitel.

Für die Korrelationen der Einzeltitel untereinander gilt (vgl. (4-46)):

$$\rho_{IV,r_i r_j} = \frac{\frac{\rho_{IV,r_i r_M}\sigma_{IV,r_i}}{\sigma_{IV,r_M}} \frac{\rho_{IV,r_j r_M}\sigma_{IV,r_j}}{\sigma_{IV,r_M}} \sigma^2_{IV,r_M}}{\sigma_{IV,r_i}\sigma_{IV,r_j}} = \rho_{IV,r_i r_M}\rho_{IV,r_j r_M}$$

$$= \rho_{HV,r_i r_M} \frac{\sigma_{HV,r_i}\sigma_{IV,r_M}}{\sigma_{HV,r_M}\sigma_{IV,r_i}} \rho_{HV,r_j r_M} \frac{\sigma_{HV,r_j}\sigma_{IV,r_M}}{\sigma_{HV,r_M}\sigma_{IV,r_j}}$$

Mit der Änderung der Korrelationen der Einzeltitel zum Index ändern sich die Korrelationen der Einzeltitel untereinander. Durch diese Änderung ist die Korrelationsmatrix unter Umständen nicht mehr positiv-semidefinit. In diesem Fall ist sie entsprechend zu bereinigen.[423]

Da sich bei der ersten Variante an der VaR-Prognose gegenüber dem rein historischen Modell nichts ändert, wird hier nur die zweite Variante weiterverfolgt.

---

[423] Vgl. Abschnitt 2.3.1.

4.4.2.3 Kombination der impliziten mit der historischen Volatilität

In einigen Untersuchungen zur Prognosegüte von impliziten Volatilitäten wird gezeigt, daß diese nicht alle Informationen über die künftige Volatilität enthalten, die aus historischen Zeitreihen extrahierbar sind. Außerdem weisen die implizit ermittelten Schätzer häufig Verzerrungen auf. Durch die Kombination von historischen und impliziten Schätzern läßt sich oft eine bessere Prognose erreichen als mit den einzelnen Schätzern.

Eine einfache Möglichkeit zur Berücksichtigung beider Schätzer ist die Verwendung eines historischen Schätzers, der bei einer wesentlich größeren impliziten Volatilität entsprechend nach oben korrigiert wird. Dabei wird auf eine gute qualitative Prognosefähigkeit der impliziten Volatilitäten vertraut, also auf ihre Fähigkeit, die Richtung vorherzusagen, in die sich die zukünftige Volatilität im Vergleich zur historischen ändern wird.[424] Wird der historisch ermittelte Schätzer nur bei einer höheren impliziten Prognose korrigiert, ergibt sich ein konservativer Schätzer für den VaR. Das Risiko wird dabei tendenziell überschätzt.

Vielversprechender ist die quantitative Verknüpfung der beiden Schätzer. Zum einen können dadurch die Informationen aus beiden Schätzern voll genutzt werden, zum anderen bietet sich dabei die Möglichkeit, die Verzerrungen der impliziten Volatilität zu verringern. Zur quantitativen Verknüpfung von historisch basierten und implizit ermittelten Volatilitätsschätzern werden zwei Verfahren vorgeschlagen.

Die erste Möglichkeit besteht in der Einbeziehung eines impliziten Volatilitätsschätzers in eine GARCH-Schätzgleichung.[425] Wird diese um einen entsprechenden Term erweitert, ergibt sich.[426]

$$\hat{\sigma}_{t+1}^2 = \omega + \alpha\, r_t^2 + \beta\, \hat{\sigma}_t^2 + \gamma\, \hat{\sigma}_{IV,t+1}^2 \qquad (4\text{-}50)$$

$\hat{\sigma}_t^2$: GARCH-Varianzschätzer für t

[424] Feinstein (1989) und Neuhaus (1995) zeigen die gute qualitative Prognosefähigkeit impliziter Volatilitäten; vgl. Abschnitt 4.4.1.

[425] Dieses Verfahren wird u. a. in den Untersuchungen von Day/Lewis (1992), Lamoureux/Lastrapes (1993), Xu/Taylor (1995) und Claessen/Mittnik (1996) angewandt.

[426] Vgl. Claessen/Mittnik (1996), S. 9.

$\hat{\sigma}^2_{IV,t+1}$: Impliziter Varianzschätzer für t+1

$\alpha, \beta, \gamma, \omega$: Parameter der erweiterten GARCH-Schätzgleichung

Um zu testen, ob die im historischen GARCH-Schätzer enthaltenen Informationen bezüglich der künftigen Volatilität bereits in dem impliziten Schätzer enthalten sind, wird diese Gleichung ohne GARCH-Komponente verwendet.

$$\hat{\sigma}^2_{t+1} = \omega + \gamma\, \hat{\sigma}^2_{IV,t+1} \qquad (4\text{-}51)$$

Dies entspricht einer linearen Transformation der impliziten Varianzschätzung und führt zu einer Korrektur des Bias.[427] Werden mit dieser Schätzgleichung identische oder bessere Ergebnisse als mit (4-50) erzielt, enthalten die historischen Renditezeitreihen keine Informationen bezüglich der zukünftigen Volatilität, die nicht in den impliziten Schätzern enthalten sind.

Die zweite Möglichkeit zur Kombination von historischen und impliziten Schätzern ist die Ermittlung eines Volatilitätsschätzers als lineare Kombination dieser Schätzer.[428] Granger/Ramanathan (1984) weisen nach, daß bei der linearen Kombination von Schätzern die besten Ergebnisse erzielt werden, wenn die Kombination eine Konstante beinhaltet und bezüglich der Gewichtung der eingehenden Schätzer keine Beschränkungen gemacht werden. Die Konstante führt zu einem unverzerrten Gesamtschätzer, selbst wenn alle einbezogenen Schätzer verzerrt sind.[429] Der kombinierte Schätzer ergibt sich als:[430]

$$\hat{\sigma}_{t+1} = \gamma_0 + \gamma_1\, \hat{\sigma}_{Methode1,t+1} + \gamma_2\, \hat{\sigma}_{Methode2,t+1} + \ldots + \gamma_N\, \hat{\sigma}_{MethodeN,t+1} \qquad (4\text{-}52)$$

γ_i: Parameter der Kombinationsschätzung

Auf diese Weise werden N verschieden ermittelte Schätzer für die zukünftige Volatilität zu einem einzigen verdichtet. Die Gewichte γ_i werden durch multilineare Regression ermittelt. Bei dieser Kombination ist es besser, nur wenige gute

---

[427] Vgl. Claessen/Mittnik (1996), S. 16 u. S. 19.

[428] Dieses Verfahren wird z. B. von Kroner/Kneafsey/Claessens (1995) und Claessen/Mittnik (1996) verwendet.

[429] Vgl. Granger/Ramanathan (1984), S. 201.

[430] Vgl. Kroner/Kneafsey/Claessens (1995), S. 91.

Schätzer einzubeziehen, da jeder zusätzlich zu schätzende Parameter das Fehlerpotential erhöht.[431] Hier bietet es sich an, einen exponentiell gewichteten historischen Schätzer und einen implizit ermittelten Schätzer zu kombinieren. Der kombinierte Schätzer hat dann folgende Form.

$$\hat{\sigma}_{t+1} = \gamma_0 + \gamma_1 \, \hat{\sigma}_{IV,t+1} + \gamma_2 \, \hat{\sigma}_{EWMA,t+1} \qquad (4\text{-}53)$$

Alternativ wird eine Reduktion auf eine Kombination aus einer Konstante und einem exponentiellen oder einem impliziten Schätzer vorgeschlagen. Auch dabei führt die Konstante zu einer Korrektur des Bias.[432] Es ergibt sich:

$$\hat{\sigma}_{t+1} = \gamma_0 + \gamma_1 \, \hat{\sigma}_{IV,t+1} \qquad (4\text{-}54)$$

oder

$$\hat{\sigma}_{t+1} = \gamma_0 + \gamma_1 \, \hat{\sigma}_{EWMA,t+1} \qquad (4\text{-}55)$$

Dies entspricht jeweils einer linearen Transformation des eingehenden Schätzers.

Die Regression zur Ermittlung der Gewichte γ_i wird auf Volatilitätsausprägungen durchgeführt, die dem Schätzzeitpunkt vorangegangen sind. So werden zum Beispiel die tatsächlichen Werte der Volatilitäten ab jedem einzelnen der letzten 250 Handelstage auf die impliziten und die exponentiell gewichteten Schätzer regressiert. Bei einer angenommenen Haltedauer von 10 Tagen werden 250 10-Tages-Volatilitäten gleitend ermittelt. Bei einer Haltedauer von einem Tag kann die tatsächlich eingetretene Volatilität nicht beobachtet werden. Als Approximation für die „Ein-Tages-Volatilität" kann der Ausdruck $\sqrt{250\,(r_t - \bar{r})^2}$ [433] bzw. bei Annahme eines Mittelwertes von null der täglichen Renditen der Ausdruck $\sqrt{250\, r_t^2}$ [434] („annualisierte absolute Tagesrendite") herangezogen werden.

---

[431] Vgl. Claessen/Mittnik (1996), S. 17.

[432] Vgl. Claessen/Mittnik (1996), S. 18.

[433] Diese Approximation wird z. B. von Fleming (1998) verwendet; vgl. Fleming (1998), S. 338.

[434] Mit Hilfe dieser Approximation wird bei J. P. Morgan der optimale Decay-Faktor bestimmt; vgl. J. P. Morgan (1996), S. 98.

4.5 Empirische Untersuchung

In diesem Abschnitt werden VaR-Schätzer auf der Basis impliziter Volatilitäten mit historisch basierten VaR-Schätzern anhand empirischer Untersuchungen verglichen. Um die typischen Unterschiede zwischen historischen und impliziten Volatilitätsschätzern zu verdeutlichen, werden sie zunächst in einigen grafischen Darstellungen gegenübergestellt. Anschließend werden mit zwei impliziten und drei historisch basierten Verfahren tägliche VaR-Werte für ein Beispielportfolio über einen Zeitraum von drei Jahren ermittelt. Die Ergebnisse werden grafisch und mit verschiedenen Backtesting-Verfahren beurteilt. Danach werden die Berechnungen für die einzelnen Aktien des Portfolios wiederholt, um zu testen, welchen Einfluß Portfolioeffekte auf die Beurteilung der verschiedenen Verfahren haben. Dazu werden die durchschnittlichen Ergebnisse mit den Backtesting-Verfahren bewertet. Anschließend wird die Prognosegüte von VaR-Werten auf der Basis kombinierter Schätzer für den DAX getestet. Es wird untersucht, ob sich durch eine lineare Transformation oder eine Kombination einzelner Schätzer bessere Prognosen erreichen lassen.

4.5.1 Vergleich impliziter und historischer Volatilitätsschätzer

Um die Ergebnisse der verschiedenen VaR-Verfahren besser interpretieren zu können, werden zunächst die Unterschiede bei den verwendeten Volatilitätsschätzern grafisch aufgezeigt. Es werden drei verschiedene Volatilitätsschätzer betrachtet. Die über 250 Handelstage gleichgewichtet historisch ermittelte Volatilität, die nach J. P. Morgan exponentiell gewichtete Volatilität und der VDAX als impliziter Volatilitätsschätzer.[435]

Abbildung 4.12 zeigt die drei verschiedenen Volatilitätsschätzer für den DAX in den Jahren 1997-1999.

[435] Zur Herkunft der Zeitreihen und der Vorgehensweise bei der Ermittlung der Volatilitätsschätzer vgl. Abschnitt 4.5.2.1.

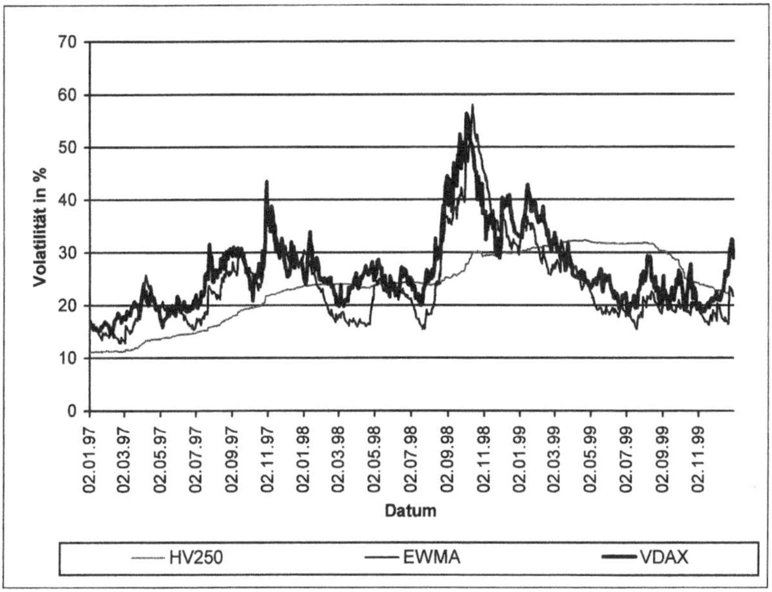

Abbildung 4.12: Vergleich der verschiedenen Volatilitätsschätzer für den DAX

Der VDAX und der mit der exponentiellen Gewichtung ermittelte Volatilitätsschätzer schwanken wesentlich stärker als der gleichgewichtet ermittelte Schätzer. Der Mittelwert des VDAX (26,7 Prozent) liegt deutlich über dem der beiden anderen Schätzer (HV250: 23,7 Prozent, EWMA: 24,0 Prozent).

Um die exponentielle Gewichtung und den VDAX besser vergleichen zu können, sind in Abbildung 4.13 die Abweichungen der beiden Schätzer von der historisch gleichgewichteten Volatilität dargestellt.

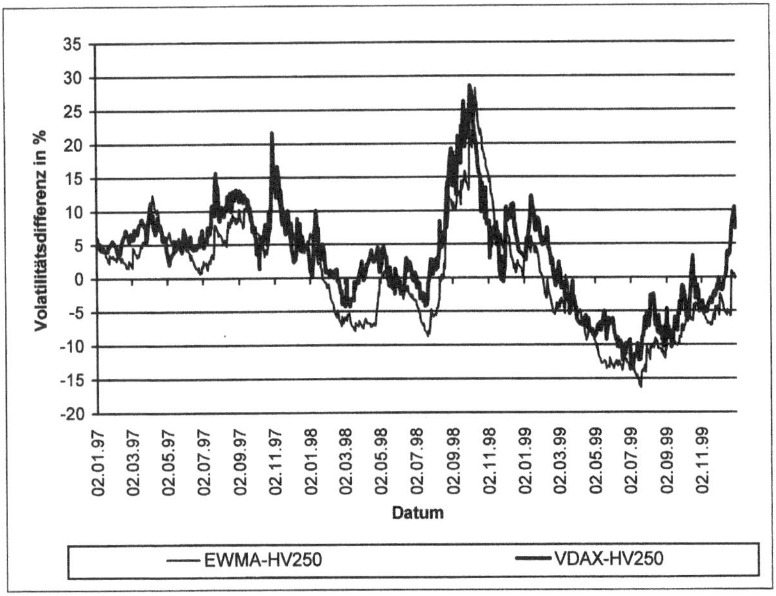

Abbildung 4.13: Differenzen der exponentiellen Gewichtung und des VDAX zur Gleichgewichtung

Die exponentielle Gewichtung schwankt stärker um die Gleichgewichtung, zeigt allerdings einen wesentlich „glatteren" Verlauf. Die Differenzen des VDAX zur Gleichgewichtung schwanken kurzfristig stärker. Insgesamt weisen die Differenzen einen ähnlichen Verlauf auf. Bei beiden Verfahren werden nach oben wesentlich größere Abweichungen erreicht als nach unten.

Einen direkten Vergleich der beiden Schätzer ermöglicht Abbildung 4.14. Sie zeigt die Differenz zwischen dem VDAX und der exponentiellen Gewichtung.

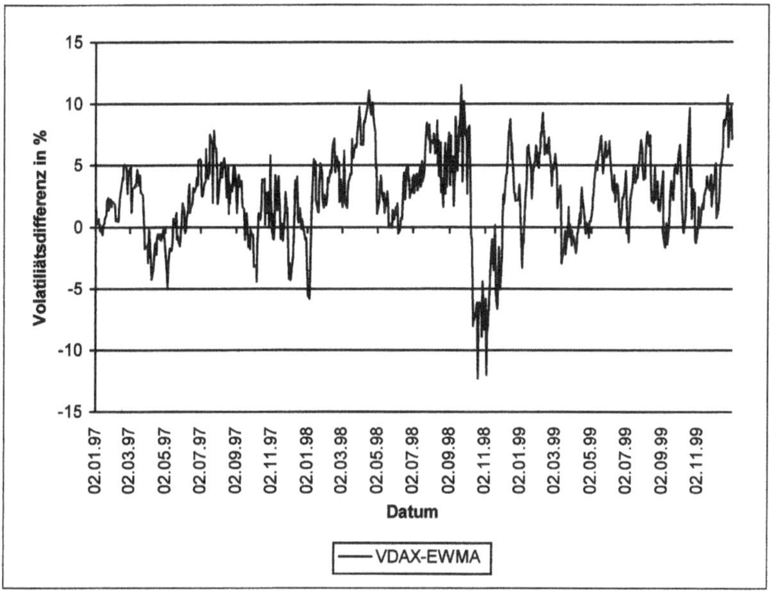

Abbildung 4.14: Differenz zwischen dem VDAX und der exponentiellen Gewichtung

Die Abweichungen können sowohl nach unten als auch nach oben etwa zehn Prozentpunkte erreichen. Sie verändern sich schnell und können auch innerhalb kurzer Zeit mehrmals das Vorzeichen wechseln.

In Abschnitt 4.5.2 werden VaR-Schätzer für ein Aktienportfolio aus den zehn DAX-Aktien Adidas-Salomon, BASF, BMW, Commerzbank, Dresdner Bank, MAN, Münchner Rückversicherung, Schering, Siemens und Viag untersucht. Die folgenden Grafiken zeigen die drei Volatilitätsschätzer dieser zehn Aktien im Vergleich.

In Abbildung 4.15 sind die historisch gleichgewichtet ermittelten Volatilitäten der zehn Aktien dargestellt.

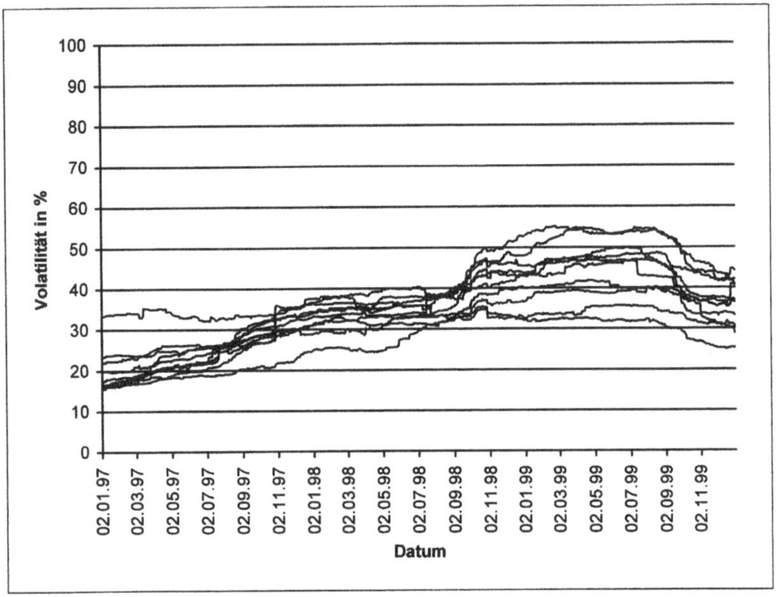

Abbildung 4.15: Gleichgewichtet historisch ermittelte Volatilitäten der zehn Aktien des Testportfolios

Die Unterschiede zwischen den einzelnen Aktien sind sehr groß. Die Volatilität einer Aktie kann fast das Doppelte einer anderen betragen.

Abbildung 4.16 zeigt die exponentiell gewichtet ermittelten Volatilitäten der zehn Aktien.

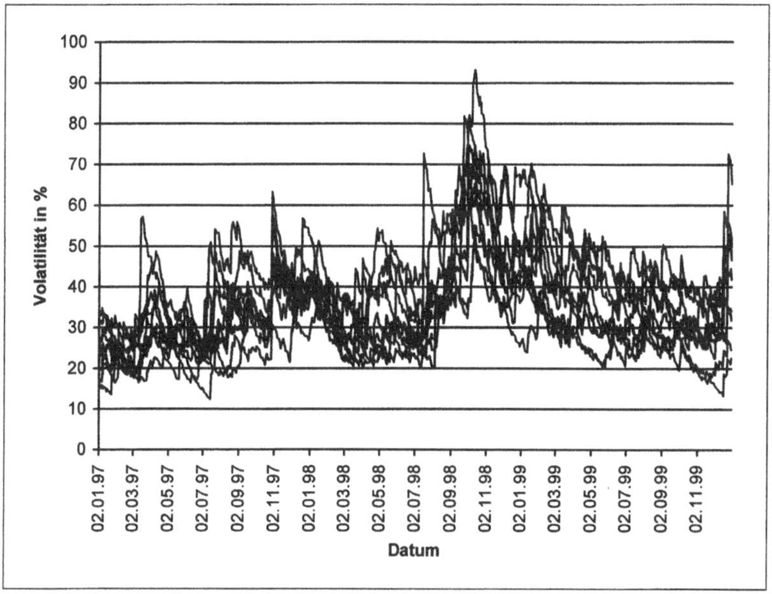

Abbildung 4.16: Exponentiell gewichtet ermittelte Volatilitäten der zehn Aktien des Testportfolios

Die Schwankungen der Volatilitäten sind wesentlich höher als die der gleichgewichtet ermittelten. Die Unterschiede zwischen den einzelnen Aktien sind deutlich größer. Der Faktor zwischen der höchsten und der niedrigsten Volatilität kann bis zu 3,5 betragen.

In Abbildung 4.17 sind die impliziten Volatilitäten der zehn Aktien in den Jahren 1997-1999 dargestellt.

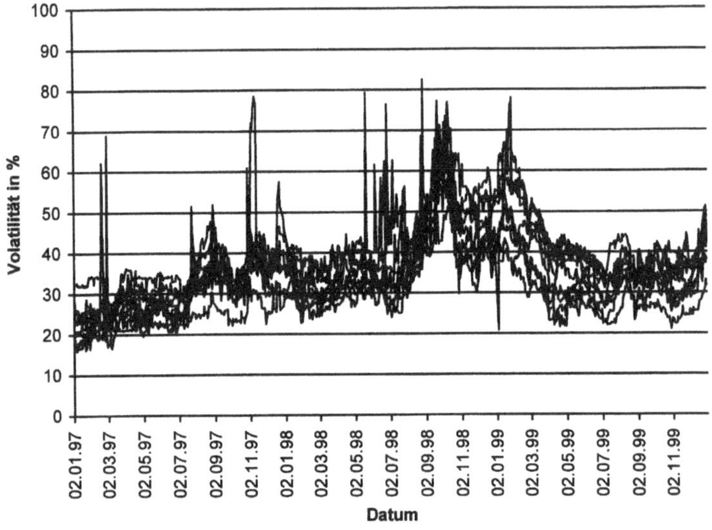

Abbildung 4.17: Implizite Volatilitäten der zehn Aktien des Testportfolios

Die Schwankungen sind ähnlich stark wie bei der exponentiellen Gewichtung. Hier können einzelne Werte innerhalb sehr kurzer Zeit deutlich schwanken. Die Kurven sind wesentlich „unruhiger“ als bei der exponentiellen Gewichtung. Das liegt daran, daß ihr Verlauf nicht ausschließlich auf tatsächlich realisierten Renditen beruht. Ein bestimmtes Ereignis oder ein Gerücht kann innerhalb kurzer Zeit zu einer deutlichen Änderung der Volatilitätserwartung führen.

Beim Vergleich der gleichgewichtet historisch ermittelten Volatilität mit der exponentiellen Gewichtung und den impliziten Volatilitäten fällt vor allem deren langsame Änderung und geringe Schwankungsbreite auf. Die exponentielle Gewichtung und die impliziten Volatilitäten haben einen ähnlichen Verlauf, wobei letztere beim DAX einen deutlich höheren Mittelwert aufweist als die anderen beiden Schätzer. Zwischen den einzelnen Aktien des Testportfolios ergeben sich starke Unterschiede in den Volatilitätsschätzern. Die Werte weisen über die Zeit wesentlich größere Schwankungen auf als die Schätzer für den DAX.

4.5.2 Value at Risk mit historischen und impliziten Volatilitäten für ein Aktienportfolio

In diesem Abschnitt wird die Prognosegüte von VaR-Modellen mit impliziten Volatilitäten anhand eines Beispielportfolios mit der Prognosefähigkeit von auf historischen Zeitreihen basierenden Verfahren verglichen.

4.5.2.1 Aufbau der Untersuchung

Von den „herkömmlichen“ Verfahren werden das volle historische Modell und das Single-Index-Modell auf der Basis historischer Zeitreihen mit einem Beobachtungszeitraum von 250 Handelstagen verwendet. In Anlehnung an die Vorgehensweise bei RiskMetrics werden VaR-Werte auf der Grundlage exponentiell gewichteter historischer Renditezeitreihen ermittelt. Dabei wird ein Decay-Faktor von 0,94 gewählt.

Die Einbeziehung impliziter Volatilitäten erfolgt zum einen im Rahmen eines Single-Index-Modells. Die historisch gemessene Volatilität des DAX wird durch den VDAX ersetzt. Die historisch geschätzten Betas und Residualvarianzen der Einzeltitel werden beibehalten und die Korrelationen zum Index entsprechend angepaßt. Dadurch ergeben sich auch für die Korrelationen zwischen den Einzeltiteln neue Werte. Zum anderen werden implizite At-the-money-Volatilitäten der im Testportfolio enthaltenen Einzeltitel und historisch geschätzte Korrelationen kombiniert. Die historisch basierten Komponenten der beiden Verfahren werden mit einen Beobachtungszeitraum von 250 Tagen gleichgewichtet ermittelt.

Mit allen Verfahren werden VaR-Werte mit Konfidenzniveaus von 99 und 95 Prozent für eine Haltedauer von einem Tag berechnet. Außerdem werden die eingetretenen Gewinne und Verluste des Testportfolios ermittelt. Zunächst werden die verschiedenen Verfahren durch grafische Analysen verglichen. Mit dem Basler Backtesting-Verfahren[436] werden die VaR-Modelle nach den Kriterien der Bankenaufsicht beurteilt. Mit den Verfahren nach Christoffersen und Crnko-

[436] Das Basler Backtesting-Verfahren wird hier nicht vierteljährlich, sondern nur jährlich durchgeführt, um Überschneidungen zu vermeiden.

vic/Drachman[437] schließt sich eine genauere Analyse der Prognosequalität der verschiedenen VaR-Modelle an.

Um auch einzelne implizite Volatilitäten bei der VaR-Schätzung verwenden zu können, wird ein Testportfolio ausgewählt, das ausschließlich DAX-Werte enthält. Das Portfolio setzt sich aus den folgenden Aktien mit einer Summe von jeweils 1.000.000,- €[438] zusammen: Adidas-Salomon, BASF, BMW, Commerzbank, Dresdner Bank, MAN, Münchner Rückversicherung, Schering, Siemens und Viag.

Dieses Portfolio ist hinsichtlich der enthaltenen Branchen ausgewogen. Bei der Auswahl der Aktien ist außerdem die Verfügbarkeit der historischen Zeitreihen impliziter Volatilitäten entscheidend. Aus diesem Grund werden Aktien von Unternehmen, die in der jetzigen Form noch nicht lange existieren, wie zum Beispiel Daimler Chrysler oder Thyssen Krupp, nicht in die Untersuchung einbezogen.

Es werden vom 30.12.1996 bis zum 29.12.1999 täglich VaR-Werte mit einem Prognosehorizont von einem Tag berechnet. Für die auf historischen Renditezeitreihen beruhenden Verfahren wird das Jahr 1996 als Vorlaufzeit herangezogen. Es ergeben sich 754 VaR-Werte, die den eingetretenen Gewinnen und Verlusten vom 02.01.1997 bis zum 30.12.1999 gegenübergestellt werden.[439]

Die historischen Kurszeitreihen der zehn Einzeltitel, des DAX und des VDAX werden dem BLOOMBERG-System entnommen.[440] Die Zeitreihen der Aktien sind bereits um Kapitalmaßnahmen, aber noch nicht um Dividendenabschläge

---

437 Es wird nur die von Crnkovic/Drachman vorgeschlagene Kuiper-Statistik verwendet. Die zum Test der Unabhängigkeit vorgeschlagene BDS-Statistik wird aufgrund ihrer hohen Komplexität nicht angewandt.

438 Diese Summe wird während des Untersuchungszeitraums konstant gehalten, um eine durchgehende Gleichgewichtung des Portfolios zu erreichen.

439 Zur Berechnung wurde eine EXCEL 2000-Applikation mit Visual Basic-Modulen erstellt. Mit einem PC mit einem 400 Mhz schnellen Celeron-Prozessor ergibt sich für die gesamte Simulation eine Rechenzeit von gut zwei Stunden.

440 Die Kurse der Aktien und des DAX sind Schlußkurse aus dem Computerhandelssystem „XETRA“ (vor dem 28.11.1997 „IBIS“). Die historische Zeitreihe des DAX aus BLOOMBERG enthält vor dem 21.6.1999 die Parkettkurse. Diese werden hier durch direkt von der Deutschen Börse AG bezogene XETRA- bzw. IBIS-Kurse ersetzt.

bereinigt. Die Dividendenbereinigung wird mit der opération blanche durchgeführt.[441] Aus den Kurszeitreihen werden diskrete Renditen ermittelt. Ebenfalls aus BLOOMBERG stammen historische Zeitreihen von impliziten Volatilitäten für die einzelnen Titel. Diese Volatilitäten ermittelt BLOOMBERG aus nah am Geld liegenden EUREX-Kontrakten. Dabei wird der Mittelwert aus zwei impliziten Volatilitäten gebildet. Die eine wird aus der Option ermittelt, deren Basispreis am wenigsten über dem Kurs des Underlyings liegt, die andere aus der Option, deren Basispreis am wenigsten unter diesem Kurs liegt. BLOOMBERG verwendet die Optionen mit der kürzesten verfügbaren Restlaufzeit (aber mindestens 20 Tage). Die impliziten Volatilitäten werden für Calls und Puts getrennt ermittelt. Da EUREX-Optionen auf einzelne Aktien amerikanische Optionen sind, wird bei Calls das Roll-Geske-Bewertungsmodell und bei Puts ein 100-stufiges Binomialmodell zur iterativen Ermittlung der impliziten Volatilitäten aus den Marktpreisen herangezogen. Zur Verwendung bei der VaR-Ermittlung werden hier die Mittelwerte aus den Call- und den Put-Volatilitäten gebildet.

Zunächst werden die Ergebnisse für das Portfolio grafisch verglichen und interpretiert. Danach werden diese mit den verschiedenen Backtesting-Verfahren bewertet. Um zu zeigen, wie die Beurteilung der VaR-Modelle von Portfolioeffekten beeinflußt wird, wird das Backtesting für die durchschnittlichen Ergebnisse der einzelnen Aktien wiederholt.

4.5.2.2 Grafische Analyse der Untersuchungsergebnisse auf Portfolioebene

Abbildung 4.18 zeigt die mit den verschiedenen Verfahren ermittelten VaR-Schätzer mit einem Konfidenzniveau von 99 Prozent sowie die tatsächlichen Gewinne und Verluste des Testportfolios. Zusätzlich zu den VaR-Werten mit negativem Vorzeichen sind diese auch mit positivem Vorzeichen dargestellt, um bessere Interpretationsmöglichkeiten zu erreichen.[442]

---

[441] Zur Herkunft der Dividendendaten und der Vorgehensweise bei der Bereinigung vgl. Abschnitt 3.3.1.

[442] Aufgrund der bei der Varianz-Kovarianz-Methode unterstellten Normalverteilung der Portfoliorenditen wird gleichzeitig deren Symmetrie unterstellt. Daher ist es sinnvoll, bei der grafischen Analyse auch die gespiegelten VaR-Werte mit den Portfolioergebnissen zu vergleichen.

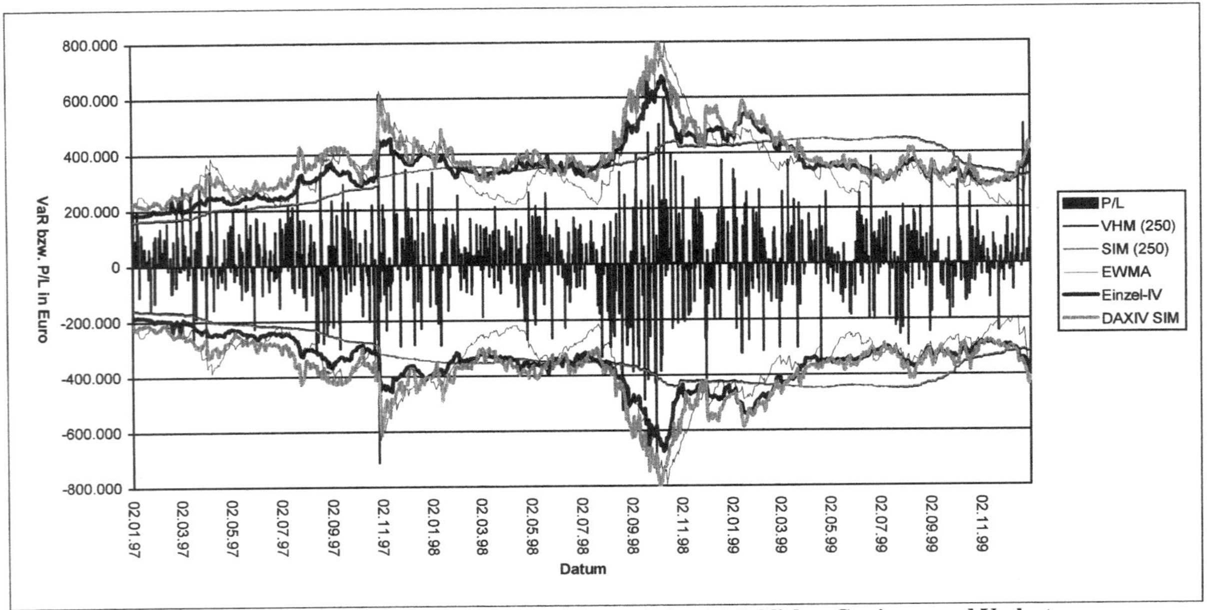

Abbildung 4.18: Vergleich der VaR-Werte mit 99 % Konfidenz mit den tatsächlichen Gewinnen und Verlusten

Beim Vergleich der Ergebnisse fällt besonders auf, daß die aus historischen Renditen gleichgewichtet ermittelten VaR-Werte nur langsam auf ein verändertes Marktumfeld reagieren.[443] Selbst in der von sehr großen Schwankungen geprägten Marktphase in der zweiten Jahreshälfte 1998 steigen diese nur allmählich an. Während der folgenden Marktberuhigung bleiben sie lange Zeit ungefähr konstant und sinken dann langsam ab. Aufgrund des historischen Beobachtungszeitraums von 250 Tagen haben die aktuellen Marktschwankungen bei der Gleichgewichtung nur einen geringen Einfluß auf die Schätzung der künftigen Varianzen und Kovarianzen. Nehmen die Marktschwankungen stark zu, müssen erst viele große absolute Renditen aufgetreten sein und kleinere Renditen der älteren Vergangenheit aus dem Betrachtungszeitraum herausfallen, bis die VaR-Werte deutlich steigen. Bei einer Marktberuhigung gilt der umgekehrte Fall. Dies steht im Gegensatz zu den anderen drei Verfahren.

Durch den Decay-Faktor von 0,94 erhält die jüngste Rendite bei der exponentiellen Gewichtung einen sehr hohen Einfluß auf die VaR-Schätzung. Sie geht in diese mit einem Gewicht von sechs Prozent ein. Zusammen mit den Renditen der Vortage, die auch stark gewichtet sind, bestimmt sie entscheidend die geschätzte Varianz des Portfolios. Bei den beiden Verfahren mit impliziten Volatilitäten wird deutlich, daß die Marktteilnehmer an den Optionsmärkten bei ihrer Preisfindung sehr schnell auf Änderungen des Marktumfelds reagieren. Beim Verfahren mit einzelnen impliziten Volatilitäten sind die Ausschläge bei den VaR-Werten allerdings nicht so groß wie bei der exponentiellen Gewichtung. Die VaR-Schätzer erreichen in einer Marktphase mit hohen absoluten Renditen niedrigere Höchstwerte. Beim impliziten Single-Index-Modell sind ähnlich hohe Werte wie bei der exponentiellen Gewichtung zu beobachten. Beide Verfahren mit impliziten Volatilitäten führen zu VaR-Werten, die bei einer Beruhigung des Marktes schneller abnehmen, aber nie ein so niedriges Niveau erreichen wie die exponentiell gewichteten Werte.

Die auf einzelnen impliziten Volatilitäten basierenden VaR-Werte passen sich nach der grafischen Analyse am besten an die tatsächlichen Marktbewegungen an. Es ist allerdings nicht zu erkennen, daß durch die Einbeziehung impliziter Volatilitäten bereits vor großen Marktbewegungen ein stark erhöhter VaR ge-

[443] Aufgrund der gewählten Portfoliozusammensetzung ergeben sich zwischen dem vollen historischen Modell und dem historischen Single-Index-Modell nur geringe Unterschiede.

schätzt wird. In dem hier untersuchten Zeitraum wurden auch die Marktteilnehmer an den Optionsmärkten von plötzlich auftretenden großen absoluten Renditen überrascht.

In Abbildung 4.18 ist nur schwer zu erkennen, wie oft die VaR-Werte überschritten werden. Die jeweilige Gesamtzahl der Überschreitungen nach oben und unten ist in Abbildung 4.19 dargestellt.

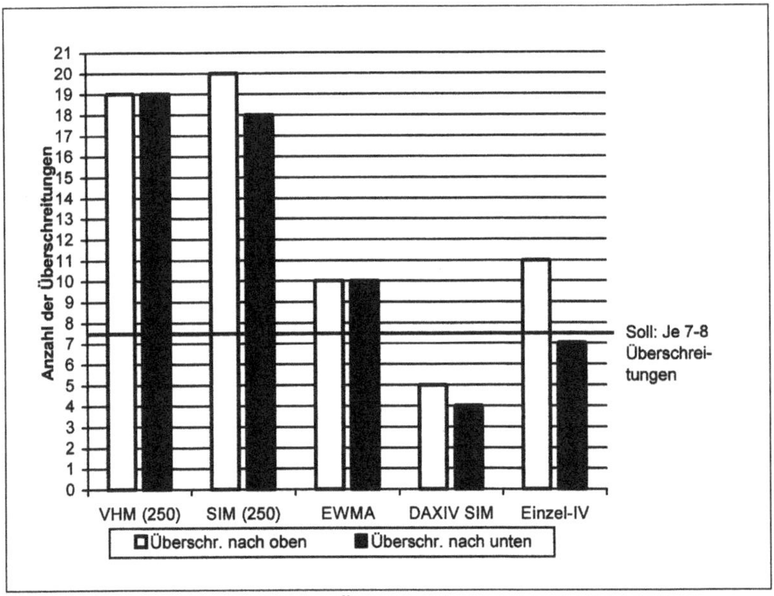

Abbildung 4.19: Gesamtzahl der Überschreitungen nach oben und unten der VaR-Werte mit 99 % Konfidenz

Bei einem Konfidenzniveau von 99 Prozent und 754 Tagen Testzeitraum sollte ein gutes VaR-Modell ungefähr sieben bis acht Überschreitungen nach oben und unten aufweisen. Die auf der Gleichgewichtung historischer Zeitreihen basierenden Verfahren weisen deutlich mehr als acht Überschreitungen nach unten auf. Das historische Single-Index-Modell weicht nur wenig vom vollen historischen Modell ab. Das Modell mit exponentieller Gewichtung erreicht mit zehn Überschreitungen ein gutes Ergebnis. Das Single-Index-Modell mit der VDAX-Volatilität führt zu vier und das Modell mit einzelnen impliziten Volatilitäten zu sieben Überschreitungen nach unten. Die Anzahl der Überschreitungen nach oben ist jeweils identisch oder etwas höher.

Beim internen Einsatz von VaR-Modellen in Banken ist auch ein Konfidenzniveau von 95 Prozent verbreitet. Soll die Güte verschiedener VaR-Verfahren verglichen werden, ist ein niedrigeres Konfidenzniveau vorteilhaft, da mehr Überschreitungen zu erwarten sind. Dadurch ergibt sich eine höhere Trennschärfe.

Abbildung 4.20 zeigt die VaR-Werte mit einem Konfidenzniveau von 95 Prozent im Vergleich mit den Gewinnen und Verlusten des Portfolios.

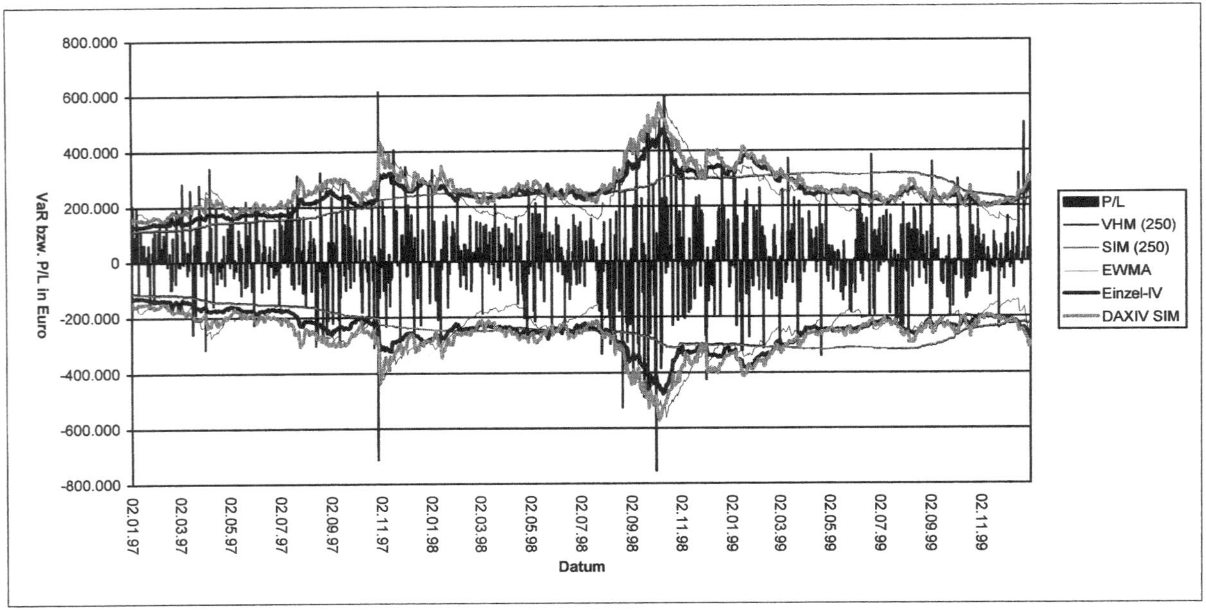

Abbildung 4.20: Vergleich der VaR-Werte mit 95 % Konfidenz mit den tatsächlichen Gewinnen und Verlusten

Die VaR-Werte bilden ein engeres Band, in dem sich die Gewinne und Verluste bewegen, und es gibt deutlich mehr Überschreitungen. Die exponentielle Gewichtung und die Verfahren mit impliziten Volatilitäten erzeugen auch hier eine wesentlich bessere Anpassung an die sich ändernden Marktschwankungsbreiten.

In Abbildung 4.21 ist die jeweilige Anzahl der Überschreitungen nach oben und unten bei einem Konfidenzniveau von 95 Prozent dargestellt.

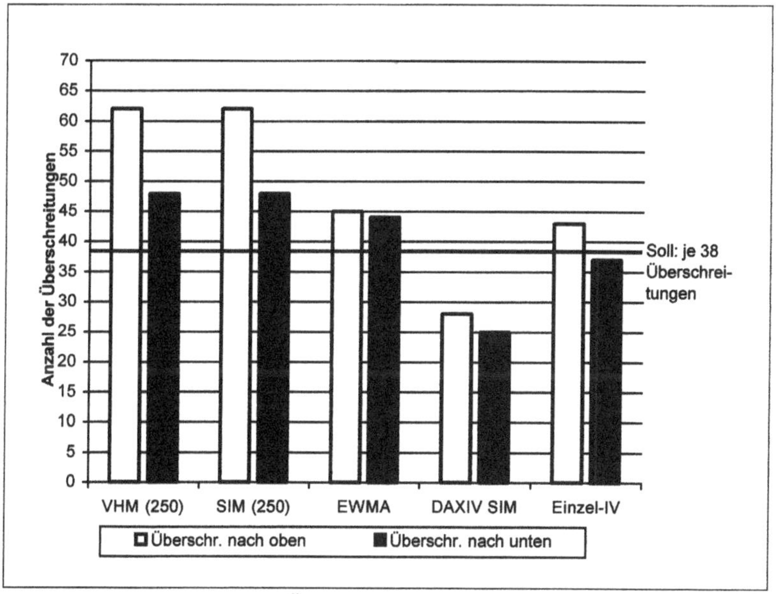

Abbildung 4.21: Anzahl der Überschreitungen nach oben und unten der VaR-Werte mit einem Konfidenzniveau von 95 %

Es ergibt sich ein ähnliches Bild wie bei einem Konfidenzniveau von 99 Prozent. Auch hier liegen die exponentielle Gewichtung und das Modell mit einzelnen impliziten Volatilitäten am nächsten an der gewünschten Anzahl an Überschreitungen. Diese sind nach oben häufiger als nach unten, besonders bei den Modellen mit der Gleichgewichtung historischer Renditen, mit denen extrem viele Überschreitungen nach oben auftreten.

Fazit der grafischen Analysen ist, daß die exponentielle Gewichtung und die Verfahren mit impliziten Volatilitäten die beste Anpassung an die Marktschwankungen aufweisen. Bei der exponentiellen Gewichtung und dem Modell mit einzelnen impliziten Volatilitäten stimmt die Häufigkeit der Überschreitungen der VaR-Werte am besten mit der Erwartung überein. Das Single-Index-Modell mit impliziten Volatilitäten weist zu wenige Überschreitungen auf. Das volle historische Modell und das historische Single-Index-Modell führen zu einer deutlich zu hohen Anzahl an Überschreitungen.

4.5.2.3 Backtesting der Portfolioergebnisse

Beim Backtesting-Verfahren des Basler Ausschusses wird hier die Anzahl der Überschreitungen der VaR-Werte mit einem Konfidenzniveau von 99 Prozent in einem bestimmten Kalenderjahr zur Bewertung eines VaR-Modells herangezogen.

Die Ergebnisse des Backtesting-Verfahrens des Basler Ausschusses für die einzelnen Jahre von 1997 bis 1999 sind in Tabelle 4.5 dargestellt. In der ersten Zeile jeden Jahres ist die Anzahl der Überschreitungen, in der zweiten die Zone aufgeführt, in die das Modell fällt.

	VHM	SIM	EWMA	DAXIV SIM	Einzel-IV
1997	12 rot	12 rot	3 grün	2 grün	5 Gelb
1998	7 gelb	6 gelb	5 gelb	2 grün	2 Grün
1999	0 grün	0 grün	2 grün	0 grün	0 Grün

Tabelle 4.5: Ergebnisse des Backtesting-Verfahrens des Basler Ausschusses

Da im Jahr 1997 wesentlich stärkere Schwankungen der Aktienkurse als im Jahr 1996 zu beobachten waren[444], weisen die Verfahren mit der Gleichgewichtung historischer Zeitreihen im Jahr 1997 schlechte Ergebnisse auf. Das volle historische Modell und das historische Single-Index-Modell haben zwölf Überschrei-

---

[444] Vgl. z. B. Abbildung 4.11.

tungen zur Folge. Beide fallen in die rote Zone. Die exponentielle Gewichtung und das implizite Single-Index-Modell erreichen mit drei bzw. zwei Überschreitungen die besten Ergebnisse und werden in die grüne Zone einsortiert. Das Modell mit einzelnen impliziten Volatilitäten erreicht mit fünf Überschreitungen die gelbe Zone.

Da im Jahr 1998 noch stärkere Tagesverluste als in 1997 zu verzeichnen waren, ergeben sich mit den beiden Modellen mit der Gleichgewichtung wieder zu viele Überschreitungen. Das volle historische Modell wird mit sieben Überschreitungen und das historische Single-Index-Modell mit sechs Überschreitungen der gelben Zone zugewiesen. Das Modell mit exponentieller Gewichtung kommt mit fünf Überschreitungen ebenso in die gelbe Zone. Die beiden auf impliziten Volatilitäten basierenden VaR-Verfahren haben nur zwei Überschreitungen zur Folge und kommen als einzige in die grüne Zone.

Im Jahr 1999 waren die Ausschläge am Aktienmarkt wesentlich geringer als 1998. Bei den Gleichgewichtungsmodellen, die aufgrund der langsamen Anpassung und der starken Ausschläge im Jahr 1998 im gesamten Jahr 1999 noch sehr hohe VaR-Werte schätzen, kommt es zu keiner Überschreitung. Auch die auf impliziten Volatilitäten beruhenden Verfahren weisen im Jahr 1999 keine Überschreitung der VaR-Werte auf. Beim historischen Modell mit exponentieller Gewichtung sind zwei Überschreitungen zu beobachten. Alle Verfahren sind für 1999 in der grünen Zone.

Auch in das Backtesting-Verfahren nach Christoffersen fließt die Zahl der Überschreitungen der VaR-Werte nach unten ein. Dabei werden die drei Jahre des Untersuchungszeitraums nicht mehr einzeln, sondern zusammen betrachtet. Bei einem Gesamtzeitraum von 754 Tagen sind bei einem Konfidenzniveau von 99 Prozent bei einem korrekten Modell etwa sieben bis acht Überschreitungen zu erwarten.

In Tabelle 4.6 sind die Ergebnisse des Backtesting nach Christoffersen für die VaR-Werte mit einem Konfidenzniveau von 99 Prozent dargestellt.

	VHM	SIM	EWMA	DAXIV SIM	Einzel-IV
Überschr.	19	18	10	4	7
LRuc	5,3753	4,5830	0,3194	0,8796	0,0174
Testwert	2,04 %	3,23 %	57,20 %	34,83 %	89,51 %
LRind	1,3544	1,5210	-	-	-
Testwert	24,45 %	21,75 %	-	-	-
LRcc	6,7297	6,1040	-	-	-
Testwert	3,46 %	4,73 %	-	-	-

Tabelle 4.6: **Ergebnisse des Backtesting nach Christoffersen für VaRs mit 99 % Konfidenz**

In der ersten Zeile der Tabelle steht die jeweilige Anzahl der Überschreitungen. Der sich daraus ergebende Wert für den Test auf unbedingte Korrektheit der Modelle LR_{uc} ist in der zweiten Zeile aufgeführt. Da dieser chiquadratverteilt mit einem Freiheitsgrad ist, kann daraus ein Testwert (oder P-Wert) für den Hypothesentest ermittelt werden. Die Testwerte in der dritten Zeile der Tabelle können mit einem Sicherheitsniveau verglichen werden, um zu beurteilen, ob das getestete Modell korrekt ist. Liegt der P-Wert unter dem Sicherheitsniveau, wird das Modell als inkorrekt eingestuft. Hier wird ein Sicherheitsniveau von fünf Prozent gewählt. Das volle historische Modell und das historische Single-Index-Modell weisen aufgrund der wesentlich zu hohen Anzahl an Überschreitungen P-Werte auf, die deutlich unter diesem Wert liegen. Das Single-Index-Modell mit impliziten Volatilitäten liegt mit vier Überschreitungen deutlich über fünf Prozent. Das Modell mit einzelnen impliziten Volatilitäten erreicht mit sieben Überschreitungen einen sehr hohen P-Wert. Auch die exponentielle Gewichtung mit zehn Überschreitungen wird gut bewertet.

Beim Test auf die Unabhängigkeit der Überschreitungen LR_{ind} ergibt sich das Problem, daß bei drei Modellen nie zwei Überschreitungen hintereinander beobachtet werden. Dadurch kann für diese Modelle kein LR_{ind}-Wert ermittelt werden. Bei den beiden auf der Gleichgewichtung historischer Renditen beruhenden Verfahren gibt es nur wenige Überschreitungen, die direkt aufeinander folgen. Die P-Werte liegen über dem Sicherheitsniveau von fünf Prozent.

Der gemeinsame Testwert, der sich aus LR_{cc}, der Summe von LR_{uc} und LR_{ind}, ergibt, liegt bei diesen beiden Modellen unter fünf Prozent, beim historischen

Single-Index-Modell allerdings nur knapp. Bei den anderen Modellen kann auch dieser Wert nicht ermittelt werden.

Bei einem Konfidenzniveau von 99 Prozent treten aufgrund ihrer geringen Gesamtzahl nur wenige Überschreitungen direkt hintereinander auf. Der Test der verschiedenen Modelle auf die Unabhängigkeit der Überschreitungen mit dem Backtesting-Verfahren nach Christoffersen ist daher effektiver, wenn bei der VaR-Schätzung ein Konfidenzniveau von 95 Prozent verwendet wird. Auch für den Test auf unbedingte Korrektheit ist eine größere Trennschärfe zu erwarten, da Zufallseinflüsse auf die Ergebnisse an Bedeutung verlieren.

In Tabelle 4.7 sind die Ergebnisse für ein Konfidenzniveau von 95 Prozent dargestellt. Die Gesamtzahl der Überschreitungen sollte ungefähr bei 38 liegen.

	VHM	**SIM**	**EWMA**	**DAXIV SIM**	**Einzel-IV**
Überschr.	48	48	44	25	37
LRuc	1,1886	1,1886	0,4578	2,2082	0,0060
Testwert	27,56 %	27,56 %	49,86 %	13,73 %	93,84 %
LRind	3,0095	3,0095	0,9690	-	0,3481
Testwert	8,28 %	8,28 %	32,49 %	-	55,52 %
LRcc	4,1980	4,1980	1,4269	-	0,3540
Testwert	12,26 %	12,26 %	49,00 %	-	83,78 %

Tabelle 4.7: Ergebnisse des Backtesting nach Christoffersen für VaRs mit 95 % Konfidenz

Die auf der Gleichgewichtung historischer Zeitreihen basierenden Modelle weisen auch hier zu viele Überschreitungen auf. Mit je 48 Überschreitungen erreichen sie allerdings einen Testwert von deutlich über fünf Prozent. Die exponentielle Gewichtung liegt mit 44 Überschreitungen nur wenig über 38 und erreicht einen hohen Testwert. Bei den Modellen mit impliziter Gewichtung wird das Modell mit einzelnen impliziten Volatilitäten besser bewertet als das Single-Index-Modell, daß mit 25 Überschreitungen deutlich unter 38 liegt. Mit 37 Überschreitungen erreicht das Modell mit einzelnen impliziten Volatilitäten erneut den mit Abstand höchsten P-Wert.

Beim LR_{ind}-Test auf die Unabhängigkeit der Überschreitungen läßt sich nur beim impliziten Single-Index-Modell kein Testwert ermitteln. Hier treten auch bei einem Konfidenzniveau von 95 Prozent nie zwei Überschreitungen hintereinander auf. Das Modell mit einzelnen impliziten Volatilitäten erzielt das mit Abstand beste Ergebnis. Von den auf historischen Zeitreihen beruhenden Verfahren erreicht die exponentielle Gewichtung ein gutes Ergebnis. Das volle historische Modell und das historische Single-Index-Modell werden knapp als korrekt eingestuft.

Beim Gesamttest auf bedingte Korrektheit wird das Modell mit einzelnen impliziten Volatilitäten vor der exponentiellen Gewichtung und den anderen beiden Modellen am besten bewertet. Für das implizite Single-Index-Modell läßt sich kein Wert ermitteln.

Beim Verfahren nach Crnkovic/Drachman werden die Vorhersagen der gesamten für die Zukunft geschätzten Renditeverteilungen mit den eingetretenen Renditen verglichen. Dabei werden die zu beobachtenden Renditen als Quantilsränge der prognostizierten Verteilungen ausgedrückt. Bei perfekten Vorhersagen müßte sich eine Gleichverteilung dieser Quantilsränge ergeben.

Die Ergebnisse des Tests mit dem von Crnkovic/Drachman vorgestellten ungewichteten Verfahren sind in Tabelle 4.8 dargestellt.

	VHM	**SIM**	**EWMA**	**DAXIV SIM**	**Einzel-IV**
Q	0,078046	0,077737	0,076240	0,103679	0,067811
Testwert	0,3231 %	0,3449 %	0,4705 %	0,0005 %	2,3364 %

Tabelle 4.8: Ergebnisse des ungewichteten Backtesting-Verfahrens nach Crnkovic/Drachman

In der ersten Zeile der Tabelle sind die Summen der Beträge der größten Abweichungen nach oben und unten (*Q*-Werte) der verschiedenen Verfahren dargestellt. Diese machen eine relative Beurteilung der Verfahren möglich. Je kleiner der *Q*-Wert, desto besser wird die jeweilige Schätzmethode durch den Test eingestuft. Das Modell mit einzelnen impliziten Volatilitäten erreicht auch hier vor der exponentiellen Gewichtung das beste Ergebnis. Das historische Single-Index-Modell wird etwas besser bewertet als das volle historische Modell. Das implizite Single-Index-Modell wird am schlechtesten eingestuft.

In der zweiten Zeile der Tabelle sind die zugehörigen P-Werte aufgeführt. Der Vergleich mit dem Sicherheitsniveau von fünf Prozent ergibt für keines der Modelle eine Einstufung als korrektes Modell. Auch bei dem Modell mit einzelnen impliziten Volatilitäten liegt der Testwert deutlich unter fünf Prozent.

Zur Interpretation dieser Ergebnisse ist eine grafische Darstellung der Abweichungen der Quantilsränge von der Gleichverteilung geeignet (vgl. Abbildung 4.22).

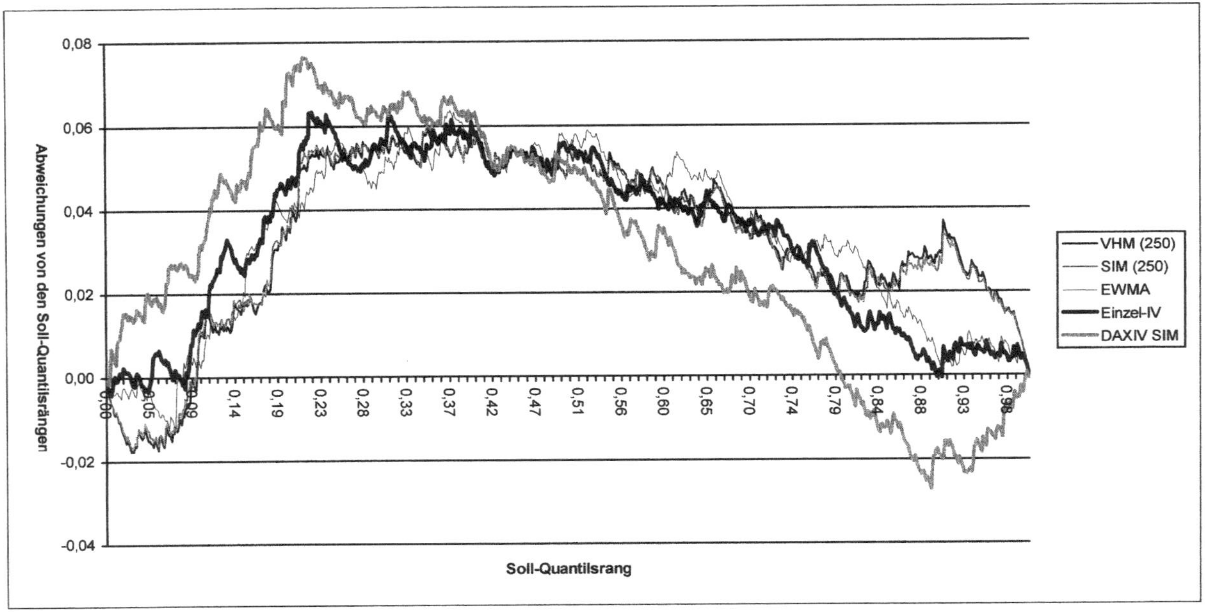

Abbildung 4.22: Abweichungen der Quantilsränge der verschiedenen VaR-Modelle von der Gleichverteilung

Die größten Differenzen nach unten treten bei allen Modellen mit Ausnahme des impliziten Single-Index-Modells am linken Rand der Verteilung auf. Eine negative Abweichung bedeutet, daß der geschätzte Quantilsrang einer aufgetretenen Portfoliorendite kleiner als der der Gleichverteilung ist. Bezogen auf die durch diese Modelle geschätzten Verteilungen sind zu viele große Verluste des Portfolios aufgetreten. Die aufgetretenen großen Verluste werden zu weit links in die prognostizierten Verteilungen einsortiert. Das mögliche Risiko wird somit unterschätzt. Die Abweichungen sind allerdings bei dem Modell mit einzelnen impliziten Volatilitäten und bei der exponentiellen Gewichtung sehr gering. Das implizite Single-Index-Modell weist am linken Rand der Verteilung große positive Abweichungen auf. Das Risiko wird mit diesem Modell stark überschätzt. Die größten Abweichungen nach unten weist dieses Modell am rechten Rand der Verteilung auf. Hier werden die großen positiven Renditen des Portfolios zu weit links in die prognostizierten Verteilungen einsortiert. Die möglichen Ausschläge nach oben werden durch das implizite Single-Index-Modell ebenso wie die nach unten überschätzt.

Die Abweichungen nach oben sind im Vergleich zu den Abweichungen nach unten bei allen Verfahren sehr groß. Die Unterschiede zwischen den größten Abweichungen der verschiedenen Verfahren nach oben sind kleiner als zwischen den Abweichungen nach unten. Bei allen Verfahren liegt die Zahl der positiven Abweichungen deutlich über der Zahl der negativen. Die geschätzten Quantilsränge sind also meistens größer als die der Gleichverteilung. Das bedeutet, daß die Mehrzahl der aufgetretenen Renditen zu weit rechts in die jeweils geschätzte Verteilung einsortiert wurde. Bei allen Modellen außer dem impliziten Single-Index-Modell sind im Verhältnis zu den geschätzten Verteilungen abgesehen von den linken Rändern zu große positive bzw. zu kleine negative Renditen aufgetreten. Die Einstufung dieser Modelle als inkorrekt ist eine Folge der großen Abweichungen nach oben, die vor allem im mittleren Bereich der Verteilungen auftreten. Beim impliziten Single-Index-Modell basiert die deutliche Ablehnung auf zu großen Abweichungen nach oben im mittleren Bereich der Verteilung und den großen Abweichungen nach unten am rechten Rand.

Bei der Prognose von VaR-Werten ist der linke Rand der geschätzten Verteilung relevant. In Abbildung 4.23 ist ein Ausschnitt mit den Abweichungen der Quantilsränge von der Gleichverteilung für den Bereich von ca. 0,00 bis ca. 0,10[445] der Soll-Quantilsränge dargestellt.

[445] Die genauen Werte sind 0,001326 (1/754) bis 0,099469 (75/754). Es werden die in bezug auf die jeweils geschätzten Verteilungen 75 größten Portfolioverluste betrachtet. Dies entspricht einem Anteil von ca. 10 % aller Gewinne und Verluste.

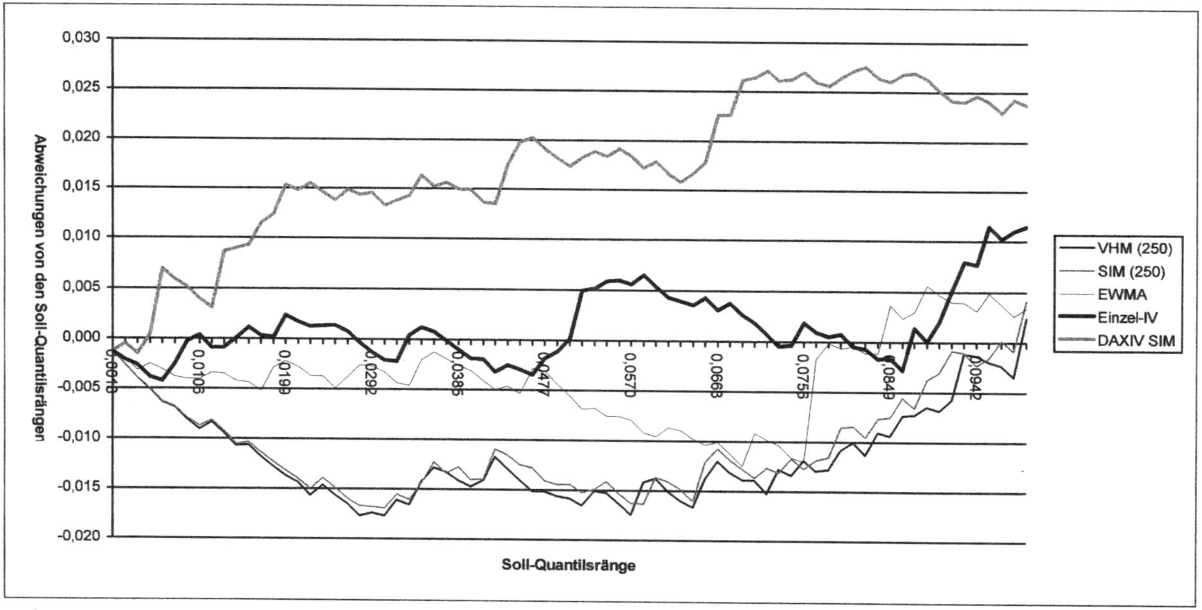

Abbildung 4.23: Abweichungen der Quantilsränge der verschiedenen VaR-Modelle von der Gleichverteilung im Bereich von ca. 0,00 bis ca. 0,10

Die historisch gleichgewichteten Modelle weisen in diesem Bereich deutlich negative Abweichungen von der Gleichverteilung auf. Das implizite Single-Index-Modell hat fast durchgehend hohe positive Abweichungen zur Folge. Auch aufgrund der grafischen Analyse des linken Randes sind diese drei Modelle im Hinblick auf eine korrekte Abschätzung der möglichen Verluste schlechter einzustufen als die anderen beiden. Die möglichen Verluste werden bei den ersten beiden Modellen unterschätzt und beim dritten Modell überschätzt. Am besten gelingt es in diesem Bereich dem Modell mit einzelnen impliziten Volatilitäten, die möglichen Portfolioverluste vorherzusagen. Das Modell mit exponentieller Gewichtung liegt im Bereich von 0,01 bis 0,05 (diese Punkte korrespondieren mit Konfidenzniveaus von 99 bzw. 95 Prozent) auch nah an den Sollwerten und weist erst rechts davon eine zunächst zunehmende Unterschätzung des Risikos auf.

Um den Schwerpunkt des Tests auf die bei der VaR-Schätzung besonders interessierenden Ränder der Verteilung zu legen, schlagen Crnkovic/Drachman einen gewichteten Test vor. Die Ergebnisse sind in Tabelle 4.9 aufgeführt.

	VHM	SIM	EWMA	DAXIV SIM	Einzel-IV
Q_w	0,078935	0,078357	0,064289	0,100975	0,066288

Tabelle 4.9: Ergebnisse des gewichteten Backtesting-Verfahrens nach Crnkovic/Drachman

Die relative Rangfolge der Verfahren ändert sich durch die Gewichtung bis auf die bei den beiden besten Verfahren nicht. Hier wird die exponentielle Gewichtung besser beurteilt als das Verfahren mit einzelnen impliziten Volatilitäten. Abbildung 4.24 zeigt die Abweichungen der gewichteten Quantilsränge der verschiedenen Verfahren von den gewichteten Soll-Quantilsrängen.

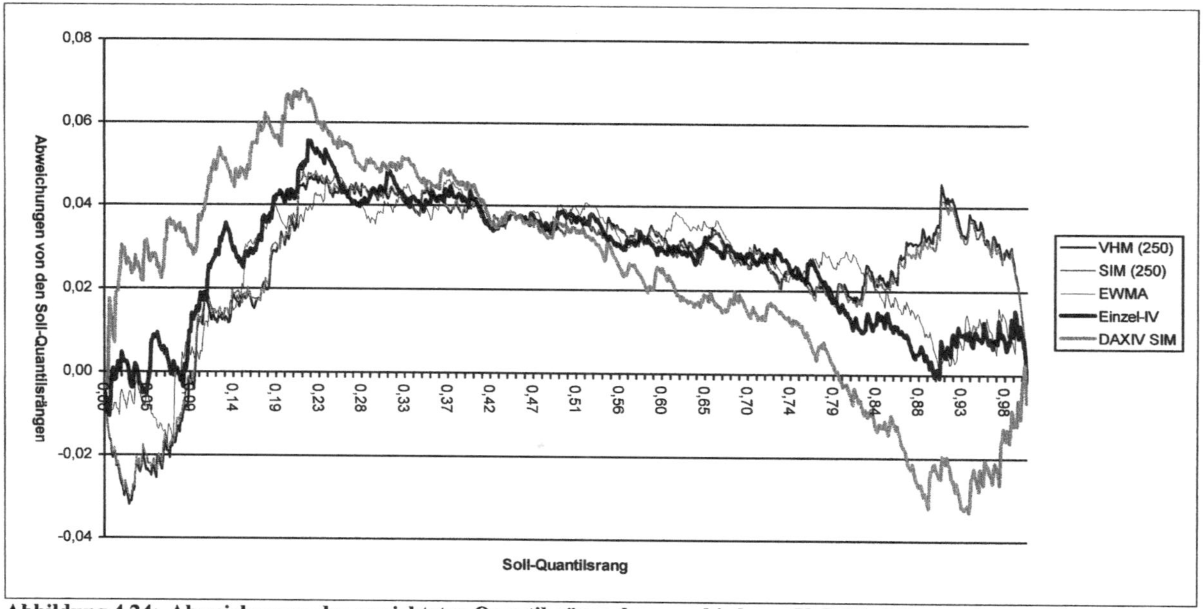

Abbildung 4.24: Abweichungen der gewichteten Quantilsränge der verschiedenen VaR-Modelle von der gewichteten Gleichverteilung

Im Vergleich zur Abbildung 4.22 mit den ungewichteten Differenzen wird deutlich, daß hier die Abweichungen an den Rändern der Verteilungen größer sind. An der Position der jeweils größten Abweichungen nach oben und unten ändert sich allerdings wenig. Daher überrascht es nicht, daß sich die Rangfolge der verschiedenen Verfahren kaum ändert. Die bessere Beurteilung der exponentiellen Gewichtung gegenüber der Methode mit einzelnen impliziten Volatilitäten beruht auf deren größten Abweichungen nach oben. Bei der Methode mit einzelnen impliziten Volatilitäten liegt diese ohne Gewichtung etwas weiter links und wird daher durch die Gewichtung stärker erhöht als die der exponentiellen Gewichtung.

Die Verteilung der Q_w-Werte ist nicht bekannt. Um einen Hypothesentest durchführen zu können, wird die Q_w-Verteilung durch eine Monte-Carlo-Simulation ermittelt, bei der 10.000 mal je 754 gleichverteilte Zufallszahlen erzeugt werden. Diese werden mit der worry function gewichtet, und aus den Differenzen zu den gewichteten Soll-Quantilsrängen wird der Q_w-Wert ermittelt. Aus den 10.000 Simulationen ergeben sich 10.000 Q_w-Werte, die approximativ die gesuchte Verteilung darstellen. Aus dieser kann der kritische Q_w-Wert für das gewünschte Sicherheitsniveau abgeleitet werden. Für ein Sicherheitsniveau von fünf Prozent ergibt sich hier ein Wert von 0,06435006. Verfahren, deren Q_w-Wert kleiner ist, werden als korrekt, die anderen als inkorrekt eingestuft. Hier wird nur die exponentiellen Gewichtung als korrekt eingestuft.

Beim Backtesting des Basler Ausschusses werden die Verfahren mit der Gleichgewichtung historischer Zeitreihen insgesamt am schlechtesten beurteilt. Sie fallen 1997 in die rote, 1998 in die gelbe und 1999 in die grüne Zone. Die exponentielle Gewichtung und das Modell mit einzelnen impliziten Volatilitäten werden je einmal der gelben und zweimal der grünen Zone zugewiesen. Nur das implizite Single-Index-Modell erreicht dreimal die grüne Zone. Aus der Sicht der Aufsichtsbehörden ist es kein Nachteil, daß dieses Modell die Risiken tendenziell überschätzt. Aus der Sicht der Bank führt eine Überschätzung des Risikos allerdings zu einer unnötig hohen Eigenkapitalunterlegung.

Durch den Test auf die unbedingte Korrektheit der Vorhersagen eines Modells nach Christoffersen wird hingegen das Modell am besten bewertet, das am nächsten an der gewünschten Anzahl an Überschreitungen liegt. Das implizite Single-

Index-Modell wird deutlich schlechter eingestuft als das Modell mit einzelnen impliziten Volatilitäten und das Modell mit exponentieller Gewichtung. Bei VaR-Werten mit 99 Prozent Konfidenz werden die beiden Modelle mit historischer Gleichgewichtung als inkorrekt eingestuft. Das Modell mit einzelnen impliziten Volatilitäten erreicht den höchsten Testwert. Bei VaR-Werten mit einem Konfidenzniveau von 95 Prozent erzielt dieses Modell wieder vor dem Modell mit exponentieller Gewichtung das beste Ergebnis. Hier wird das implizite Single-Index-Modell aufgrund der viel zu geringen Anzahl an Überschreitungen deutlich schlechter bewertet als die beiden Modelle mit historischer Gleichgewichtung.

Der Test auf die Unabhängigkeit der Überschreitungen läßt sich bei VaR-Werten mit 99 Prozent Konfidenz nur bei zwei Modellen durchführen. Bei einem Konfidenzniveau von 95 Prozent erreicht das Modell mit einzelnen impliziten Volatilitäten den höchsten Testwert vor der exponentiellen Gewichtung. Die Modelle mit der Gleichgewichtung historischer Zeitreihen erzielen Testwerte von knapp über fünf Prozent. Für das implizite Single-Index-Modell ergibt sich kein Testwert.

Bei den Gesamttests auf die bedingte Korrektheit der Vorhersagen ergibt sich eine identische Rangfolge.

Insgesamt wird das Modell mit einzelnen impliziten Volatilitäten bei den Tests nach Christoffersen mit Abstand am besten bewertet. Das Modell mit exponentieller Gewichtung erreicht auch hohe Testwerte.

Diese relativen Ergebnisse werden im Wesentlichen durch den Test nach Crnkovic/Drachman bestätigt. Das Modell mit einzelnen impliziten Volatilitäten erreicht dabei das beste, das implizite Single-Index-Modell das schlechteste Ergebnis. Beim Hypothesentest werden allerdings alle Modelle als inkorrekt eingestuft. Die grafische Analyse der Abweichungen der Quantilsränge von der Gleichverteilung zeigt, daß dies hauptsächlich durch zu große Abweichungen nach oben in der Mitte der Verteilungen verursacht wird. Auch eine höhere Gewichtung der Ränder der Verteilungen ändert an den Ergebnissen wenig.

Aus den grafischen Analysen und den Ergebnissen mit den verschiedenen Backtesting-Verfahren ergibt sich, daß die Modelle mit der Gleichgewichtung historischer Zeitreihen zu langsam auf Änderungen der Marktsituation reagieren. Dadurch treten in Marktphasen mit hohen Schwankungen zu viele und in ruhigen

Marktphasen keine Überschreitungen der VaR-Werte auf. Die Überschreitungen weisen höhere Abhängigkeiten als bei den anderen VaR-Verfahren auf. Das historische Single-Index-Modell erreicht zum Teil etwas bessere Ergebnisse als das volle historische Modell. Eine deutliche Verbesserung ergibt sich durch die exponentielle Gewichtung der historischen Zeitreihen. Dieses Verfahren erzielt durchgehend gute Ergebnisse. Die Modelle mit der Einbeziehung impliziter Volatilitäten zeigen sehr unterschiedliche Resultate. Durch das implizite Single-Index-Modell wird das Risiko deutlich überschätzt. Die Anzahl der Überschreitungen ist vor allem bei VaR-Werten mit 95 Prozent Konfidenz zu gering. Deren Unabhängigkeit läßt sich hier nicht testen. Das Modell mit einzelnen impliziten Volatilitäten und historischen Korrelationen erreicht bei fast allen Tests das mit Abstand beste Ergebnis.

4.5.2.4 Backtesting der Ergebnisse für die einzelnen Aktien

Um zu überprüfen, wie stark die Ergebnisse in Abschnitt 4.5.2.3 durch Portfolioeffekte bestimmt werden, wird die Untersuchung für die zehn Aktien des Testportfolios einzeln wiederholt. Die Ergebnisse werden über die zehn Aktien gemittelt und mit den Backtesting-Verfahren bewertet.

In Tabelle 4.10 sind die Ergebnisse des Backtesting-Verfahrens des Basler Ausschusses dargestellt.

	VHM	SIM	EWMA	DAXIV SIM	Einzel-IV
1997	7,2 gelb	7,2 gelb	3,1 grün	3,0 grün	2,7 grün
1998	5,0 gelb	5,0 gelb	3,0 grün	2,8 grün	2,4 grün
1999	0,6 grün	0,6 grün	1,3 grün	0,5 grün	1,0 grün

Tabelle 4.10: Durchschnittswerte mit dem Backtesting-Verfahren des Basler Ausschusses für die zehn Einzelaktien des Testportfolios

Bei der Betrachtung einzelner Aktien sind die Ergebnisse des historischen Single-Index-Modells mit denen des vollen historischen Modells identisch, da die unterschiedlichen Korrelationen keine Rolle spielen. Beim impliziten Single-Index-Modell werden die Volatilitäten der Einzelaktien wie oben aus den historisch ermittelten Residualvarianzen und Betas und dem VDAX ermittelt. Bei allen Modellen liegen die Überschreitungszahlen näher am Sollwert als bei der Portfoliobetrachtung. Kein Modell wird in einem der drei überprüften Zeiträume in die rote Zone einsortiert.

Die Ergebnisse des Backtesting nach Christoffersen für die VaR-Werte mit einem Konfidenzniveau von 99 Prozent sind in Tabelle 4.11 aufgeführt.

	VHM	SIM	EWMA	DAXIV SIM	Einzel-IV
Überschr.	12,8	12,8	7,4	6,3	6,1
LRuc	1,3312	1,3312	0,0011	0,0948	0,1291
Testwert	24,86 %	24,86 %	97,30 %	75,82 %	71,94 %
LRind	0,2127	0,2127	0,0044	-	-
Testwert	64,46 %	64,46 %	94,69 %	-	-
LRcc	1,5440	1,5440	0,0056	-	-
Testwert	46,21 %	46,21 %	99,72 %	-	-

Tabelle 4.11: Durchschnittswerte beim Backtesting nach Christoffersen für VaRs mit 99 % Konfidenz

Beim Test auf unbedingte Korrektheit wird im Gegensatz zur Portfoliobetrachtung kein Modell als inkorrekt eingestuft. Auffällig ist die sehr gute Bewertung des Modells mit exponentieller Gewichtung, das anders als bei der Portfoliobetrachtung wesentlich besser als das Modell mit einzelnen impliziten Volatilitäten beurteilt wird. Das implizite Single-Index-Modell hat als einziges mehr Überschreitungen zur Folge als im Portfoliokontext.

Die anderen beiden Tests sind auch hier nicht bei allen Verfahren anwendbar.

Die Ergebnisse des Backtesting nach Christoffersen für die VaR-Werte mit einem Konfidenzniveau von 95 Prozent sind in Tabelle 4.12 aufgeführt.

	VHM	SIM	EWMA	DAXIV SIM	Einzel-IV
Überschr.	36,3	36,3	33	26,7	29
LRuc	0,0241	0,0241	0,2791	1,6265	0,9937
Testwert	87,68 %	87,68 %	59,73 %	20,22 %	31,88 %
LRind	1,4702	1,4702	0,2013	0,4434	0,2348
Testwert	22,53 %	22,53 %	65,37 %	50,55 %	62,80 %
LRcc	1,4943	1,4943	0,4804	2,0700	1,2286
Testwert	47,37 %	47,37 %	78,65 %	35,52 %	54,10 %

Tabelle 4.12: Durchschnittswerte beim Backtesting nach Christoffersen für VaRs mit 95 % Konfidenz

Im Gegensatz zur Portfoliobetrachtung liegt die Durchschnittszahl an Überschreitungen für die VaR-Werte mit 95 Prozent Konfidenz bei allen Modellen unter dem Sollwert von knapp 38. Dadurch werden die Modelle mit historischer Gleichgewichtung, die auch hier die meisten Überschreitungen aufweisen, beim Test auf unbedingte Korrektheit am besten beurteilt. Wie bei der Portfoliobetrachtung hat das implizite Single-Index-Modell deutlich zu wenige Überschreitungen zur Folge. Alle Modelle werden als korrekt eingestuft. Beim Test auf die Unabhängigkeit der Überschreitungen werden die exponentielle Gewichtung und die Verfahren mit impliziten Volatilitäten wesentlich besser als die auf historischer Gleichgewichtung beruhenden Verfahren bewertet. Beim Test auf bedingte Korrektheit der Vorhersagen wird das Modell mit exponentieller Gewichtung am besten beurteilt. Die anderen vier Modelle erreichen alle P-Werte von deutlich über fünf Prozent.

In Tabelle 4.13 sind die Ergebnisse des Backtesting nach Crnkovic/Drachman dargestellt.

	VHM	SIM	EWMA	DAXIV SIM	Einzel-IV
Q	0,064375	0,064375	0,052191	0,069089	0,060868
Testwert	4,18 %	4,18 %	22,90 %	1,86 %	7,22 %

Tabelle 4.13: Durchschnittswerte beim ungewichteten Backtesting-Verfahren nach Crnkovic/Drachman

Für alle Modelle ergibt sich ein wesentlich besseres Ergebnis als bei der Portfoliobetrachtung. Das Modell mit exponentieller Gewichtung wird mit Abstand am besten bewertet. Auch das Modell mit einzelnen impliziten Volatilitäten wird noch als korrekt eingestuft. Die Modelle mit historischer Gleichgewichtung weisen P-Werte von knapp unter fünf Prozent auf. Das implizite Single-Index-Modell liegt deutlich unter fünf Prozent.

In Tabelle 4.14 sind die Ergebnisse des Backtesting nach Crnkovic/Drachman mit der Gewichtung der Quantilsränge aufgeführt.

	VHM	SIM	EWMA	DAXIV SIM	Einzel-IV
Q_w	0,071408	0,071408	0,050524	0,069838	0,060606

Tabelle 4.14: Durchschnittswerte beim gewichteten Backtesting-Verfahren nach Crnkovic/Drachman

Bei der relativen Beurteilung erreicht die exponentielle Gewichtung vor dem Modell mit einzelnen impliziten Volatilitäten und dem impliziten Single-Index-Modell das beste Ergebnis. Die Modelle auf der Basis der Gleichgewichtung historischer Zeitreihen werden am schlechtesten beurteilt. Der Vergleich mit dem kritischen Q_w-Wert von 0,06435006 führt zum gleichen Ergebnis wie der Test ohne die Gewichtung. Das Modell mit exponentieller Gewichtung und das mit einzelnen impliziten Volatilitäten werden als korrekt eingestuft. Im Vergleich zu den relativen Ergebnissen für das Portfolio ist die einzige Abweichung, daß das implizite Single-Index-Modell hier besser bewertet wird als das volle historische Modell und das historische Single-Index-Modell.

Alle Modelle weisen bei der Anwendung auf einzelne Aktien im Durchschnitt bessere Ergebnisse auf als bei der Portfoliobetrachtung. Dafür gibt es zwei Erklärungsansätze. Entweder mitteln sich die Fehleinschätzungen bezüglich des zukünftigen Risikos bei der Durchschnittsbildung besser heraus als im Portfoliokontext oder es kommt besonders bei der Prognose der künftigen Korrelationen der Aktien zu Abweichungen von den eingetretenen Korrelationen. Diese Fehlerquelle fällt bei der Betrachtung von Einzelaktien weg. Die Unterschiede zwischen den verschiedenen Modellen sind wesentlich geringer als bei der Portfoliobetrachtung. Die Art der Korrelationsprognose hat einen großen Einfluß auf das geschätzte Portfoliorisiko.

4.5.3 Untersuchung von kombinierten Value-at-Risk-Schätzern

In diesem Abschnitt wird untersucht, ob sich die Prognosegüte von historisch und implizit ermittelten VaR-Schätzern durch Kombination der eingehenden Volatilitätsschätzer verbessern läßt. Dazu werden VaR-Werte mit verschiedenen Verfahren für den DAX ermittelt und verglichen. Die Untersuchung basiert auf Zeitreihen des DAX und des VDAX von 1995 bis 1999. Dabei dienen die ersten beiden Jahre als Vorlaufzeit. In Abschnitt 4.5.2 werden die mit exponentieller Gewichtung historischer Renditen ermittelten und die implizit ermittelten VaR-Schätzer am besten bewertet. Hier werden daher die exponentiell gewichtete historische Volatilität und der VDAX als Ausgangswerte für die Volatilitätsschätzer des DAX verwendet. Kombinationen dieser beiden Schätzer werden durch lineare Regressionen ermittelt.[446]

Es sind drei verschiedene Regressionen möglich. Eine mit der Einbeziehung beider Schätzer und zwei, in die nur jeweils einer der Schätzer eingeht. Die beiden letzten Regressionen stellen eine lineare Transformation der Schätzer dar. Verschiedene Möglichkeiten bei der Regression ergeben sich außerdem durch die Länge des Regressionszeitraums und der Auswahl der zu erklärenden Variable. Hier werden jeweils verschiedene Varianten getestet. Es werden Regressionen über die letzten 120 und die letzten 250 dem Prognosezeitpunkt vorangehenden Handelstage durchgeführt. Als zu erklärende Variable dienen die absolute Tagesrendite als Näherung für die nicht beobachtbare „1-Tages-Volatilität“, die 10-Tage-Volatilität und die 30-Tage-Volatilität.

Mit den auf der Basis des VDAX, der exponentiellen Gewichtung und den Regressionen geschätzten Volatilitäten werden VaR-Werte für eine Investition von 1.000.000,- € in den DAX berechnet. Es werden Konfidenzniveaus von 99 und 95 Prozent und eine Haltedauer von einem Tag gewählt.

Zunächst werden die Abweichungen der VaR-Schätzer auf der Basis der verschiedenen Regressionen von denen auf der Basis des VDAX bzw. der exponentiellen Gewichtung untersucht.

---

[446] Zur Vorgehensweise bei der Regression vgl. Abschnitt 4.4.2.3.

Abbildung 4.25 zeigt die relativen Differenzen der verschiedenen Regressionsschätzer über 120 Tage, in die nur der VDAX eingeht, zu den VaR-Werten auf der Basis des VDAX.

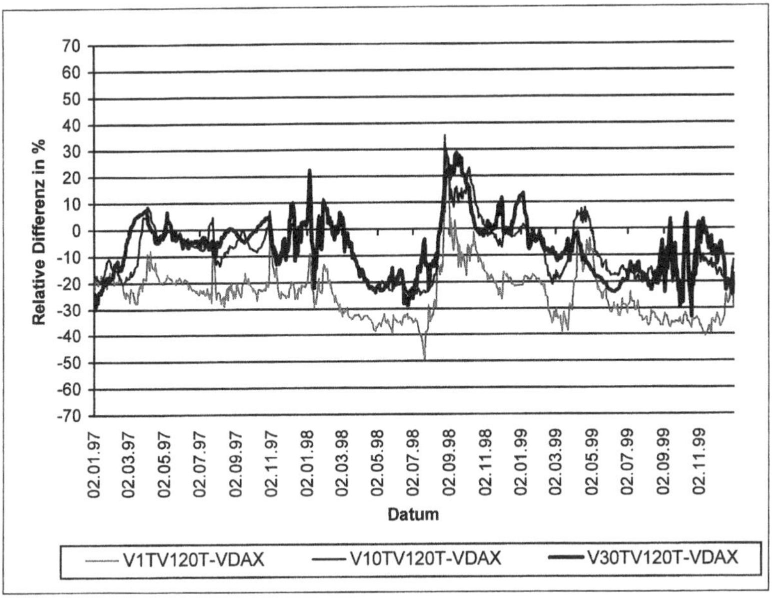

Abbildung 4.25: Relative Differenzen der verschiedenen Regressionsschätzer über 120 Tage zum VDAX-Schätzer

Die VaR-Werte werden durch die lineare Transformation der Volatilitätsschätzer um bis zu ca. 35 Prozent nach oben und bis zu ca. 50 Prozent nach unten verändert. Bei den Regressionen auf die absolute Tagesrendite werden die Schätzer fast durchgängig nach unten korrigiert. Durch die anderen Regressionen treten häufiger auch Änderungen nach oben auf. Im Durchschnitt wird der VaR auf der Basis des VDAX bei allen Transformationen verringert. Dies deutet auf einen positiven Bias des VDAX als Schätzer für die zukünftige Volatilität des DAX im Untersuchungszeitraum hin.

Abbildung 4.26 zeigt die relativen Differenzen für die entsprechenden Regressionsschätzer über 250 Tage.

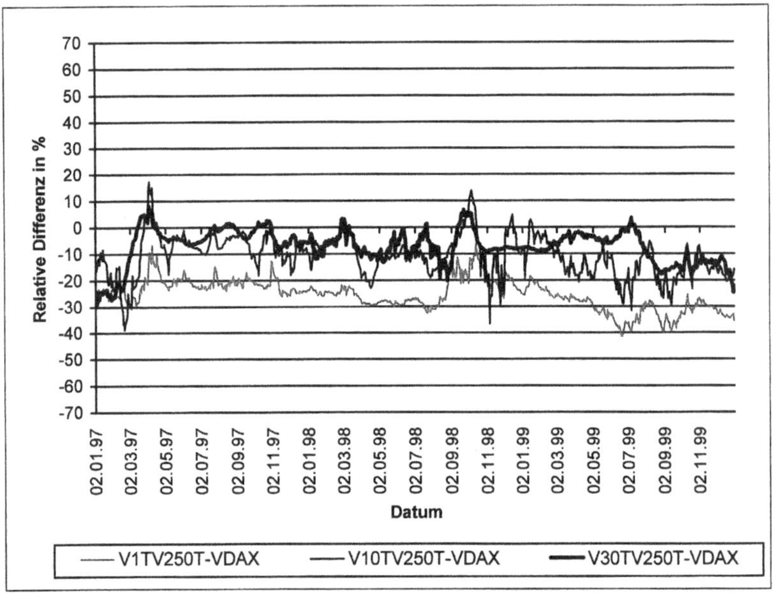

Abbildung 4.26: Relative Differenzen der verschiedenen Regressionsschätzer über 250 Tage zum VDAX-Schätzer

Die Differenzen zu den VaR-Werten auf der Basis des VDAX schwanken erwartungsgemäß nicht so stark wie bei den Regressionen über 120 Tage. Durch die Regressionen auf die absolute Tagesrendite wird der VaR durchgängig verringert. Bei den anderen Regressionen gibt es selten auch Korrekturen nach oben.

Abbildung 4.27 zeigt die relativen Differenzen der verschiedenen Regressionen über 120 Tage, in die der VDAX und die exponentielle Gewichtung einbezogen werden, zu den VaR-Werten auf der Basis des VDAX.

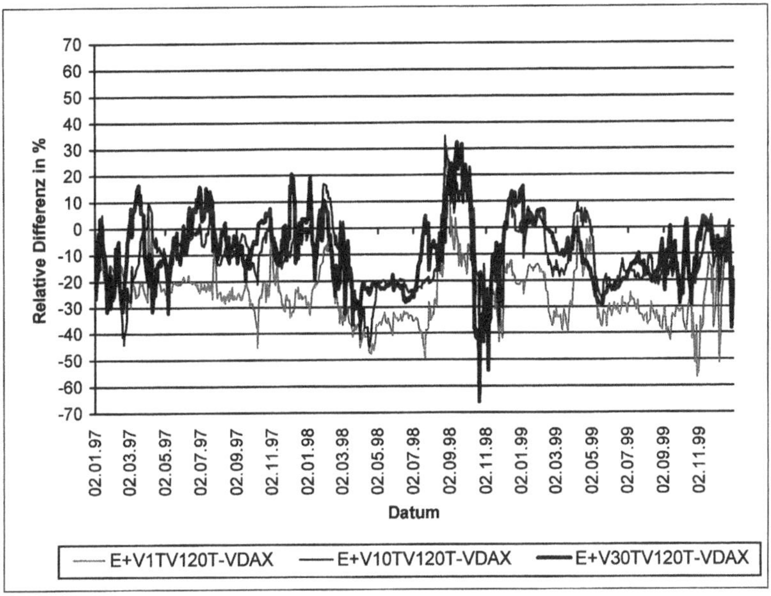

Abbildung 4.27: Relative Differenzen der verschiedenen gemischten Regressionen über 120 Tage zum VDAX-Schätzer

Die Differenzen unterliegen starken kurzfristigen Schwankungen. Alle Kurven zeigen einen sehr unruhigen Verlauf. Auch hier werden die VaR-Werte im Durchschnitt nach unten korrigiert. Die Regressionen auf die absoluten Tagesrenditen ergeben eine fast durchgängige Verringerung der VaR-Werte.

Abbildung 4.28 zeigt die relativen Differenzen für die entsprechenden Regressionsschätzer über 250 Tage.

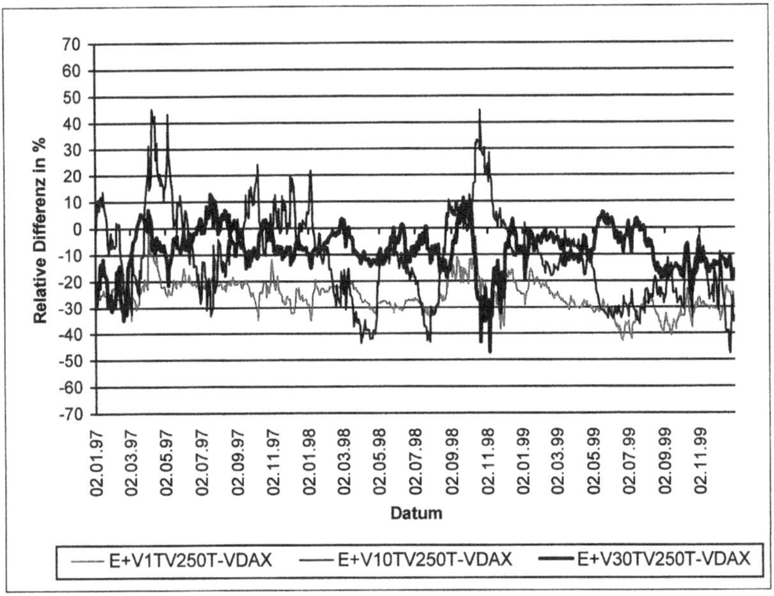

Abbildung 4.28: Relative Differenzen der verschiedenen gemischten Regressionen über 250 Tage zum VDAX-Schätzer

Durch die längeren Regressionszeiträume werden die Kurven etwas geglättet.

Abbildung 4.29 zeigt die relativen Differenzen der Regressionen über 120 Tage, in die nur die exponentielle Gewichtung eingeht, zu den VaR-Werten auf der Basis der exponentiellen Gewichtung.

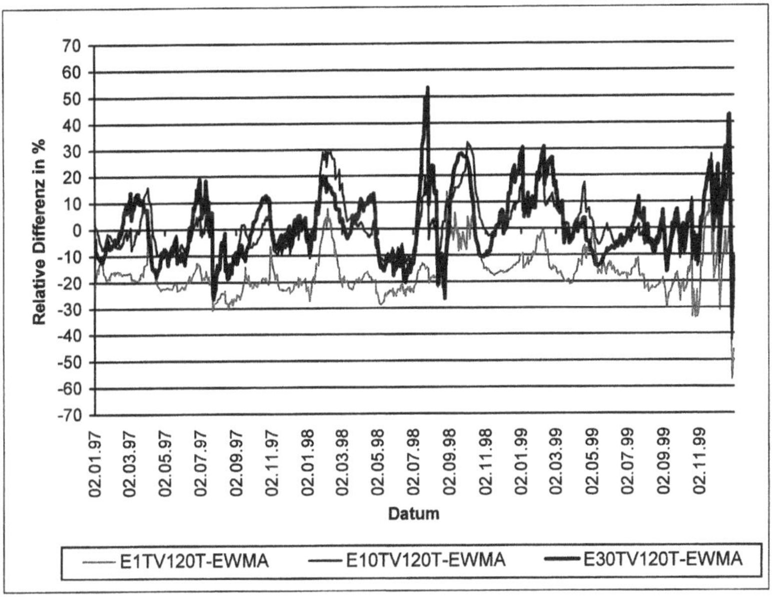

Abbildung 4.29: Relative Differenzen der verschiedenen Regressionen über 120 Tage zur exponentiellen Gewichtung

Die linearen Transformationen mit der 30-Tage-Volatilität als zu erklärender Variable ergeben die größten Schwankungen und die größten Differenzen nach oben. Die Regressionen auf die absoluten Tagesrenditen führen fast durchgehend zu einer Verringerung der VaR-Schätzer. Diese ist im Durchschnitt deutlich kleiner als die Korrekturen in Abbildung 4.25. Die Differenzen durch die anderen Regressionen haben einen Mittelwert von etwa null.

Abbildung 4.30 zeigt die relativen Differenzen für die entsprechenden Regressionsschätzer über 250 Tage.

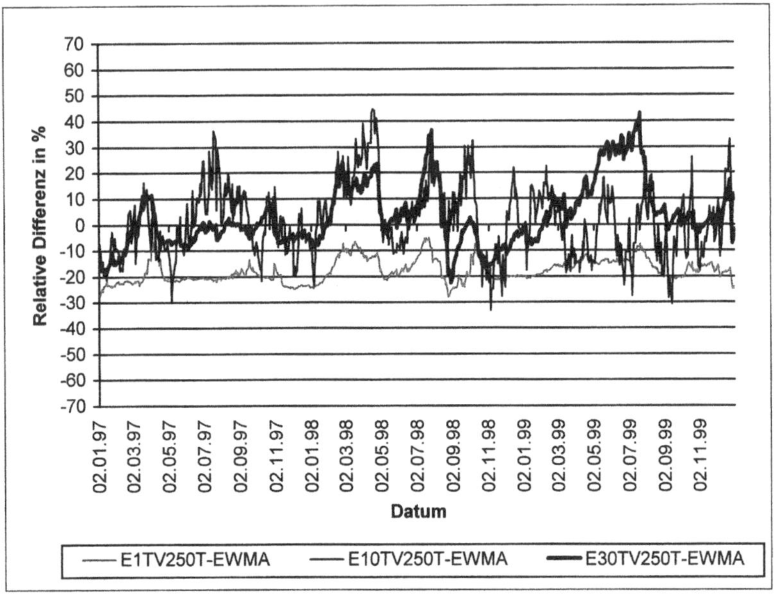

Abbildung 4.30: Relative Differenzen der verschiedenen Regressionen über 250 Tage zur exponentiellen Gewichtung

Die Mittelwerte der Differenzen sind ähnlich wie die bei den Regressionen über 120 Tage. Es ergeben sich etwas kleinere Schwankungen. Gegenüber den Abweichungen bei den linearen Transformationen des VDAX (vgl. Abbildung 4.26) sind die Schwankungen deutlich größer.

In Abbildung 4.31 sind die relativen Abweichungen der Regressionen über 120 Tage, in die beide Schätzer eingehen, von der exponentiellen Gewichtung dargestellt.

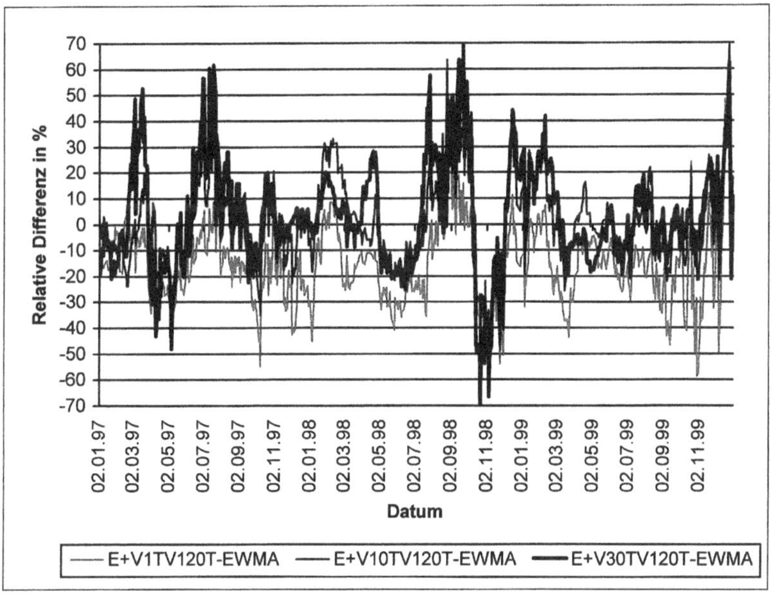

Abbildung 4.31: Relative Differenzen der verschiedenen gemischten Regressionen über 120 Tage zur exponentiellen Gewichtung

Die Differenzen sind wesentlich größer als bei den Regressionen, die nur die exponentielle Gewichtung beinhalten. Auch hier weisen alle Kurven einen sehr unruhigen Verlauf auf. Die Schwankungen sind deutlich stärker als bei den Differenzen durch diese Regressionen zum VaR mit dem VDAX (vgl. Abbildung 4.27).

Abbildung 4.32 zeigt die relativen Differenzen für die entsprechenden Regressionsschätzer über 250 Tage.

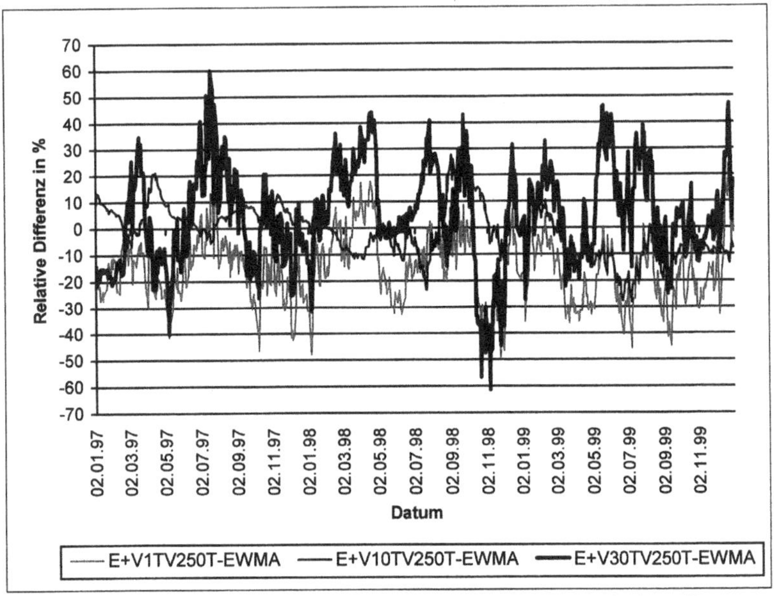

Abbildung 4.32: Relative Differenzen der verschiedenen gemischten Regressionen über 250 Tage zur exponentiellen Gewichtung

Die Schwankungen und die Höhe der Differenzen sind geringer als bei den Regressionen über 120 Tage.

Die grafischen Analysen zeigen, daß ein auf der Basis des VDAX ermittelter VaR-Schätzer durch die Regressionen im Durchschnitt nach unten korrigiert wird. Dies ist bei den Regressionen, in die nur der VDAX und eine Konstante eingehen, besonders ausgeprägt. Die Korrektur nach unten ist bei den Regressionen mit der absoluten Tagesrendite wesentlich stärker als mit den anderen zu erklärenden Variablen. Die Differenzen der Regressionen zu VaR-Werten auf der Basis der exponentiellen Gewichtung weisen außer mit der absoluten Tagesrendite als erklärende Variable Mittelwerte nahe null auf. Die Schwankungen in den Differenzen sind größer als bei denen zu den VDAX-Schätzern. Die Regressionen, in die beide Schätzer eingehen, führen zu größeren Differenzen, die deutlich stärker schwanken. Die Länge des Regressionszeitraums hat Auswirkungen auf die Schwankungsbreite der Korrekturen. Bei einem kürzeren Regressionszeitraum ist diese höher.

Für die Beurteilung der Prognosegüte der mit den Regressionen ermittelten VaR-Werte werden diese vom 30.12.1996 bis 29.12.1999 mit den Gewinnen und Verlusten des Portfolios vom 02.01.1997 bis 30.12.1999 verglichen. Als Backtesting-Verfahren dient hier die Methode nach Christoffersen.

Zunächst werden VaR-Werte mit einem Konfidenzniveau von 99 Prozent betrachtet. Zum Vergleich mit den kombinierten Schätzern sind in Tabelle 4.15 die Ergebnisse des VDAX-Schätzers und des exponentiell gewichteten Schätzers angegeben. Ein korrektes Modell sollte sieben bis acht Überschreitungen aufweisen.

	VDAX	**EWMA**
Überschr.	5	12
LRuc	0,4230	0,9863
Testwert	51,54 %	32,06 %
LRind	-	-
Testwert	-	-
LRcc	-	-
Testwert	-	-

Tabelle 4.15: Ergebnisse des Backtesting nach Christoffersen für VaR-Werte mit 99 % Konfidenz auf der Basis des VDAX und der exponentiellen Gewichtung

Der VDAX wird im Hinblick auf die Anzahl der Überschreitungen wesentlich besser als die exponentielle Gewichtung beurteilt. Beide Modelle weisen nie zwei Überschreitungen hintereinander auf. Daher kann für den Test auf die Unabhängigkeit der Überschreitungen kein Wert ermittelt werden. Gleiches gilt für den Gesamttest auf die Korrektheit der bedingten Vorhersagen.

Tabelle 4.16 zeigt die Ergebnisse mit den VaR-Werten, die auf Regressionen mit der absoluten Tagesrendite als zu erklärende Variable basieren.

	250-Tage-Regression			120-Tage-Regression		
	E + V	V	E	E + V	V	E
Überschr.	23	23	30	23	21	28
LRuc	9,0102	9,0102	16,7995	9,0102	7,1143	14,4067
Testwert	0,27 %	0,27 %	0,00 %	0,27 %	0,76 %	0,01 %
LRind	-	-	0,2411	0,8124	-	0,3644
Testwert	-	-	62,34 %	36,74 %	-	54,61 %
LRcc	-	-	17,0406	9,8226	-	14,7711
Testwert	-	-	0,02 %	0,74 %	-	0,06 %

Tabelle 4.16: Ergebnisse des Backtesting nach Christoffersen für mit Regressionen mit der absoluten Tagesrendite ermittelte VaR-Werte mit 99 % Konfidenz

Die Regressionen führen durchgehend zu einer deutlichen Verschlechterung der Ergebnisse des Tests auf die unbedingte Korrektheit der Vorhersagen. Alle Modelle werden als inkorrekt eingestuft. Der LR_{ind}- und der LR_{cc}-Test lassen sich nur bei drei Modellen durchführen. Beim Test auf die Unabhängigkeit der Überschreitungen erreichen diese Modelle Testwerte von deutlich über fünf Prozent. Beim LR_{cc}-Test werden alle drei Modelle als inkorrekt eingestuft.

Tabelle 4.17 zeigt die Ergebnisse für die Regressionen mit der 10-Tage-Volatilität.

	250-Tage-Regression			120-Tage-Regression		
	E + V	V	E	E + V	V	E
Überschr.	16	8	9	11	10	11
LRuc	3,1594	0,0126	0,1185	0,6142	0,3222	0,6142
Testwert	7,55 %	91,06 %	73,07 %	43,32 %	57,03 %	43,32 %
LRind	-	-	-	-	-	-
Testwert	-	-	-	-	-	-
LRcc	-	-	-	-	-	-
Testwert	-	-	-	-	-	-

Tabelle 4.17: Ergebnisse des Backtesting nach Christoffersen für mit Regressionen mit der 10-Tage-Volatilität ermittelte VaR-Werte mit 99 % Konfidenz

Fast alle Kombinationsschätzer führen zu einer Verbesserung der Ergebnisse mit dem LR_{uc}-Test. Die einzige Ausnahme ist der LR_{uc}-Testwert für die Kombination aus exponentieller Gewichtung und VDAX auf der Basis der Regression über 250 Tage. Das Modell wird aber noch als korrekt eingestuft. Die anderen beiden Tests lassen sich nicht durchführen.

In Tabelle 4.18 sind die Ergebnisse für die Regression mit der 30-Tage-Volatilität aufgeführt.

	250-Tage-Regression			**120-Tage-Regression**		
	E + V	**V**	**E**	**E + V**	**V**	**E**
Überschr.	7	8	10	10	8	9
LRuc	0,0168	0,0126	0,3222	0,3222	0,0126	0,1185
Testwert	89,70 %	91,06 %	57,03 %	57,03 %	91,06 %	73,07 %
LRind	-	-	-	-	-	-
Testwert	-	-	-	-	-	-
LRcc	-	-	-	-	-	-
Testwert	-	-	-	-	-	-

Tabelle 4.18: Ergebnisse des Backtesting nach Christoffersen für mit Regressionen mit der 30-Tage-Volatilität ermittelte VaR-Werte mit 99 % Konfidenz

Alle Kombinationen erreichen sehr hohe P-Werte beim Test auf die unbedingte Korrektheit der Vorhersagen. Die anderen beiden Tests sind nicht durchführbar. Die lineare Transformation des VDAX erreicht bei beiden Regressionszeiträumen das beste Ergebnis.

Aufgrund der zu erwartenden besseren Aussagekraft werden die Tests mit VaR-Werten für ein Konfidenzniveau von 95 Prozent wiederholt. Ein korrektes Modell sollte dabei ungefähr 38 Überschreitungen aufweisen.

Tabelle 4.19 zeigt die Ergebnisse für den VDAX und die exponentielle Gewichtung.

	VDAX	EWMA
Überschr.	25	41
LRuc	2,1930	0,1326
Testwert	13,86 %	71,58 %
LRind	-	0,0075
Testwert	-	93,10 %
LRcc	-	0,1401
Testwert	-	93,24 %

Tabelle 4.19: Ergebnisse des Backtesting nach Christoffersen für VaR-Werte mit 95 % Konfidenz auf der Basis des VDAX und der exponentiellen Gewichtung

Der positive Bias des VDAX hat eine deutlich zu geringe Anzahl an Überschreitungen zur Folge, die exponentielle Gewichtung wird in dieser Hinsicht wesentlich besser bewertet. Beim Test auf die Unabhängigkeit der Überschreitungen ergibt sich nur für die exponentielle Gewichtung ein Ergebnis. Beim LR_{ind}- und LR_{cc}-Test werden sehr hohe Testwerte erreicht.

Tabelle 4.20 zeigt die Ergebnisse für die aus Regressionen mit der absoluten Tagesrendite ermittelten VaR-Werte.

	250-Tage-Regression			120-Tage-Regression		
	E + V	V	E	E + V	V	E
Überschr.	63	63	66	64	62	63
LRuc	6,5466	6,5466	8,0488	7,0326	6,0757	6,5466
Testwert	1,05 %	1,05 %	0,46 %	0,80 %	1,37 %	1,05 %
LRind	0,0038	0,0621	0,1448	0,0129	0,0001	0,0038
Testwert	95,06 %	80,32 %	70,36 %	90,94 %	99,06 %	95,06 %
LRcc	6,5505	6,6087	8,1936	7,0455	6,0758	6,5505
Testwert	3,78 %	3,67 %	1,66 %	2,95 %	4,79 %	3,78 %

Tabelle 4.20: Ergebnisse des Backtesting nach Christoffersen für mit Regressionen mit der absoluten Tagesrendite ermittelte VaR-Werte mit 95 % Konfidenz

Bei allen Regressionen ergibt sich eine deutlich zu hohe Zahl an Überschreitungen, die zur Ablehnung der Modelle bei den LR_{uc}- und LR_{cc}-Tests führt. Bei den LR_{ind}-Tests werden durchgehend hohe Testwerte erreicht.

In Tabelle 4.21 sind die Ergebnisse für Regressionen mit der 10-Tage-Volatilität aufgeführt.

	250-Tage-Regression			120-Tage-Regression		
	E + V	V	E	E + V	V	E
Überschr.	42	36	35	39	35	37
LRuc	0,2218	0,0335	0,0872	0,0219	0,0872	0,0052
Testwert	63,76 %	85,47 %	76,77 %	88,24 %	76,77 %	94,27 %
LRind	0,0186	0,0285	0,1164	0,2271	0,0489	0,0137
Testwert	89,15 %	86,60 %	73,30 %	63,37 %	82,50 %	90,69 %
LRcc	0,2404	0,0620	0,2036	0,2490	0,1361	0,0188
Testwert	88,67 %	96,95 %	90,32 %	88,30 %	93,42 %	99,06 %

Tabelle 4.21: Ergebnisse des Backtesting nach Christoffersen für mit Regressionen mit der 10-Tage-Volatilität ermittelte VaR-Werte mit 95 % Konfidenz

Die Regressionen, in die nur der VDAX einbezogen wird, führen unabhängig von der Länge der Regressionsperiode zu einer deutlichen Verbesserung der ursprünglichen VDAX-Prognosen. Durch die Regressionen wird der Bias korrigiert. Bei allen drei Tests ergeben sich für diese beiden Modelle sehr hohe P-Werte. Die Regressionen auf die exponentielle Gewichtung führen bei den LR_{uc}-Tests zu besseren Ergebnissen. Die Bewertungen mit den LR_{ind}-Tests verschlechtern sich, so daß beim LR_{cc}-Test ähnliche Ergebnisse wie bei der exponentiellen Gewichtung ohne Transformation erreicht werden. Die gemischten Regressionen erzielen hohe Testwerte. Beim LR_{cc}-Test liegen diese für beide Regressionszeiträume unter denen der anderen Modellen.

Tabelle 4.22 zeigt die Ergebnisse für die VaR-Werte, die mit Regressionen mit der 30-Tage-Volatilität geschätzt wurden.

	250-Tage-Regression			120-Tage-Regression		
	E + V	V	E	E + V	V	E
Überschr.	32	31	36	33	30	36
LRuc	0,4075	0,5699	0,0335	0,2735	0,7615	0,0335
Testwert	52,32 %	45,03 %	85,47 %	60,10 %	38,29 %	85,47 %
LRind	0,0396	0,0228	0,4142	0,1071	0,2411	0,0285
Testwert	84,22 %	88,00 %	51,98 %	74,35 %	62,34 %	86,60 %
LRcc	0,4471	0,5927	0,4477	0,3806	1,0026	0,0620
Testwert	79,97 %	74,35 %	79,94 %	82,67 %	60,57 %	96,95 %

Tabelle 4.22: Ergebnisse des Backtesting nach Christoffersen für mit Regressionen mit der 30-Tage-Volatilität ermittelte VaR-Werte mit 95 % Konfidenz

Die Testwerte sind durchgehend hoch, jedoch kleiner als bei den Regressionen auf die 10-Tage-Volatilität. Vor allem bei den Regressionen, in die nur der VDAX eingeht, ergibt sich eine deutliche Verschlechterung.

Bei der Bewertung der mit Hilfe von Regressionen geschätzten VaR-Werte zeigt sich, daß durch eine lineare Transformation der Bias des VDAX verringert wird. Dadurch können die Ergebnisse vor allem bei einem Konfidenzniveau von 95 Prozent deutlich verbessert werden. Die Transformationen der exponentiellen Gewichtung bewirken in den meisten Fällen eine Verbesserung der Prognosegüte. Die gemischten Regressionen führen fast durchgängig zu schlechteren Prognosen als die linearen Transformationen. Eine Ursache sind die bei der grafischen Analyse festgestellten starken Schwankungen in den Differenzen zu den eingehenden Schätzern. Die Regressionsparameter sind zu instabil, um sehr gute Prognosen zu erzeugen. Die Regressionen mit der 10-Tage-Volatilität als zu erklärender Variable führen zu den besten Ergebnissen, während die Regressionen mit der absoluten Tagesrendite sehr schlechte Ergebnisse zur Folge haben. Die starke Änderung der Prognosen nach unten (siehe auch die Grafiken) führen dabei zu einer zu hohen Anzahl an Überschreitungen. Die absolute Tagesrendite ist im betrachteten Zeitraum keine gute Approximation für die „1-Tages-Volatilität". Da die 10-Tage-Volatilität näher an dem Prognosehorizont von einem Tag als die 30-Tage-Volatilität liegt, sind deren bessere Ergebnisse nicht überraschend. Die Länge der Regressionsperioden hat in den meisten Fällen keinen großen Einfluß auf das Ergebnis.

5 Schlußbetrachtung

In dieser Arbeit wurden insbesondere zwei Fragestellungen im Zusammenhang mit dem praktischen Einsatz der Varianz-Kovarianz-Methode zur VaR-Schätzung von Aktienportfolios behandelt. Zum einen wurden verschiedene Vereinfachungsvarianten dargestellt, die den Aufwand bei der Datenerhebung und bei der Berechnung reduzieren können. Zum anderen wurde die Einbeziehung impliziter Volatilitäten in die VaR-Schätzung untersucht.

In Kapitel 3 wurde gezeigt, daß sich durch das Single-Index-Modell eine deutliche Reduktion des Daten- und Rechenaufwandes gegenüber dem nicht vereinfachten Modell (volles historisches Modell) bei der Varianz-Kovarianz-Methode ergibt. Dieser wird durch das Beta-Modell weiter verringert. Die VaR-Schätzer des Beta-Modells können durch Add-On's bei kleinen Portfolios nach oben korrigiert werden. Als weiterer Vergleichsmaßstab diente das Durchschnittsmodell, bei dem der Mittelwert aller historisch geschätzten Korrelationen als Korrelationsschätzer für alle Aktienpaare herangezogen wird.

Im empirischen Teil dieses Kapitels wurde zunächst simuliert, wie hoch die Abweichungen dieser Modelle vom nicht vereinfachten Modell in Abhängigkeit von der Zusammensetzung des Portfolios sein können. Dabei spielt die Größe des Portfolios eine entscheidende Rolle. Je weniger Aktien ein Portfolio enthält, um so größer sind die möglichen Differenzen. Vor allem bei der stärksten Vereinfachungsmöglichkeit durch die Anwendung des Beta-Modells können die Abweichungen bei kleinen Portfolios sehr groß sein. In diesem Fall ist die Anwendung eines Add-On's empfehlenswert. Die Abweichungen des Single-Index-Modells und des Durchschnittsmodells von dem nicht vereinfachten Modell sind ähnlich. Diese sind in den meisten Fällen gering. Zur Untersuchung der Entwicklung der Differenzen über die Zeit wurden zwei Portfolios ausgewählt und über einen langen Zeitraum betrachtet. Die Abweichungen vom vollen historischen Modell unterliegen dabei zwar Schwankungen, die aufgrund einer bestimmten Portfoliozusammensetzung zu erwartenden Ergebnisse sind aber durchgängig zu beobachten.

Insgesamt erweist sich das Single-Index-Modell als gute Methode zur Reduzierung des Datenaufwandes, da sich nur bei kleinen Portfolios nennenswerte Abweichungen vom vollen historischen Modell ergeben. Größere Differenzen können allerdings durch Short-Positionen oder die Konzentration auf bestimmte Branchen auftreten.

Daher wäre es interessant, auch Mehrfaktorenmodelle zu verwenden, um die Abweichungen vom vollen historischen Modell zu vermindern und dennoch eine deutliche Vereinfachung zu erreichen. Damit könnten zum Beispiel Brancheneffekte erfaßt werden. Es kommen sowohl fundamentale Mehrfaktorenmodelle als auch Modelle der statistischen Faktorenanalyse in Betracht. Um die Prognosequalität von vereinfachenden Modellen zu beurteilen, wären empirische Untersuchungen notwendig, in denen die ermittelten VaR-Werte mit den am Folgetag zu beobachtenden Portfolioergebnissen verglichen werden. Die Prognosequalität könnte mit den verschiedenen Backtesting-Verfahren beurteilt werden.

In Kapitel 4 führten die bisherigen empirischen Ergebnisse zu dem Schluß, daß die At-the-money-Volatilität mit kurzer Restlaufzeit einen im Verhältnis zum Ermittlungsaufwand guten Schätzer für die künftige Volatilität darstellt. Die Mehrzahl der empirischen Untersuchungen zur Prognosequalität von impliziten Volatilitäten deutet auf eine Überlegenheit gegenüber der Prognosegüte von historisch ermittelten Volatilitätsschätzern hin. Auf dieser Basis wurden zwei Konzepte zur Einbeziehung der impliziten Volatilität in die Varianz-Kovarianz-Methode zur VaR-Ermittlung vorgeschlagen. Zum einen ein Single-Index-Modell, bei dem der VDAX als Index-Volatilität herangezogen wird, zum anderen ein Modell mit historischen Korrelationen und impliziten Volatilitäten der Einzeltitel.

In einer empirischen Untersuchung wurde die Prognosegüte dieser beiden Modelle mit dem vollen historischen Modell, dem historischen Single-Index-Modell und der exponentiellen Gewichtung verglichen. Bei der Anwendung auf ein Testportfolio aus zehn DAX-Aktien ergeben sich bei den gleichgewichteten historischen Modellen zu viele Überschreitungen der VaR-Werte. Die Unabhängigkeit der Überschreitungen über die Zeit ist wesentlich geringer als bei den anderen Verfahren. Durch die exponentielle Gewichtung der historischen Zeitreihen werden die Ergebnisse deutlich verbessert. Dieses Verfahren wird durchgehend gut bewertet. Die beiden Modelle mit impliziten Volatilitäten führen zu sehr unterschiedlichen Resultaten. Durch das implizite Single-Index-Modell werden die möglichen Verluste stark überschätzt. Dies hat eine deutlich zu geringe Anzahl an Überschreitungen zu Folge. Dagegen erreicht das Modell mit einzelnen impliziten Volatilitäten mit Abstand die besten Ergebnisse aller getesteten Modelle.

Bei der Anwendung auf die einzelnen Aktien des Testportfolios wurde festgestellt, daß die Unterschiede zwischen den VaR-Verfahren und die Fehler in den Prognosen im Portfoliokontext zu einem großen Teil auf den Korrelationsprognosen beruhen. Anhand von VaR-Prognosen für den DAX wurde darüber hinaus gezeigt, daß diese sich durch lineare Transformationen der impliziten oder exponentiell gewichteten Volatilitätsschätzer verbessern lassen. Durch Kombinationen beider Schätzer können nur zum Teil Verbesserungen erzielt werden.

Die Ergebnisse zeigen, daß sich durch die Einbeziehung von impliziten Volatilitäten die VaR-Prognose mit der Varianz-Kovarianz-Methode verbessern läßt. Wenn implizite Volatilitäten verfügbar sind, sollten diese daher in die VaR-Ermittlung eingehen.

Weitere Verbesserungen sind durch die Verwendung impliziter Korrelationen denkbar. Dabei ist allerdings die geringe Verfügbarkeit der notwendigen Optionspreise problematisch. Eine interessante Weiterentwicklung wäre die Berücksichtigung von impliziten Verteilungen. Damit wäre es möglich, die von den Marktteilnehmern erwarteten Abweichungen von der Normalverteilung in die VaR-Prognose einzubeziehen. Dieser Ansatz ist allerdings mit dem hier zugrunde gelegten Konzept der Varianz-Kovarianz-Methode nicht direkt vereinbar.

Auch in Zukunft wird es bei der Erfassung der Risiken sehr großer Portfolios trotz zunehmender Rechenkapazität noch lange notwendig bleiben, vereinfachende Verfahren anzuwenden, um den Datenerhebungs- und den Rechenaufwand zu reduzieren. Die Möglichkeiten zur Einbeziehung impliziter Volatilitäten und Korrelationen werden sich durch die zu erwartende Zunahme ihrer Verfügbarkeit in Zukunft weiter erhöhen.

Literaturverzeichnis

Albrecht, Peter; Maurer, Raimond; Mayser, Jürgen (1996): Multi-Faktorenmodelle: Grundlagen und Einsatz im Management von Aktien-Portefeuilles. „Zeitschrift für betriebswirtschaftliche Forschung“, 48. Jg. (1996), S. 3-29.

Alexander, Gordon J.; Francis, Jack Clark (1986): Portfolio Analysis. 3rd edition, Englewood Cliffs (NJ) 1986.

Allen, Aidan; Alles, Laksham (2000): Smiles, Skews, Implied Distributions and Market Expectations from Option Prices: The Case of the American Equity Options. Working Paper, School of Economics, Curtin Business School, Perth, August 2000.

Apergis, Nicolas (1998): Stock Market Volatility and Derivations from Macroeconomic Fundamentals: Evidence from GARCH and GARCH-X Models. “Kredit und Kapital“, 31. Jg. (1998), S. 400-412.

Asprem, Mads (1989): Stock Prices, Asset Portfolios and Macroeconomic Variables in Ten European Countries. “Journal of Banking and Finance”, Vol. 13 (1989), S. 589-612.

Basler Ausschuß für Bankenaufsicht (1996a): Amendment to the Capital Accord to Incorporate Market Risks. Basel, January 1996.

Basler Ausschuß für Bankenaufsicht (1996b): Supervisory Framework for the Use of „Back-testing“ in Conjunction with the Internal Models Approach to Market Risk Capital Requirements. Basel, January 1996.

Beckers, Stan (1981): Standard Deviations Implied in Option Prices as Predictors of the Future Stock Price Volatility. “Journal of Banking and Finance”, Vol. 5 (1981), S. 363-381.

Beckers, Stan; Cummins, Paul; Woods, Chris (1993): The Estimation of Multiple Factor Models and their Applications: The Swiss Equity Market. “Finanzmarkt und Portfolio Management“, 7. Jg. (1993), Nr. 1, S. 24-45.

Beenstock, Michael; Chan, Kam-Fai (1988): Economic Forces in the London Stock Market. “Oxford Bulletin of Economics and Statistics”, Vol. 50 (1988), S. 27-39.

Benner, Wolfgang (1978): Der liquiditätsmäßig-finanzielle Bereich (LFB) als Gegenstand der wissenschaftlichen Bankbetriebslehre. In: Deppe, Hans-Dieter (Hrsg.): Bankbetriebliches Lesebuch. Ludwig Mülhaupt zum 65. Geburtstag. Stuttgart 1978, S. 341-390.

Benner, Wolfgang; Zemke, Gebhard (1998): Rechnungslegungspolitik in Banken. In: Freidank, Carl-Christian: Rechnungslegungspolitik. Eine Bestandsaufnahme aus handels- und steuerrechtlicher Sicht. Berlin 1998, S. 763-833.

Best, Philip (1998): Implementing Value at Risk. Chichester 1998.

Biermann, Bernd (1998): Modernes Risikomanagement in Banken. In: Eller, Roland (Hrsg.): Handbuch des Risikomanagements. Analyse, Quantifizierung und Steuerung von Marktrisiken in Banken und Sparkassen. Stuttgart 1998, S. 3-26.

Bird, Ron; Tippett, Mark (1986): Naive Diversification and Portfolio Risk - A Note. "Management Science", Vol. 32 (1986), S. 244-251.

Black, Fischer (1976): The Pricing of Commodity Contracts. "Journal of Financial Economics", Vol. 3 (1976), S. 167-179.

Black, Fischer; Scholes, Myron (1973): The Pricing of Options and Corporate Liabilities. "Journal of Political Economy", Vol. 81 (1973), S. 637-659.

Bode, Matthias; Mohr, Michael (1996): Value-at-Risk – ein riskanter Wert? „Die Bank", o. Jg. (1996), S. 470-476.

Bolek, Adam (1999): Volatilitätsschwankungen und DAX-Optionen: Auswirkungen auf Bewertung und Risikomanagement. Wiesbaden 1999.

Bollerslev, Tim (1986): Generalized Autoregressive Conditional Heteroscedasticity. "Journal of Econometrics", Vol. 31 (1986), S. 307-327.

Brenner, Menachem; Subrahmanyam, Marti G. (1988): A Simple Formula to Compute the Implied Standard Deviation. "Financial Analysts Journal", Vol. 44 (1988), No. 5, S. 80-83.

Brier, Glenn W. (1950): Verification of Forecasts Expressed in Terms of Probability. "Monthly Weather Review", Vol. 78 (1950), No. 1, S. 1-3.

Brock, W. A.; Dechert, W. D.; Scheinkman, J. A.; LeBaron, B. (1991a): A Test for Independence Based on the Correlation Dimension. University of Wisconsin, Department of Economics, SSRI Working Paper No. 8702, Madison, March 1991.

Brock, William A.; Hsieh, David A.; LeBaron, Blake (1991b): Nonlinear Dynamics, Chaos, and Instability: Statistical Theory and Economic Evidence. Cambridge (Mass.) 1991.

Brookfield, David (1993): Traded Options, Capital Gains and the Term Structure of Implied Volatilities. "Applied Financial Economics", Vol. 3 (1993), No. 1, S. 1-14.

Brown, Gregory; Randall, Curt (1999): If the Skew Fits. "Risk", Vol. 12 (1999), No. 4, S. 62-65.

Büning, Herbert; Trenkler, Götz (1994): Nichtparametrische statistische Methoden. 2., erw. u. völlig überarb. Aufl., Berlin 1994.

Bundesaufsichtsamt für das Kreditwesen (1997): Bekanntmachung über das Eigenkapital und die Liquidität der Kreditinstitute. Berlin 1997.

Campa, Jose; Chang, P. H. Kevin (1997): Learning from the Term Structure of Implied Volatility in Foreign Exchange Options. Working Paper, IB-17-97, New York University, Stern School of Business, New York, November 1997.

Canina, Linda; Figlewski, Stephen (1993): The Informational Content of Implied Volatility. "Review of Financial Studies", Vol. 6 (1993), S. 659-681.

Chance, Don M. (1993): Leap into the Unknown. "Risk", Vol. 6 (1993), No. 5, S. 60-66.

Chen, Nai-Fu; Roll, Richard; Ross, Stephen A. (1986): Economic Forces in the Stock Market. "Journal of Business", Vol. 59 (1986), S. 383-403.

Chen, Su-Jane; Jordan, Bradford D. (1993): Some Empirical Tests in the Arbitrage Pricing Theory: Macrovariables vs. Derived Factors. "Journal of Banking and Finance", Vol. 17 (1993), S. 65-89.

Chiras, Donald P.; Manaster, Steven (1978): The Information Content of Option Prices and a Test of Market Efficiency. "Journal of Financial Economics", Vol. 10 (1978), S. 29-58.

Chriss, Neil A. (1997): Black-Scholes and Beyond. Option Pricing Models. Chicago 1997.

Christensen, B. J.; Prabhala, N. R. (1998): The Relation between Implied and Realized Volatility. "Journal of Financial Economics", Vol. 50 (1998), S. 125-150.

Christoffersen, Peter F. (1997): Evaluating Interval Forecasts. Manuscript, International Monetary Fund, Research Department, New York 1997.

C & L Unternehmensberatung (1997): Bericht an den Deutschen Sparkassen- und Giroverband e. V. über Erstellung des allgemeinen Konzeptes für die Einführung des derivativen Geschäftes in Sparkassen. Essen 1997.

Claessen, Holger; Mittnik, Stefan (1996): Forecasting Stock Market Volatility and the Informational Efficiency of the DAX-Index Options Market. Working Paper, Institut für Statistik und Ökonometrie, Christian-Albrechts-Universität zu Kiel, Nr. 100/1996.

Crnkovic, Cedomir; Drachman, Jordan (1996): Quality Control. "Risk", Vol. 9 (1996), No. 9, S. 138-143.

Corrado, Charles; Miller, Thomas (1996a): A Simple Accurate Formular to Compute Implied Standard Deviations. "Journal of Banking and Finance", Vol. 20 (1996), S. 595-603.

Corrado, Charles; Miller, Thomas (1996b): Volatility without Tears. "Risk", Vol. 9 (1996), No. 7, S. 49-51.

Corrado, Charles; Su, Tie (1997): Implied Volatility Skews and Stock Index Skewness and Kurtosis Implied by S&P 500 Index Option Prices. "Journal of Derivatives", Vol. 4 (1997), No. 4, S. 8-19.

Cox, John C.; Ross, Stephen A.; Rubinstein, Mark (1979): Option Pricing: A Simplified Approach. "Journal of Financial Economics", Vol. 7 (1979), S. 229-263.

Dartsch, Andreas (1999): Implizite Volatilitäten am Aktien- und Optionsmarkt. Wiesbaden 1999.

Day, Theodore E.; Lewis, Craig M. (1992): Stock Market Volatility and the Information Content of Stock Index Options. "Journal of Econometrics", Vol. 52 (1992), S. 267-287.

Derman, Emanuel; Kani, Iraj (1994): Riding on a Smile. "Risk", Vol. 7 (1994), No. 2, S. 32-39.

Deutsche Börse AG (1997a): Volatilitätsindizes. 3., überarb. Aufl., Frankfurt/M., Juli 1997.

Deutsche Börse AG (1997b): Leitfaden zu den Volatilitätsindizes. Version 1.2, Frankfurt/M., Dezember 1997.

Diebold, Francis X.; Lopez, Jose A. (1995): Forecast Evaluation and Combination. Federal Reserve Bank of New York, Research Paper No. 9525, New York, November 1995.

Dowd, Kevin (1998): Beyond Value at Risk. The New Science of Risk Management. Chichester 1998.

Drummen, Martin (1992): Europaweit diversifizierte Aktienportfolios. Eine empirische Untersuchung unter besonderer Berücksichtigung von Anlagefonds. Bern 1992.

Dumas, Bernard; Fleming, Jeff; Whaley, Robert E. (1998): Implied Volatility Functions: Empirical Tests. "The Journal of Finance", Vol. 53 (1998), S. 2059-2106.

Dupire, Bruno (1994): Pricing with a Smile. "Risk", Vol. 7 (1994), No. 1, S. 18-20.

Elton, Edwin J.; Gruber, Martin J. (1977): Risk Reduction and Portfolio Size: An Analytical Solution. "The Journal of Business", Vol. 50 (1977), S. 415-437.

Elton, Edwin J.; Gruber, Martin J. (1995): Modern Portfolio Theory and Investment Analysis. 5th edition, New York 1995.

Elton, Edwin J.; Gruber, Martin J.; Urich, Thomas J. (1978): Are Betas Best? "The Journal of Finance", Vol. 31 (1978), S. 1375-1384.

Engle, Robert F. (1982): Autoregressive Conditional Heteroscedasticity with Estimates of the Variance of United Kingdom Inflation. "Econometrica", Vol. 50 (1982), S. 987-1007.

Entrop, Oliver (2000): Credit-Value-at-Risk unter besonderer Berücksichtigung des Zusammenhangs von Markt- und Kreditrisiken. In: Holst, Jonny; Wilkens, Marco (Hrsg.): Finanzielle Märkte und Banken – Innovative Entwicklungen am Beginn des 21. Jahrhunderts. Wolfgang Benner zum 60. Geburtstag. Berlin 2000, S. 257-285.

Eurex (1999): Eurex Products. Frankfurt/M., February 1999.

Evans, John L.; Archer, Stephen H. (1968): Diversification and the Reduction of Dispersion: An Empirical Analysis. "The Journal of Finance", Vol. 23 (1968), S. 761-767.

Fama, Eugene F.; French, Kenneth R. (1993): Common Risk Factors in the Returns on Stocks and Bonds. "Journal of Financial Economics", Vol. 33 (1993), S. 3-56.

Farrell, James L. Jr. (1997): Portfolio Management. Theory and Application. 2nd edition, New York 1997.

Ferson, Wayne E.; Harvey, Campbell R. (1994): Sources of Risk and Expected Returns in Global Equity Markets. "Journal of Banking and Finance", Vol. 18 (1994), S. 775-803.

Feinstein, Steven P. (1989): Forecasting Stock Market Volatility Using Options on Index Futures. Federal Reserve Bank of Atlanta, "Economic Review", May-June 1989, S. 12-30.

Fisher, Lawrence; Lorie, James H. (1970): Some Studies of Variability of Returns on Investments in Common Stocks. "The Journal of Business", Vol. 43 (1970), S. 99-134.

Fleming, Jeff (1998): The Quality of Market Volatility Forecasts implied by S&P 100 Option Prices. "Journal of Empirical Finance", Vol. 5 (1998), S. 317-345.

Flesch, Johann Rudolf (1996): EU, BIZ und IOSCO - Anforderungen und Regulierungskosten der Bankenaufsicht. „Zeitschrift für das gesamte Kreditwesen", 49. Jg. (1996), S. 1042-1051.

Frantzmann, Hans-Jörg (1990): Zur Messung des Marktrisikos deutscher Aktien. „Schmalenbachs Zeitschrift für betriebswirtschaftliche Forschung" (ZfbF), 42. Jg. (1990), S. 67-83.

Freedman, David; Pisani, Robert; Purves, Roger; Adhikari, Ani (1991): Statistics. 2nd edition, New York 1991.

Frye, Jon (1998): Monte Carlo by Day. "Risk", Vol. 11 (1998), No. 11, S. 66-71.

Garman, Mark; Aragonés, José Ramon; Blanco, Carlos (1999): A Sector Approach. "Asia Risk", February 1999, S. 36-39.

Gaumert, Uwe (1997): Die Messung des spezifischen Marktrisikos durch Value-at-Risk-Modelle. "Zeitschrift für das gesamte Kreditwesen", 50. Jg. (1997), S. 993-997.

Gemmill, Gordon; Saflekos, Apostolos (2000): How Useful are Implied Distributions? Evidence from Stock Index Options. "The Journal of Derivates", Vol. 7 (2000), No. 3, S. 83-98.

Geyer, Alois (1992): Information, Erwartung und Risiko. Aspekte der Verteilung, Abhängigkeit und Varianz von finanzwirtschaftlichen Zeitreihen. München 1992.

Göppl, Hermann (1995): Datenbank-Handbuch, Teil 1, Beschreibung der Kursdaten für Aktien und Optionsscheine. Version 2.5, Karlsruhe 1995.

Göppl, Hermann; Schütz, Heinrich (1994): Die Konzeption eines Deutschen Aktienindex für Forschungszwecke (DAFOX). Institut für Entscheidungstheorie und Unternehmensforschung, Universität Karlsruhe, Diskussionspapier Nr. 162, Karlsruhe, Oktober 1994.

Granger, Clive W. J.; Ramanathan, Ramu (1984): Improved Methods of Combining Forecasts. "Journal of Forecasting", Vol. 3 (1984), S. 197-204.

Green, William (1990): Econometric Analysis. New York 1990.

Gumerlock, Robert (1996): Lacking Commitment. "Risk", Vol. 9 (1996), No. 6, S. 36-39.

Hämmerlin, Günther; Hoffmann, Karl-Heinz (1994): Numerische Mathematik. 4., nochm. durchges. Aufl., Berlin 1994.

Hamerle, Alfred; Rösch, Daniel (1998): Zum Einsatz „fundamentaler" Faktorenmodelle im Portfoliomanagement. „Die Betriebswirtschaft", 58. Jg. (1998), S. 38-48.

Harvey, Campbell R.; Whaley, Robert E. (1991): S&P 100 Index Option Volatility. "The Journal of Finance", Vol. 46 (1991), S. 1551-1561.

Haug, Espen Gaarder (1997): The Complete Guide to Option Pricing Formulas. New York 1997.

Hellevik, Jon Sverre; Herrmann, Ralf (1996): Naive Diversifikation am deutschen Aktienmarkt. Eine empirische Retrospektive. Institut für Entscheidungstheorie und Unternehmensforschung, Universität Karlsruhe, Diskussionspapier Nr. 193, Karlsruhe 1996.

Heynen, Ronald (1994): An Empirical Investigation of Observed Smile Patterns. "Review of Futures Markets", Vol. 13 (1994), S. 317-353.

Heynen, Ronald; Kemna, Angelien; Vorst, Ton (1994): Analysis of the Term Structure of Implied Volatilities. "Journal of Financial and Quantitativ Analysis", Vol. 29 (1994), No. 1, S. 31-56.

Hillier, Frederick S.; Liebermann, Gerald J. (1988): Operations Research. Einführung. 4. Aufl., München 1988.

Hörnstein, Elke (1990): Arbitrage- und Gleichgewichtsmodelle in der Kapitalmarkttheorie. Eine vergleichende Analyse der CAPM- und APT-Ansätze unter Berücksichtigung ihrer empirischen Überprüfbarkeit. Frankfurt/M. 1990.

Holst, Jonny; Jortzik, Stephan (1999): Zur arbitragefreien Bewertung von Volatilitätsfutures – Theoretische und empirische Analysen anhand des VOLAX. Institut für betriebswirtschaftliche Geldwirtschaft der Universität Göttingen, IFBG-Studien Nr. 12, Göttingen 1999.

Hull, John C. (2000): Options, Futures & Other Derivatives. 4th edition, Upper Saddle River (NJ) 2000.

Jackwerth, Jens Carsten (1999): Option-Implied Risk-Neutral Distributions and Implied Binomial Trees: a Literature Review. "Journal of Derivatives", Vol. 7 (1999), No. 2, S. 66-82.

Jiang, George J. (1998): Stochastic Volatility and Option Pricing. In: Knight, John; Satchell, Stephen (Ed.): Forecasting Volatility in the Financial Markets. Oxford 1998, S. 47-96.

Johanning, Lutz (1996): Value-at-Risk-Modelle zur Ermittlung der bankenaufsichtlichen Eigenkapitalunterlegung beim Marktrisiko im Handelsbereich. „Zeitschrift für Bankrecht und Bankwirtschaft“, 8. Jg. (1996), S. 287-303.

Johanning, Lutz (1998): Value-at-Risk zur Marktrisikosteuerung und Eigenkapitalallokation. Bad Soden/Ts. 1998.

Johnson, K. H.; Shannon, D. S. (1974): A Note on Diversification and the Reduction of Dispersion. "Journal of Financial Economics", Vol. 1 (1974), S. 365-372.

Jorion, Philippe (1995): Predicting Volatility in the Foreign Exchange Market. "The Journal of Finance", Vol. 50 (1995), S. 507-528.

Jorion, Philippe (2001): Value at Risk. The New Benchmark for Managing Financial Risk. 2nd edition, New York 2001.

J. P. Morgan (1996a): RiskMetrics-Technical Document. 4th edition, New York, December 1996.

J. P. Morgan (1996b): RiskMetrics Monitor. Fourth Quarter 1996, New York 1996.

J. P. Morgan (1997): CreditMetrics-Technical Document. New York, April 2, 1997.

Klemkowsky, Robert C.; Martin, John D. (1975): The Effect of Market Risk on Portfolio Diversification. "The Journal of Finance", Vol. 30 (1975), S. 147-154.

Köpke, Torsten (1995): Die Optionsbewertung an der DTB. Heidelberg 1995.

Kritzman, Mark (1993): What Practitioners Need to Know about Factor Models. "Financial Analysts Journal", Vol. 49 (1993), No. 1, S. 12-15.

Kroner, Kenneth F.; Kneafsey, Kevin P.; Claessens, Stijn (1995): Forecasting Volatility in Commodity Markets. "Journal of Forecasting", Vol. 14 (1995), S. 77-95.

Kuiper, Nicolaas H. (1960): Tests Concerning Random Points on a Circle. Koninklijke Nederlandse Akademie van Wetenschappen, Proceedings Series A, Mathematical Sciences, Vol. 63 (1960), S. 38-47.

Kupiec, Paul H. (1995): Techniques for Verifying the Accuracy of Risk Measurement Models. "Journal of Derivatives", Vol. 3 (1995), No. 2, S. 73-84.

Kupiec, Paul H.; O'Brien, James (1995a): Internal Affairs. "Risk", Vol. 8 (1995), No. 5, S. 43-47.

Kupiec, Paul H.; O'Brien, James (1995b): Model Alternative. "Risk", Vol. 8 (1995), No. 6, S. 37-40.

Kupiec, Paul H.; O'Brien, James (1996): Commitment is the Key. "Risk", Vol. 9 (1996), No. 9, S. 60-64.

Lamoureux, Christopher G.; Lastrapes, William D. (1993): Forecasting Stock-Return Variance: Toward an Understanding of Stochastic Implied Volatilities. "The Review of Financial Studies", Vol. 6 (1993), S. 293-326.

Latané, Henry A.; Rendleman, Richard J. (1976): Standard Deviation of Stock Price Ratios Implied by Option Premia. "The Journal of Finance", Vol. 31 (1976), S. 369-382.

Leong, Kenneth (1996): The Right Approach. "Risk", Vol. 9 (1996), No. 6, Value at Risk Supplement, S. 9-14.

Linhart, Heinz; Zucchini, Walter (1991): Statistik Eins. 4. Aufl., Basel 1991.

Linsmeier, Thomas J.; Pearson, Neil D. (1996): Risk Measurement: An Introduction to Value at Risk. Working Paper, University of Illinois at Urbana-Champaign, July 1996.

Lopez, Jose A. (1995): Evaluating the Predictive Accuracy of Volatility Models. Federal Reserve Bank of New York, Research Paper No. 9524, New York, November 1995.

Lopez, Jose A. (1997): Regulatory Evaluation of Value at Risk Models. Federal Reserve Bank of New York, Research Paper No. 9710, New York, March 1997.

Manaster, Steven; Koehler, Gary (1982): The Calculation of Implied Variances from the Black-Scholes Model: A Note. "The Journal of Finance", Vol. 37 (1982), S. 227-230.

Mayhew, Stewart (1995): Implied Volatility. "Financial Analysts Journal", Vol. 51 (1995), No. 4, S. 8-20.

Merton, Robert C. (1973): Theory of Rational Option Pricing. "Bell Journal of Economics and Management Science", Vol. 4 (1973), S. 141-183.

Meyer, Christoph (1999): Value at Risk für Kreditinstitute. Erfassung des aggregierten Marktrisikopotentials. Wiesbaden 1999.

Neuhaus, W. (1969): Indexmodelle zur Planung effizienter Wertpapierportefeuilles. „Zeitschrift für Betriebswirtschaft", 39. Jg. (1969), S. 801-820.

Neuhaus, Holger (1995): Der Informationsgehalt von Derivaten für die Geldpolitik. Implizite Volatilitäten und Wahrscheinlichkeiten. Diskussionspapier 3/95, Volkswirtschaftliche Forschungsgruppe der Deutschen Bundesbank, Frankfurt/M., Juli 1995.

Neumann, Kristin (2000): Zeitreihenmodelle zur Schätzung des Value at Risk von Aktien. Beurteilung im Hinblick auf die bankenaufsichtsrechtlichen Bestimmungen. Köln 2000.

Nowak, Thomas (1994): Faktormodelle in der Kapitalmarkttheorie. Köln 1994.

o. V. (1996a): BIZ: Risikomodelle sind für Banken günstiger. „Frankfurter Allgemeine Zeitung“ vom 11.12.1996, S. 17.

o. V. (1996b): Banken kritisieren die Eigenkapitalregelung. „Frankfurter Allgemeine Zeitung“ vom 17.12.1996, S. 16.

Paulus, Helmut (1997): Style-Investing auf europäischen Aktienmärkten. Eine empirische Analyse bewertungsrelevanter Fundamentalfaktoren. Bad Soden/Ts. 1997.

Peña, Ignacio; Rubio, Gonzalo; Serna, Gregorio (1999): Why Do We Smile? On the Determinants of the Implied Volatility Function. “Journal of Banking and Finance”, Vol. 23 (1999), S. 1151-1179.

Perridon, Louis; Steiner, Manfred (1999): Finanzwirtschaft der Unternehmung. 10., überarb. Aufl., München 1999.

Press, William H.; Teukolsky, Saul A.; Vetterling, William T.; Flannery, Brian P. (1992): Numerical Recipes in C: The Art of Scientific Computing. 2nd edition, Cambridge 1992.

Priest, Andrew (1996): Veba's Way with VaR. “Risk”, Vol. 9 (1996), No. 7, S. 35-36.

Puister, John Pascal; Probst, Roland (1996): Implizite Volatilitäten von Optionen. „Die Bank“, o. Jg. (1996), S. 681-684.

Read, Oliver (1998): Parametrische Modelle zur Ermittlung des Value at Risk. Köln 1998.

Ripper, Klaus; Kempf, Theo (1998): Bedeutung der Risikofaktoren am deutschen Aktienmarkt. „Die Bank“, o. Jg. (1998), S. 755-758.

Robinson, Gary (1996): More Haste, Less Precision. “Risk”, Vol. 9 (1996), No. 9, S. 117-121.

Rubinstein, Mark (1985): Nonparametric Tests of Alternative Option Pricing Models Using All Reported Trades and Quotes on the 30 Most Active CBOE Option Classes from August 23, 1976 through August 31, 1978. “The Journal of Finance”, Vol. 40 (1985), S. 455-480.

Rubinstein, Mark (1994): Implied Binomial Trees. "The Journal of Finance", Vol. 49 (1994), S. 771-818.

Rudolph, Bernd (1995): Derivative Finanzinstrumente: Entwicklung, Risikomanagement und bankaufsichtliche Regulierung. In: Rudolph, Bernd (Hrsg.): Derivative Finanzinstrumente. Stuttgart 1995, S. 3-41.

Sautter, Jörg (1996): Messung und Prognose von Volatilitäten am Beispiel des DAX-Index. Frankfurt/M. 1996.

Schäfer, Klaus (1997): Implizite Volatilität. „WiSt – Wirtschaftswissenschaftliches Studium", 26. Jg. (1997), S. 290-294.

Schiller, Bettina; Marek, Michael (2000): DTB + SOFFEX = EUREX. „WiSt – Wirtschaftswissenschaftliches Studium", 29. Jg. (2000), S. 219-221.

Schmalensee, Richard; Trippi, Robert R. (1978): Common Stock Volatility Expectations Implied by Option Premia. "The Journal of Finance", Vol. 33 (1978), S. 129-147.

Schröder, Frank; Schulte-Mattler, Hermann (1997): CD-Verfahren als Alternative zum Baseler Backtesting. „Die Bank", o. Jg. (1997), S. 420-425.

Schwaiger, Walter S. A. (1994): Stochastische Abhängigkeiten in Aktienmarktzeitreihen. Eine gleichgewichtstheoretische Erklärung. Wiesbaden 1994.

Schwicht, Peter; Neske, Christian (1997): CreditMetrics - neues System zur Risikoanalyse. „Die Bank", o. Jg. (1997), S. 470-479.

Scott, Elton; Tucker, Alan L. (1989): Predicting Currency Return Volatility. "Journal of Banking and Finance", Vol. 13 (1989), S. 839-851.

Sharpe, William F. (1963): A Simplified Model for Portfolio Analysis. "Management Science", Vol. 9 (1963), S. 277-293.

Shimko, David (1996): VaR for Corporates. "Risk", Vol. 9 (1996), No. 6, S. 28-29.

Singh, Manoj K. (1997): Value at Risk Using Principal Component Analysis. "The Journal of Portfolio Management", Vol. 24 (1997), S. 101-112.

Smithson, Charles (1996): Value-at-Risk. "Risk", Vol. 9 (1996), No. 1, S. 25-27.

Smithson, Charles (1997): Extended Family. “Risk”, Vol. 10 (1997), No. 12, S. 158-163.

Stein, Jeremy (1989): Overreactions in the Options Market. “The Journal of Finance”, Vol. 54 (1989), S. 1011-1023.

Steiner, Manfred; Bruns, Christoph (2000): Wertpapiermanagement. 7., überarb. u. erw. Aufl., Stuttgart 2000.

Steiner, Manfred; Nowak, Thomas (1995): Mehrfaktorenmodelle. In: Gerke, Wolfgang; Steiner, Manfred (Hrsg.): Handwörterbuch des Bank- und Finanzwesens. 2., überarb. u. erw. Aufl., Stuttgart 1995, S. 1434-1443.

Steiner, Peter; Uhlir, Helmut (2001): Wertpapieranalyse. 4., vollst. überarb. u. erw. Aufl., Heidelberg 2001

Tobler, Jürg; Walder, Roger (1998): Die Modellierung von Zinsrisikofaktoren in einem Value-at-Risk-Modell. „Finanzmarkt und Portfolio Management“, 12. Jg. (1998), S. 342-370.

Trouet, Patrick (1996): EG-Kapitaladäquanzrichtlinie und bankinterne Modelle zur Risikomessung. Zum Anpassungsbedarf infolge der Zulassung bankinterner Modelle durch den Basler Ausschuß für Bankenaufsicht. „Recht der Internationalen Wirtschaft“, 42. Jg. (1996), S. 302-306.

Turner, Chris (1996): VaR as an Industrial Tool. “Risk”, Vol. 9 (1996), No. 3, S. 38-40.

Turvey, Calum G. (1990): Alternative Estimates of Weighted Implied Volatilities from Soybean and Live Cattle Options. “The Journal of Futures Markets”, Vol. 10 (1990), S. 353-366.

Uhlir, Helmut; Aussenegg, Wolfgang (1996): Value-at-Risk (VaR): Einführung und Methodenüberblick. „Österreichisches Bankarchiv (ÖBA)“, 44. Jg. (1996), S. 831-836.

Ulschmid, Christoph (1994): Empirische Validierung von Kapitalmarktmodellen. Untersuchungen zum CAPM und zur APT für den deutschen Aktienmarkt. Frankfurt/M. 1994.

Verleger, Arnd (1993): Risikostrukturen am deutschen Aktienmarkt. Münster 1993.

Völker, Jörg (2000): Optimale marktorientierte Banksteuerung mit risikoadjustierten Performancemaßen auf Basis des Value-at-Risk. In: Holst, Jonny; Wilkens, Marco (Hrsg.): Finanzielle Märkte und Banken – Innovative Entwicklungen am Beginn des 21. Jahrhunderts. Wolfgang Benner zum 60. Geburtstag. Berlin 2000, S. 227-255.

Völker, Jörg (2001): Value-at-Risk-Modelle in Banken. Quantifizierung des Risikopotentials im Portfoliokontext und Anwendung zur Risiko- und Geschäftssteuerung. Berlin 2001.

Wagner, Niklas Florian (1995): Der VDAX als Schätzer der zukünftigen Volatilität. „Die Bank“, o. Jg. (1995), S. 738-741.

Wallmeier, Martin (1997): Prognose von Aktienrenditen und -risiken mit Mehrfaktorenmodellen. Eine empirische Untersuchung von erwarteten Renditen und Renditekorrelationen in Deutschland unter besonderer Berücksichtigung von Bilanzinformationen und Renditeanomalien. Bad Soden/Ts. 1997.

Whaley, Robert E. (1982): Valuation of American Call Options on Dividend-Paying Stocks: Empirical Tests. "Journal of Financial Economics", Vol. 10 (1982), S. 29-59.

Wilkens, Marco (2000): Wertpapiermanagement. Institut für betriebswirtschaftliche Geldwirtschaft der Universität Göttingen, IFBG-Skript, 4., überarb. Aufl., Göttingen 2000.

Wilkens, Marco; Baule, Rainer; Entrop, Oliver (2001): Basel II – Berücksichtigung von Diversifikationseffekten im Kreditportfolio durch das Granularity Adjustment. „Zeitschrift für das gesamte Kreditwesen“, 54. Jg. (2001), S. 670-676.

Wilkens, Marco; Entrop, Oliver; Scholz, Hendrik (2001): Outperformance-Zertifikate auf Aktienindizes in Fremdwährungsräumen. Erscheint demnächst in: „Kredit und Kapital“.

Wilkens, Marco; Entrop, Oliver; Völker, Jörg (2001): Strukturen und Methoden von Basel II – Grundlegende Veränderungen der Bankenaufsicht. „Zeitschrift für das gesamte Kreditwesen“, 54. Jg. (2001), S. 187-193.

Wilkens, Marco; Navatte, Patrick (1995): Eigenschaften und Bewertung von Rainbow-Optionen. Institut für betriebswirtschaftliche Geldwirtschaft der Universität Göttingen, IFBG-Studien Nr. 1, Göttingen 1995.

Wilkens, Marco; Völker, Jörg (2000): ZP-Stichwort: Value at Risk. "Zeitschrift für Planung", 11. Jg. (2000), S. 353-358.

Wilkens, Marco; Völker, Jörg (2001): Value-at-Risk – Eine anwendungsorientierte Darstellung zentraler Methoden und Techniken des modernen Risikomanagements. In: Götze, Uwe; Henselmann, Klaus; Mikus, Barbara (Hrsg.): Risikomanagement. Heidelberg 2001, S. 413-442.

Wilson, Thomas (1994): Debunking the Myths. "Risk", Vol. 7 (1994), No. 4, S. 67-72.

Xu, Xinzhong; Taylor, Stephen J. (1994): The Term Structure of Volatility Implied by Foreign Exchange Options. "Journal of Financial and Quantitative Analysis", Vol. 29 (1994), S. 57-74.

Xu, Xinzhong; Taylor, Stephen J. (1995): Conditional Volatility and the Information Efficiency of the PHLX Currency Options Market. "Journal of Banking and Finance", Vol. 19 (1995), S. 803-821.

Peter Lang · Europäischer Verlag der Wissenschaften

Peter Letixerant

Die aktienrechtliche Abhängigkeit vor dem dinglichen Erwerb einer Mehrheitsbeteiligung

Eine fallgruppenorientierte Untersuchung der mitgliedschaftlichen und der nicht-, außer- und vormitgliedschaftlichen Abhängigkeit von Zielaktiengesellschaften in den verschiedenen Phasen einer Akquisition unter Einbeziehung fusionskontrollrechtlicher Sachverhalte

Frankfurt/M., Berlin, Bern, Bruxelles, New York, Oxford, Wien, 2001.
315 S., zahlr. Tab.
Europäische Hochschulschriften: Reihe 2, Rechtswissenschaft. Bd. 3011
ISBN 3-631-37275-2 · br. € 45.50*

Beteiligungskäufe nehmen bis zum dinglichen Erwerb der Mehrheitsbeteiligung an einer Aktiengesellschaft oft längere Zeit in Anspruch. Dies kann an der Fusionskontrolle oder an Kautelen des Kaufvertrages liegen. Sind Minderheitsaktionäre und Gläubiger geschützt, wenn der Käufer schon vor dem Übergang des Aktienpaketes auf die Leitung der Zielgesellschaft einzuwirken vermag? Die Arbeit geht der Frage vor dem Hintergrund einer sich rasch wandelnden Unternehmenslandschaft nach. Die mannigfaltigen Möglichkeiten schuldrechtlicher Abreden zwischen Käufer und Verkäufer des Aktienpaketes werden abhängigkeitsrechtlich beleuchtet. Besonderes Augenmerk wird auf das komplexe Verhältnis zur europäischen und deutschen Fusionskontrolle gelegt.

Aus dem Inhalt: Phasen der Akquisition und Möglichkeiten ihrer schuldrechtlichen Ausgestaltung · Besondere Abreden über die Ausgestaltung einer mittelbaren wirtschaftlichen Teilhabe des Käufer-Unternehmens an der Zielgesellschaft · Der kautelarjuristische Gestaltungsspielraum bei Sachverhalten, die der Fusionskontrolle unterliegen · Die abhängigkeitsrechtliche Prüfung der Fallgruppen

Frankfurt/M · Berlin · Bern · Bruxelles · New York · Oxford · Wien
Auslieferung: Verlag Peter Lang AG
Jupiterstr. 15, CH-3000 Bern 15
Telefax (004131) 9402131

*inklusive der in Deutschland gültigen Mehrwertsteuer
Preisänderungen vorbehalten

Homepage http://www.peterlang.de

FSC
www.fsc.org
MIX
Papier | Fördert gute Waldnutzung
FSC® C083411

Kolibri 360 GmbH
Ferdinand-Jühlke-Straße 7
99095 Erfurt, Deutschland
produktsicherheit@kolibri360.de

Druck:
CPI Druckdienstleistungen GmbH
im Auftrag der
Kolibri 360 GmbH
Ferdinand-Jühlke-Str. 7
99095 Erfurt